ARD-Ratgeber Recht

Herausgeber
Matthias-Josef Zimmermann
Otto N. Bretzinger

dtv
nomos

WDR SWR
Eine Produktion des Westdeutschen Rundfunks Köln
und des Südwestrundfunks
in Zusammenarbeit mit den Verbraucher-Zentralen

Mal ehrlich: Wissen Sie, wie man den richtigen Anwalt findet, welche Rechte Sie gegenüber Ihrem Anwalt haben und was er kosten darf? Ist Ihnen bekannt, wie Sie Ihren Anwalt haftbar machen können? Der ARD-Ratgeber gibt für Probleme im Verhältnis von Mandant zu Anwalt die erforderliche Hilfe. Er gibt einen ausführlichen Überblick über die Tätigkeit des Anwalts und dessen Haftung für Beratungsfehler. Es wird eingehend dargestellt, wie teuer ein Anwalt nach der aktuellen Gebührenreform für welche Tätigkeit überhaupt sein darf. Abschließend werden die Themen wie Prozesskostenhilfe, Prozesskostenfinanzierung und Rechtsschutzversicherung erörtert.

Norman M. Spreng ist Rechtsanwalt in Essen.

Norman M. Spreng

Anwalt und Mandant

Deutscher Taschenbuch Verlag

Originalausgabe
Deutscher Taschenbuch Verlag GmbH & Co. KG
Friedrichstraße 1a, 80801 München

Druck und Bindung: Druckerei C.H. Beck, Nördlingen
Satz: factor liborum
Umschlagkonzept: Balk & Brumshagen
Titelbild: © IFA/Comnet
ISBN 3-423-58056-9

Liebe Leserin, lieber Leser,
liebe Zuschauerin und lieber Zuschauer des Ratgeber Recht,

täglich erreichen uns in der Redaktion viele Briefe von Menschen, die uns um Rechtsrat bitten und um Hilfe nachsuchen. Leider ist es uns nicht möglich, auf individuelle rechtliche Probleme unserer Zuschauer einzugehen. Unsere Aufgabe sehen wir vor allem darin, für unsere Zuschauer Rechtsprobleme, juristische Fragen und Antworten allgemeinverständlich aufzuarbeiten. Um Ihre ganz persönlichen Rechtsprobleme juristisch zu lösen, haben wir weder die nötige Kompetenz, noch sind wir dazu berechtigt.

Aus diesem Dilemma hilft uns nunmehr die vorliegende Buchreihe heraus, die unter Verantwortung der ARD-Fernsehredaktion von dtv und dem Nomos Verlag in Zusammenarbeit mit den Verbraucher-Zentralen herausgegeben wird. Ein allgemeinverständlich geschriebenes, dazu erschwingliches Buch zu den juristischen Problemen, die in unseren Sendungen immer wieder thematisiert werden, scheint uns eine gute Alternative zu unseren manchmal halbherzigen Ratschlägen oder gar Formbriefen, die wir bisher an unsere Zuschauer verschicken mussten. Für Ratsuchende in den Verbraucher-Zentralen ist diese Reihe ein vertiefendes Ergänzungsangebot zu deren bereits vorliegenden Publikationen.

Mit Hilfe der von namhaften Juristen geschriebenen Ratgeber-Bücher kann sich der Interessierte nun selbst orientieren und Probleme, samt deren Lösungen, die in unseren Sendungen oft nur angerissen werden können, weiter vertiefen. Besonderen Wert haben wir darauf gelegt, dass die Reihe nicht allein für fachsimpelnde Juristen taugt, sondern dem juristischen Laien – und das sind unsere Zuschauer ja in der Mehrzahl – als Handwerkszeug dienen kann. Der problembezogene Aufbau der Bücher gewährleistet einen sicheren Zugriff auf die jeweilige Rechtsfrage und die entscheidenden Hintergrundinformationen. Musterbriefe von Experten geben wertvolle Hilfestellung. Tipps und Ratschläge helfen dem Leser, sich eine günstige Rechtsstellung zu verschaffen.

Wir hoffen, dass Sie in diesem Buch wie auch in allen weiteren Ausgaben der Ratgeber Recht-Reihe die Ihnen durch unsere Sendung vertraute Verständlichkeit finden, dass diese Bücher Ihnen somit helfen, Ihre ganz persönlichen rechtlichen Probleme zu lösen.

Matthias-Josef Zimmermann Redaktion ARD-Ratgeber Recht

Vorwort

»Das Leben als Rechtsanwalt könnte so einfach sein, wenn nur der Mandant nicht wäre«.

Der Rechtsanwalt – das unbekannte Wesen?

Viele denken »Ja«, doch dem ist nicht so. Der Rechtsanwalt bewegt sich in einem sehr eng durch das Gesetz bestimmten Rahmen.

Jedoch ist dieser Rahmen für den juristischen Laien oft nur schwer einsehbar. Hinzu kommt, dass eine immer komplizierter werdende Welt zu immer mehr gesetzlichen Regelungen geführt hat. Auch diese so genannte »Gesetzesflut« ist für viele kaum noch überschaubar.

Für den Bürger ist es daher wichtig zu wissen, wo und wie er sich unterrichten kann, insbesondere im Streitfall.

Dieser praktische und leicht verständliche Ratgeber soll Licht in das Dickicht des juristischen Umfelds des Rechtsanwalts bringen.

Ein Hauptaugenmerk soll dabei das Thema der Haftung des Rechtsanwalts durch Pflichtwidrigkeiten und seine Konsequenzen sein.

Der Autor möchte an dieser Stelle darauf hinweisen, dass die folgenden Darstellungen stark vereinfachte Angaben enthalten. Sie erheben keinen Anspruch auf Vollständigkeit, insbesondere da die tatsächlich zu entrichtenden Kosten, Gebühren und Auslagen im Einzelfall von den aufgezeigten abweichen können.

In diesem Fall sprechen Sie bitte Ihren Rechtsanwalt darauf an.

Essen, im September 2002 *Norman M. Spreng*

Inhalt

Abkürzungen

a.A	anderer Ansicht
a.a.O.	am angegebenen Ort
Abs.	Absatz
a.E.	am Ende
AG	Amtsgericht
AGB	Allgemeine Geschäftsbedingungen
Alt.	Alternative
a.M.	andere Meinung
Art.	Artikel
Aufl.	Auflage
Az.	Aktenzeichen
BayObLG	Bayerisches Oberlandesgericht
BayVerwG	Bayerisches Verwaltungsgericht
BGB	Bürgerliches Gesetzbuch
BGBl.	Bundesgesetzblatt
BGH	Bundesgerichtshof
BGH Z	Entscheidung des BGH in Zivilsachen
Buchst.	Buchstabe
BVerfG	Bundesverfassungsgericht
d.h.	das heißt
f., ff.	folgende, fortfolgende
Fn.	Fußnote
GG	Grundgesetz
ggf.	gegebenenfalls
GKG	Gerichtskostengesetz
GE	Grundentscheidung
HGB	Handelsgesetzbuch
h.M.	herrschende Meinung
Hrsg.	Herausgeber
Hs.	Halbsatz
i.d.R.	in der Regel
i.S.v.	im Sinne von
i.V.m.	in Verbindung mit
Jura	Zeitschrift Juristische Ausbildung
JuS	Zeitschrift Juristische Schulung
JZ	Zeitschrift Juristenzeitung
KG	Kammergericht
Komm.	Kommentar
KrsG	Kreisgericht
LG	Landgericht
m.w.N.	mit weiteren Nachworten

n.F.	neue Fassung
NJW	Zeitschrift Neue Juristische Wochenschrift
NJW-RR	Zeitschrift Rechtsprechungsreport der NJW
Nr.	Nummer
o.g.	oben genannt
OLG	Oberlandesgericht
OLGZ	Entscheidungen des OLG in Zivilsachen
OVG	Oberverwaltungsgericht
PKH	Prozesskostenhilfe
PKV	Prozesskostenvorschuss
p.V.V.	Positive Vertragsverletzung
RE	Rechtsentscheidung
RG	Reichsgericht
RGZ	Entscheidung des RG in Zivilsachen
Rn.	Randnummern
Rspr.	Rechtssprechung
str.	streitig
Rz.	Randziffer
s.o.	siehe oben
sog.	so genannt (e)
u.a.	unter anderem
u.U.	unter Umständen
v.	vom
VG	Verwaltungsgericht
vgl.	vergleiche
Vorb.	Vorbemerkung
z.B.	zum Beispiel
Ziff.	Ziffer
ZPO	Zivilprozessordnung
z.T.	zum Teil

Einführung

Wir leben in einer Zeit, in der die Kompromissbereitschaft abnimmt, dagegen die Rechthaberei und die Streitlust des Bürgers zunehmen. Jeder pocht auf sein Recht (mit aller juristischen Gewalt), und der Anwalt soll ihm dazu verhelfen.

Das Bild vom Rechtsanwalt

Das Bild vom Rechtsanwalt, das mancher Bürger hat, ist häufig von Film- und Pressedarstellungen eines Verteidigers in spektakulären Strafprozessen geprägt. Sie wissen sicherlich, dass die Mehrzahl der Rechtsanwälte in Deutschland bei der täglichen Arbeit nicht in Strafsachen, sondern in Zivilsachen tätig ist. Dort geht es weniger laut und spektakulär zu.

Die Welt des Rechts unterscheidet sich aber sehr von der Welt, wie sie den Bürgern üblicherweise bekannt ist. Dort, wo der Bürger sein Recht betroffen sieht, muss er noch lange nicht durch unsere Rechtsinstitutionen auch Recht erhalten, geschweige denn, dass er es auch noch erfolgreich durchsetzen kann.

Recht oder Unrecht?

Vielmehr kann sich ein vermeintliches Recht auch als Unrecht für andere herausstellen. Dadurch entsteht in der Bevölkerung ein gewisses Unverständnis bezüglich des tatsächlichen Rechts. Andererseits aber kann der beauftragte und engagierte Anwalt dort Lösungen aufzeigen und unter Umständen vor Gericht auch erfolgreich durchsetzen, wo der Bürger keinen Ausweg (mehr) sieht und die Angelegenheit als hoffnungslos ansieht und deswegen auch nicht verfolgt.

Sind Sie durch ein rechtliches Problem mit einem anderen erst einmal betroffen und verunsichert, haben Sie in der Regel auch keine Ahnung über Ihre Rechte und Pflichten. Die Konsequenz ist, dass Sie dem Rechtsstreit unfähig und hilflos gegenüber stehen und sich unter Umständen durch andere beeinflussen lassen.

Dieses macht es dann notwendig, dass man um sein Recht kämpft und es auch durchsetzt. Und zwar mit Hilfe eines tüchtigen und erfolgreichen Anwalts.

Qualitative Unterschiede

Aber Vorsicht! Rechtsanwalt ist nicht gleich Rechtsanwalt. Es gibt beträchtliche qualitative Unterschiede in dieser Berufsgruppe. So gibt es Anwälte, die wirklich »Spitze« sind und ihre Mandanten optimal bedienen, und solche, die nur drittklassig sind und durch das Mandat nur noch mehr Schaden anrichten als Positives bewirken.

Aus Unkenntnis verhalten sich viele Rechtsuchende falsch bei der Anwaltssuche und Einsetzung des Anwalts. Aber auch im Verlaufe des Mandats werden viele Fehler gemacht. Als Folge davon kommt es zur Unzufriedenheit des Mandanten.

Noch wie war es für Rechtsuchende und Mandanten so wichtig zu wissen, wie sie die richtigen Schritte zu erledigen haben im Umgang mit dem Anwalt.

Ziel dieses Ratgebers

Dieses Buch soll dem Mandanten ein Ratgeber sein bei der Suche nach einem geeigneten Anwalt und dem weiteren Umgang mit ihm. Es gibt entscheidende Tipps und dient der allgemeinen Erläuterung.

Auf keinen Fall aber kann es einen sicheren Weg nennen, wie man mit seinem Anwalt Prozesse gewinnt oder ihn bei entstandenen Fehlern an den Kragen geht. Schließlich handelt es sich hier um eine sehr schwierige Rechtsmaterie.

Zivilrechtliche Ausrichtung

Dieses Buch ist hauptsächlich zivilrechtlich orientiert, so dass hier andere Bereiche, wie etwa Strafrecht oder Verwaltungsrecht nicht oder nur geringfügig angesprochen werden. Vielmehr bedarf es für diese Rechtsbereiche einer gesonderten Behandlung. Im Prinzip gelten aber auch dort die gleichen Regeln.

Doch kommen wir nun zu dem Wesentlichen, zu den Fehlern des Anwalts und des Mandanten.

Manche Anwälte betreuen Mandanten mit Unvermögen und Desinteresse, gehen aber durchaus zügig und zielbewusst vor, wenn es darum geht, ihr Honorar, bzw. ihre Vorschüsse in Rechnung zu stellen.

Ich will jedoch nicht ein nur negatives Bild des Anwalts zeichnen, denn es gibt auch das Gegenteil, nämlich viele tüchtige, verlässliche und hervorragende Anwaltspersönlichkeiten.

Damit wir uns nicht missverstehen, mir geht es mit diesem Buch nicht darum über die Anwälte herzuziehen. Schließlich wären die Bürger ohne Anwälte in diesem dichten Paragraphen-Dschungel ziemlich verloren.

Feststellung eines Fehlers

Bleibt nur noch die Frage, wie der Mandant überhaupt feststellen kann, ob sein Anwalt einen Fehler gemacht hat. Die Antwort ist einfach: Er hat ein ungutes Gefühl und merkt, dass etwas schiefgelaufen und ein hoher Schaden entstanden ist.

Naivität und Unwissenheit des Mandanten

Eingehen will ich mit diesem Buch aber auch auf die Blauäugigkeit des Mandanten beim Umgang mit dem Anwalt. Insbesondere fällt es auf, mit welcher Naivität und Unwissenheit Mandanten häufig genug an einen Anwalt aufsuchen, um ihn mit dieser streitigen Angelegenheit zu betrauen. In Unkenntnis der Rechte und Pflichten ihres Anwalts beherrschen sie nicht die einfachsten (Spiel-)Regeln, vielmehr lassen sie die üblichen Vorsichtmaßnahmen völlig außer Betracht.

Man denkt eigentlich, dass die Menschen in unserer Zeit inzwischen emanzipiert sein sollten. Dem ist größtenteils aber immer noch nicht so. Denn viele Menschen haben immer noch Respekt vor Autoritätspersonen, wie etwa Rechtsanwälten, Richtern und Staatsanwälten.

Dem kommt allerdings auch wieder zugute, dass ein klarstellender Brief eines Anwalts durchaus eine streitige Angelegenheit ohne großes Aufheben bereinigen kann.

Dieses erhält umso mehr Gewicht, umso schwieriger sich die Rechtslage gestaltet. Dann kann der Anwalt nämlich mit einer guten Rechtsstrategie und mit praktischen Wissen und Erfahrung erfolgreich die Position des Mandanten durchsetzen.

Überzogene Rechtsvorstellungen des Mandanten

Leider ist es keine Seltenheit, dass Mandanten die Arbeit ihres Anwalts behindern oder sogar in Frage stellen. Manche Mandanten haben unglaublich überzogene Rechtsvorstellungen, die ein Anwalt beim besten Willen nicht verwirklichen kann.

Andere Mandanten gehen schon aus Lust am Streit keine Kompromisse ein und machen dem Anwalt die Arbeit zur Lösung des Problems nur unnötig schwer.

Die nachfolgenden Kapitel sollen aufzeigen, was der Mandant im Umgang mit Anwälten unbedingt wissen muss, gegebenenfalls zu unterlassen und auch sonst zu beachten hat.

A. Die Personen

Nachfolgend möchte ich kurz die an einem Verfahren möglichen beteiligten Personen skizzieren.

I. Der Anwalt

Häufig lässt sich der Bürger durch einen Rechtsanwalt beraten und vertreten, da für die anzustellenden Überlegungen dem Bürger meist die notwendigen juristischen Kenntnisse fehlen.

Statistik über Anwälte

Waren es 1955 noch 17.000 Anwälte in Deutschland, 1975 bereits 27.000 Anwälte, so boten im Januar 2001 ca. 110.000 Anwälte, laut Bundesrechtsanwaltskammer, ihre Dienste an. Das entspricht statistisch gesehen 18 Anwälte auf 10.000 Einwohner. Jedes Jahr kommen zwischen 7.500 und 8.000 Kollegen dazu, Tendenz weiter steigend. Eine Prognose besagt, dass in etwa 10 Jahren die Zahl aller in Deutschland zugelassenen Anwälte etwa 160.000 betragen wird. Dieses ist für unsere Gesellschaft nicht unproblematisch, was die Qualität der Anwaltsarbeit angeht, wie die weiteren Ausführungen zeigen werden.

Konfliktlösung im Frühstadium

Rechtsanwälte tragen in der Regel im Frühstadium des Konflikts dazu bei, dass Prozesse vermieden werden. Mehr als 70 % der Streitfälle werden heute außergerichtlich geregelt. Aber den richtigen Anwalt zum richtigen Zeitpunkt zu finden ist für den juristischen Laien nicht einfach, denn ein unerfahrener Mandant kann die Qualität eines Anwalts nur schwer abschätzen.

Erwartungen des Mandanten

Der Mandant erwartet, dass der Rechtsanwalt seine Interessen mit der Kraft seines Wissens und seiner Erfahrung gegenüber Gerichten, Behörden, Vertragspartnern oder Gegnern vertritt. Hierzu hat er unabdingbare Pflichten und natürlich auch Rechte. Der Anwalt ist zwar grundsätzlich an die Weisungen seines Mandanten gebunden, als unabhängiges Organ der Rechtspflege gemäß § 1 BRAO aber nur insoweit, als diese nicht im Widerspruch zu seinen Pflichten als Rechtsorgan stehen. Der Status »unabhängiges Organ der Rechtspflege« drückt nur aus, dass der Anwalt gleichberechtigt wie der Richter und der Staatsanwalt die Aufgabe hat, im gesamten Bereich seiner Verantwortung – und dazu gehört nicht nur die gerichtliche Rechtspflege, sondern insbesondere auch der Bereich der außergerichtlichen Tätigkeit – an der Verwirklichung des Rechts mitzuwirken, dass er insoweit eine zwar nicht am Staatswohl, wohl aber am Gemeinwohl orientierte Tätigkeit ausübt.

Der Anwalt unterliegt zudem dem Standesrecht, Verstöße werden geahndet (siehe hierzu S. 231 ff.).

Aufgaben des Rechtsberatungsgesetzes

Das Rechtsberatungsgesetz (RBerG) sichert den Tätigkeitsbereich des Anwalts im Interesse des Rechtsuchenden gegen solche Personen, die zur Rechtsberatung nicht zugelassen sind. Das RBerG regelt abschließend, wer die Besorgung fremder Rechtsangelegenheiten einschließlich der Rechtsberatung oder die Einziehung fremder oder zu Einziehungszwecken abgetretener Forderungen geschäftsmäßig betreiben darf.

Spezialisierung des Anwalts

Insofern kommt es auf eine Spezialisierung des Anwalts an. Denn mit einem Anwalt, der sich auf bestimmte Rechtsgebiete spezialisiert hat, ist man in jedem Fall besser bedient. Er ist nicht nur über die neueste Rechtsprechung in seinen Spezialgebiet ständig auf dem Laufenden, er kann auch noch auf einen großen Erfahrungsschatz zurückgreifen. Zudem kennt er in der Regel die für sein Rechtsgebiet zuständigen Richter in den Gerichten und meist auch die gegnerischen Anwälte, die sich ebenfalls in diesem Spezialgebiet auskennen. Somit weiß er, wie er mit ihnen umzugehen hat. Folglich ist der Mandant, der sich für seine Angelegenheit einen spezialisierten Anwalt nimmt, in aller Regel besser bedient, denn er befindet sich in guten, fachlich qualifizierten Händen. Anwälte sind aufgrund ihres Studiums und ihrer praktischen Vorbereitungszeit bei Anwaltskanzleien und Gerichten generell befähigt, in allen Arten von Rechtsstreitigkeiten tätig zu sein. Allerdings gibt es eine große Anzahl von Gesetzen in den verschiedensten Rechtsgebieten. Deshalb erscheint es fast unmöglich, dass Anwälte das volle juristische Wissen in allen Rechtsgebieten innehaben und dann auch noch die notwendigen Erfahrungen besitzen.

Aber, bevor wir uns nun der Frage widmen, wie man einen solchen qualifizierten Anwalt bekommt, gilt es zu hinterfragen, womit sich denn nun ein Anwalt eigentlich qualifiziert? Hier bieten sich nachfolgend verschiedene Erkenntnisse an:

1. Fachanwalt

Einige Anwälte nennen sich Fachanwälte. Ein Fachanwalt ist ein Rechtsanwalt, dem aufgrund seiner besonderen theoretischen Kenntnisse und praktischen Erfahrungen auf einem Fachgebiet, die erheblich das Maß dessen übersteigen, was durch Ausbildung und Erfahrung im Beruf vermittelt wird, durch die Rechtsanwaltskammer die Fachanwaltschaft verliehen wird. Wenn Sie vorhaben, sich scheiden zu lassen, sollten Sie sich einen Rechtsanwalt nehmen, der sich auf das Familienrecht spezialisiert hat oder am besten gleich einen Fachanwalt für Familienrecht.

Um sich Fachanwalt nennen zu dürfen, müssen die Anwälte spezielle zusätzliche Prüfungen bei den Rechtsanwaltskammern ablegen.

Begrenzte Fachanwaltsbereiche

Fachanwaltschaften gibt es für die Fachbereiche Arbeitsrecht, Familienrecht, Insolvenzrecht, Sozialrecht, Steuerrecht, Strafrecht und Verwaltungsrecht.

Die Entwicklung der Fachanwaltschaft beruht – schon in der historischen Perspektive – auf dem Willen und der Notwendigkeit, eine spezialisierte fachliche Ausrichtung der Berufstätigkeit nicht nur zu praktizieren, sondern auch zu verlautbaren. Im Einklang geht es damit bei der Fachanwaltschaft inhaltlich vor allen Dingen um die Qualitätssteigerung und der Qualitätssicherung der anwaltlichen Dienstleistung.

Tipp

Nähere Informationen unter:
- Bund Deutscher Fachanwälte (BDF) oder beim
- Deutschen Anwaltverein, Adresse im Anhang

Lösen Sie Ihren Fall nur mit Hilfe eines Spezialisten oder eines Fachanwalts. Bei Fachanwälten kann man wirklich davon ausgehen, dass sie kompetent sind. Eine andere Frage ist, ob sie genügend Zeit gerade für Ihren Fall haben.

In Strafrecht ist es allerdings so, dass die wirklich guten Strafverteidiger die Nase rümpfen, wenn jemand diese Bezeichnung führt. Mit anderen Worten, die wirklich guten Strafverteidiger führen nicht die Bezeichnung »Fachanwalt für Strafrecht«, sie haben es nicht nötig (!).

2. Akademische Titel

Doktortitel nicht notwendig

Letztlich völlig belanglos ist der Doktortitel. Von dem sollte man sich nicht blenden lassen. Es gibt viele promovierte Nieten und hervorragende Anwälte ohne diesen Titel. Durch eine Promotion ist nicht unbedingt eine höhere Qualifikation des Anwalts gegeben, denn die Doktorarbeit dauert meist zwei bis drei Jahre am Lehrstuhl eines Professors und hat ein Arbeitsthema, das den Professor in seiner wissenschaftlichen (und nicht unbedingt für den Mandanten praktischen) Arbeit fördert.

Auch der Professorentitel sagt letztlich nichts über die Qualität des Anwalts aus. Anwälte mit Professorentitel sind regelmäßig Honorarprofessoren, haben den Titel also ehrenhalber bekommen, wobei die Gründe dafür sehr unterschiedlich sein können, manchmal tatsächlich sogar ehrenvoll. Jedenfalls dürfen die »richtigen« Professoren, die an den Universitäten als Beamte arbeiten, nicht als Anwälte eine Kanzlei betreiben, allerdings dürfen sie als Strafverteidiger arbeiten, was jedoch sehr selten vorkommt.

Somit sind akademische Titel, auch ausländische (z.B.: LLM), für die Kompetenz in der juristischen Praxis meistens belanglos, es sei denn, es geht im konkreten Fall um Problematiken mit Auslandsberührung.

3. Tätigkeitsschwerpunkte

Viele Anwälte geben Spezialgebiete und Tätigkeitsschwerpunkte an. Tätigkeitsschwerpunkt eines Rechtsanwalts sind die Fachgebiete, auf denen er mindestens zwei Jahre nachhaltig tätig ist.

Übersicht über Tätigkeitsschwerpunkte

Solche Tätigkeitsschwerpunkte erscheinen nach der bisherigen Praxis nicht nur in Verzeichnissen (die Deutsche Anwaltschaft hat ein Auswahlverzeichnis nach Tätigkeitsgebieten) oder in Online-Anwaltsuch- und Findedienste, sondern auch in den Suchlisten der Kammern und der örtlichen Anwaltsvereine, in der Anzeige von Kanzleigründungen oder Umzügen, auf Briefbögen, Visitenkarten und sonstigen schriftlichen Verlautbarungen.

Die dort herausgestellte schwerpunktmäßige Beschäftigung bezieht sich auf Fachgebiete und deren Untergliederungen, aber auch bereits auf andere sachliche Komplexe und Branchen.

Schwerpunktangaben sind also einerseits im Vorfeld, andererseits auch in Ergänzung der Fachanwaltschaften zu sehen. Solche Angaben sind also wohl in der Tat für das Informationsbedürfnis der Rechtsuchenden die schlichteste Form anwaltlicher Werbung.

4. Interessenschwerpunkte

Interessenschwerpunkte ohne nennenswerte Bedeutung

Interessenschwerpunkte eines Rechtsanwalts sind die Fachgebiete, auf denen er nachhaltig tätig ist. Diese Angabe der »Interessenschwerpunkte« ist ohne Gewähr. Viele Berufsanfänger weisen so auf Rechtsgebiete hin, die in ihrem Studium im Vordergrund standen. So kann hier ein Rechtsanwalt etwa Familienrecht angeben, ohne bislang einen einzigen Familienrechtsfall bearbeitet zu haben.

5. ISO-Zertifizierung

Inzwischen gibt es in Deutschland hinsichtlich der Qualität ihres Büromanagements auch zertifizierte Anwaltskanzleien. Solche Kanzleien nach der DIN EN ISO 9001 bieten dem Mandanten so etwas wie eine Produkthaftung. Durch genaue Verfahrensabschnitte der Mitarbeiter wird sichergestellt, dass alle Abläufe und Regelungen eindeutig auch für Außenstehende nachvollziehbar sind. Mit eingeschlossen sind auch Termin- und Fristenkontrollen.

Die Zahl der geprüften Kanzleien ist allerdings gering und wird wegen der hohen Kosten fast nur von großen Kanzleien durchgeführt.

II. Andere Rechtspersonen

In vielen Streitfällen braucht der Betroffene Rat, Unterstützung, Vermittlung und Schlichtung durch andere. Neben dem Rechtsanwalt sind noch verschiedene andere Interessenvertretungen und Organisationen unter bestimmten Voraussetzungen und mit beschränkten Befugnissen zur Rechtsberatung und -vertretung zugelassen.

1. Behörde

Mitunter kommt es vor, dass der Bürger Streit hat mit einer Behörde oder Institution. Dabei gilt, dass alle staatlichen

Institutionen an Recht und Gesetz gebunden sind. Sie erteilen im Rahmen ihrer Zuständigkeit dem Bürger soweit erforderlich Auskunft über seine Rechte und Pflichten. Es handelt sich dabei um öffentliche Einrichtungen, deren Angehörige das Interesse der Allgemeinheit zu wahren haben und die auch dem Bürger gegenüber zur Fürsorge verpflichtet sind.

Tipp

Im Umgang mit Behörden kann oft eine persönliche Vorsprache beim zuständigen Sachbearbeiter weiterhelfen.

Kostenlose Hilfestellung

Bei vielen Behörden gibt es darüber hinaus auch kostenlose Merkblätter und Broschüren zur Hilfestellung. Es kommt bei großen Behörden auch vor, dass dort eigens Informationsstellen eingerichtet sind.

Tipp

Bei Streitigkeiten mit Behörden sollten Sie immer auf die Rechtsbehelfsbelehrung in einem Bescheid von der Behörde achten, insbesondere bei Fristsachen.

2. Interessenvertretung

Für viele Bürger gibt es je nach seinen Interessen sog. Interessenvertretungen, z.B. die Mietervereine oder Haus- und Grundbesitzervereine. Dort wird Rechtsberatung durch Juristen an Mitglieder gegen ein kleines Entgelt oder Mitgliedsbeitrag betrieben.

Adressen erhalten Sie aus Ihrem Telefonbuch oder den Gelben Seiten.

Vorsicht! Oft wird man zu einer Mitgliedschaft von ein bis zwei Jahren verpflichtet. Eine kurzfristige Kündigung ist unmöglich. In vielen Fällen ist die Kündigung auch nur zum Ende eines Jahres möglich; daher vor dem Unterschreiben des Mitgliedsvertrages immer das Kleingedruckte lesen und durchrechnen, ob sich eine Mitgliedschaft dann überhaupt lohnt. Zudem werden begonnene Streitigkeiten häufig nicht beraten.

3. Mediator

§§

Mediator als neutraler Schlichter

Das Schlichten und Vermitteln des Rechtsanwalts in Konflikten wurde seit jeher als zum typischen anwaltlichen Aufgabenbereich gehörend angesehen. Als Hauptanwendungsbereich der Mediation wurde ursprünglich die anwaltliche Vermittlung in Familiensachen angesehen, jedoch beschränkt sich die Anwaltstätigkeit nicht mehr allein auf diesen Bereich. Vielmehr fällt hierunter jegliche schlichtende und vermittelnde Tätigkeit des Rechtsanwalts. Nach § 18 BerufsO unterliegt der als Vermittler, Schlichter oder Mediator tätige Rechtsanwalt den Regeln des Berufsrechts. Obwohl der Mediator neutral ist und keinen Auftraggeber kennt, dessen Interessen er wahrzunehmen habe, wird er anwaltlich tätig und hat deshalb die aus der Anwaltstätigkeit herrührenden Beschränkungen zu beachten. Anders als bei der einseitigen Interessenwahrnehmung für nur einen Auftraggeber hat die Mediation zum Ziel, die gleichgerichteten Interessen der Beteiligten zu einer gemeinsam erarbeiteten und einvernehmlichen Regelung zusammenzuführen. Hierbei hat der Mediator den Beteiligten die zu einer gemeinsamen Entscheidung führenden Wege aufzuzeigen. Aufgabe des Mediators ist es also, den ihm von den Beteiligten unterbreiteten Sachverhalt zu würdigen und sie über ihre jeweiligen Rechte und Pflichten umfassend zu informieren, ohne Rücksicht darauf, ob dies die Einigung letztlich erschwert oder erleichtert. Damit ist der Mediator gerade nicht Vertreter einer Partei.

Sollten Sie eine »sanfte« Lösung Ihres Problems suchen und den Wunsch hegen, sich mit Ihrem Kontrahenten gemeinsam zu einigen, empfiehlt es sich, dass Sie beide Ihren Fall in die Hände eines Anwalts geben, der auch zugleich Mediator ist.

Kosten des Mediators

Die Kosten des Mediators richten sich nach den jeweiligen Stundensätzen und liegen bei ca. 50,- EUR bis 200,- EUR pro Stunde für die Sitzung. Jede Partei trägt dabei die Hälfte der Kosten.

4. Notar

Der Notar ist eine mit öffentlichem Glauben ausgestattete juristische Amtsperson, die vor allem Rechtsgeschäfte beurkundet, Unterschriften und Abschriften beglaubigt, Testamente und Erbverträge errichtet und vollstreckbare Urkunden ausstellt. Hierbei kann der Notar auch beratend tätig werden. Allerdings ist der Notar dann bei seinen Aufgaben als unparteiischer Betreuer, nämlich für beide Parteien, tätig.

Berechnung der Notargebühren

In den meisten Bundesländern gibt es die sog. Anwaltsnotare. Diese können sowohl notarielle als auch anwaltliche Tätigkeiten wahrnehmen. Je nachdem, welchen Bereich eine Tätigkeit zuzuordnen ist, erfolgt die Berechnung der Gebühren nach der BRAGO oder der KostO.

Tipp

Wenn Sie einen Anwaltsnotar mit einer Tätigkeit beauftragen, die er als Anwalt und Notar wahrnehmen kann, sollten Sie unmissverständlich klarstellen, in welcher Funktion er tätig werden soll, da ansonsten eine Anwaltstätigkeit angenommen wird. Die Konsequenz ist, dass die Gebühren höher ausfallen. Notare sind in der Regel »billiger«.

Tipp

Neutralität oder Parteilichkeit

Bedenken Sie bitte auch, dass Sie einen in einer Angelegenheit für beide Seiten tätig werdenden Notar (etwa bei einem Grundstückskaufgeschäft) nicht auch in derselben Sache später wegen eines daraus entstehenden Streitfalles als Anwalt beauftragen dürfen. In diesem Falle herrscht nämlich strikte Neutralität. Anders verhält es sich nur, wenn Sie den Notar alleine beauftragt haben und er auch nur für Sie alleine tätig wird (z.B. Vorbereitung eines Vertrages), dann können Sie ihn später auch als Anwalt beauftragen.

5. Öffentliche Rechtsberatung

In fast allen Bundesländern kann unter bestimmten Voraussetzungen »Beratungshilfe« (siehe hierzu S. 203 ff.) gewährt werden, außer in Hamburg und Bremen. Das Land Bremen gewährt kostenlos öffentliche Rechtsberatung. In Hamburg gibt es die »Öffentliche Rechtsauskunfts- und Vergleichsstelle« (ÖRA).

Auch für das Land Berlin und die Stadt Lübeck gibt es eine Besonderheit: Dort gibt es neben den öffentlichen Rechtsberatungsstellen auch die Möglichkeit Rechtsberatung nach dem Rechtsberatungshilfegesetz in Anspruch nehmen zu können.

In Rheinland-Pfalz gibt es bei den Amtsgerichten Beratungshilfestellen, die – unabhängig vom gesetzlichen Anspruch auf Beratungshilfe – kostenlos mündliche Auskünfte erteilen, soweit keine Rechtsberatung durch einen Rechtsanwalt nötig ist (siehe Adressen im Anhang).

6. Prozessagent

Nach § 157 Abs. 1 ZPO sind mit Ausnahme der Mitglieder einer Rechtsanwaltskammer Personen, die zur Besorgung fremder Rechtsangelegenheiten vor Gericht geschäftsmäßig betreiben, als Bevollmächtigte und Beistände in der mündlichen Verhandlung vor dem Zivilprozess ausgeschlossen. Etwaige Prozesshandlungen solcher Prozessagenten sind unzulässig. Nur durch Anordnung der Justizverwaltung können sie zur mündlichen Verhandlung vor dem Gericht zugelassen werden. Weitere Ausnahmen sind amtlich bestellte Vertreter eines Rechtsanwalts, der Stationsreferendar eines Rechtsanwalts oder der Patentanwalt.

7. Rechtsbeistand

§§

Rechtsbeiständen kann nach § 1 Rechtsberatungsgesetz (RechtsBerG) die geschäftsmäßige Besorgung fremder Rechtsangelegenheiten einschließlich der Rechtsberatung und der Einziehung von Forderungen von der Justizverwaltung erlaubt werden. Nicht beinhaltet ist das mündliche Verhandeln vor Gericht.

8. Rechtspfleger

§§

Nach § 1 Rechtspflegergesetz (RPflG) nimmt der Rechtspfleger die ihm danach übertragenen Aufgaben der Rechtspflege wahr. Der Rechtspfleger ist kein Richter, sondern ein Beamter der Gerichtsbarkeit.

Aufgaben des Rechtspflegers

Die Aufgaben des Rechtspflegers sind vielfältig. In vollem Umfang übertragen sind den Rechtspflegern insbesondere die Vereinssachen, die Urkundensachen, die Grundbuchsachen und die Güterrechtsregistersachen. Im Bereich der Zwangsvollstreckung ist er umfassend zuständig für die Zwangsversteigerung. Daneben zählen zu den weiteren Aufgaben Vorbehaltsübertragungen (Vormundschafts-, Familien-, Betreuungs-, Nachlass- und Handelssachen) und Einzelübertragungen (Kostenfestsetzungsverfahren, Hinterlegungssachen, Beratungshilfeverfahren, usw.).

Hilfe durch Rechtsantragstellen

Kostenlose Hilfe bei der Formulierung der Klage oder anderen Anträgen erhalten Sie bei den Rechtsantragsstellen, die bei jedem Gericht eingerichtet sind. Die dort tätigen Rechtspfleger helfen Ihnen bei der Abfassung von Schreiben an das Gericht. Eine Beratung in Rechtsangelegenheiten ist den Mitarbeitern der Rechtsantragsstelle allerdings untersagt.

9. Richter

Der Richter muss eine für sein Amt charakteristische Unabhängigkeit besitzen, damit er objektiv und frei tätig sein kann. Die persönliche Unabhängigkeit bedeutet vor allem, dass der Richter unabsetzbar und unversetzbar ist, außer mit seinem Willen oder aus gesetzlich bestimmten Gründen, in gesetzlich bestimmten Formen und regelmäßig nur kraft gerichtlicher Entscheidung.

Ist der Richter aber nicht unabhängig, so könnte eine Befangenheit vorliegen. Es gibt Ausschluss- und Ablehnungsgründe.

Wer durch Gesetz oder Geschäftsverteilung als Richter für den Prozess berufen ist, kann dennoch aus besonderen in seiner Person liegenden Gründen vom Richteramt ausgeschlossen sein. Die Gründe sind durchweg Tatsachen, welche die Objektivität des betroffenen Richters zumindest in Frage stellen und das Vertrauen zu ihm im konkreten Prozess erschüttern müssen.

Ausschlussgründe für Befangenheit

Bei den Ausschlussgründen handelt es sich um folgende:
- Der Richter ist selbst Partei.
- Er ist oder war mit einer Partei verheiratet oder verwandt oder verschwägert.
- Er ist oder war Prozessbevollmächtigter oder gesetzlicher Vertreter einer Partei.
- Er ist als Zeuge oder Sachverständiger im Prozess vernommen worden.
- Er hat bei der angefochtenen Entscheidung in einer früheren Instanz mitgewirkt.

§§

Jede Partei kann einen Richter ablehnen wegen eines gesetzlichen Ausschließungsrundes oder wegen Besorgnis der Befangenheit, § 42 ZPO. Es müssen also Umstände vorliegen, die bei einem ruhigen und vernünftigen Betrachter Zweifel an der Objektivität des Richters begründen können.

Das Ablehnungsrecht wegen Besorgnis der Befangenheit geht aber verloren, wenn die Partei sich in Kenntnis des Ablehnungsgrundes bei dem Richter in eine Verhandlung eingelassen oder Anträge gestellt hat, ohne ihn geltend zu machen. Über das Ablehnungsgesuch entscheidet das Prozessgericht.

Ablehnungsgründe für Befangenheit

Einzelne Ablehnungsgründe können sein:

- Der Richter ist mit einer Partei eng befreundet oder stark verfeindet.
- Er berät eine Partei außerhalb des anhängigen Verfahrens.
- Er weist den Beklagten auf die mögliche Einrede der Verjährung hin.

Tipp

Was die Haftung von Richtern angeht: Richter haften nicht für Fehler (so steht es im BGB), auch wenn das von ihnen ausgesprochene und rechtskräftige Urteil falsch ist.

10. Schuldnerberatung

Vorsicht bei Kosten

Die Schuldnerberatung gibt überschuldeten privaten Haushalten eine Hilfestellung, ihre wirtschaftliche Situation wieder in den Griff zu bekommen. Die Schuldnerberatung ist kostenlos. Verlangt aber jemand Geld von Ihnen um bei Ihren Geldproblemen zu helfen: Finger weg !!!

Der Begriff »Schuldnerberatung« ist gesetzlich nämlich nicht geregelt und auch nicht geschützt. Dubiose Anbieter versuchen selbst in dieser Situation bei Ihnen noch Geld zu verdienen.

Schuldnerberatungsstellen in der BRD

In der BRD gibt es zurzeit etwa 750 Schuldnerberatungsstellen, davon allein ca. 500 in den alten Bundesländern. Anerkannte Stellen nach der Insolvenzordnung dürfen Sie außergerichtlich und teilweise sogar gerichtlich beraten und vertreten. Informieren können die Sozialämter der Gemeinden, Einrichtungen der Wohlfahrtsverbände und Verbraucherberatungen.

11. Sonstige Beistände

Hier kommen insbesondere Steuerberater in Betracht. Steuerberater und Steuerbevollmächtigte sind zur geschäftsmäßigen Hilfeleistung in Steuersachen befugt und handeln insoweit als unabhängige, selbstständige Organe der Rechtspflege. Berechtigt sind auch Wirtschaftsprüfer und vereidigte Buchprüfer.

12. Verbandsvertreter

Vor den Arbeits- und Landesarbeitsgerichten können sich die Parteien durch sog. Verbandsvertreter in allen arbeits- und sozialrechtlichen Streitigkeiten vertreten lassen. Hierbei handelt es sich Vertreter von Gewerkschaften, Vereinigungen von Arbeitgebern oder Zusammenschlüssen solcher Verbände.

Bei Streitigkeiten vor dem Arbeitsgericht, dem Landesarbeitsgericht und dem Bundesarbeitsgericht vertreten die Gewerkschaften in der Regel ihre Mitglieder, bzw. finanzieren die Vertretung durch einen spezialisierten Rechtsanwalt und übernehmen alle sonstigen Verfahrenskosten. Das Mitglied wird somit von dem Risiko entlastet, Verfahrenskosten tragen zu müssen.

Tipp Die Vertretung in einem arbeitsgerichtlichen Verfahren durch die Gewerkschaft setzt nach der Satzung in der Regel eine mindestens dreimonatige Mitgliedschaft voraus.

Wo die zuständige arbeitsrechtliche Beratungsstelle der jeweiligen Gewerkschaft ist, erfahren Sie im nächstgelegenen Gewerkschaftsbüro, Ihrem Betriebsrat oder im beim »Deutschen Gewerkschaftsbund« (DGB).

13. Verbraucherorganisation

Es gibt eine Vielzahl von Organisationen, die sich um die Belange der Verbraucher kümmern. Die meisten davon sind Mitglied in dem Bundesverband Verbraucherzentralen. Individuelle Rechtsberatung erhalten Sie bei den Verbraucherzentralen der Länder, die in vielen Städten Beratungsstellen unterhalten. Diese anbieterunabhängige Beratung erstreckt sch auf alle Fragen, bei denen Sie als Verbraucher betroffen sind, ob als Reisender, Käufer, Kunde einer Bank oder eines Handwerkers. Nicht erfasst sind z.B. Streitigkeiten zwischen Privatpersonen, im Arbeitsrecht, im Familien-, bzw. Erbrecht und im Umgang mit Behörden. Üblicherweise ist die Beratung dort günstiger als unmittelbar bei einem Rechtsanwalt.

14. Inkassobüros

In seinem Urteil vom 20.02.2002 hat das Bundesverfassungsgericht (BVerfG – I DvR 423/99 –) die Anforderungen an Inkasso in Bezug auf die Sachkunde verdeutlicht. Inkassobüros haben danach die Befugnis zur Rechtsberatung, allerdings nur, was die außergerichtliche Forderungseinziehung anbelangt (siehe hierzu u.a. S. 169 ff.). Jegliche andere Rechtsberatung ist nur solchen Personen gestattet, die in § 1 des Rechtsberatungsgesetzes ausdrücklich kraft ihrer Kompetenzen aufgelistet sind (siehe zuvor).

Tipp

Erschienen ist im C.H.Beck-Verlag von dem Autor W. Seitz bereits in der dritten Auflage das lesenswerte Buch »Inkasso-Handbuch, Recht und Praxis der Inkassounternehmen«.

III. Der Mandant

Vertragpartner des Rechtsanwalts und damit Mandant ist regelmäßig der Auftraggeber. Die Auftragerteilung kann auch im Namen eines Dritten erfolgen. Der Dritte wird dann unmittelbar Partei des Anwaltsvertrages, sofern er wirksam Vollmacht erteilt hat oder aber den Vertragsschluss bei nur behaupteter Bevollmächtigung durch den Auftraggeber genehmigt. Hat der Auftraggeber hingegen seinen Vertreterwillen nicht ausreichend zu erkennen gegeben, ist er selbst Mandant mit allen rechtlichen und finanziellen Folgen.

§§

Streitgenossenschaft

Die Mandantschaft kann aber auch aus mehreren Personen bestehen, etwa bei Streitgenossen. Mehrere Personen können als Streitgenossen gemeinschaftlich klagen oder verklagt werden, wenn sie hinsichtlich des Streitgegenstands in Rechtsgemeinschaft stehen oder wenn sie aus demselben tatsächlichen und rechtlichen Grunde berechtigt oder verpflichtet sind, § 59 ZPO.

IV. Sonstiges

Durch die allgemein zugänglichen Medien bedingt kann der Rechtsuchende auch anderswo Rat erhalten, ohne den Rechtsanwalt in seiner Kanzlei aufzusuchen.

Eine viel größere Auswahl an Rechtsanwälten und Verbraucherzentralen bieten die telefonischen Anwaltsauskunfts-Dienste und das Internet.

1. Online-Rechtsberatung

Zunehmend finden Rechtsberatungen anstatt in der Kanzlei des Anwalts immer mehr per »online« (d.h. per Computer und Modem) statt, man spricht daher von der Online-Rechtsberatung. Eine solche Ergänzung erscheint sinnvoll, wenn der Rechtsanwalt erster Ansprechpartner für Rechtsfragen bleiben will, drängen doch auch Krankenkassen und Versicherungen auf den Beratungsmarkt. Ganz zu schweigen von den Mietervereinen, Verbraucherzentralen, TV-Sendern, Zeitschriften und Zeitungen, die sich bereits als Anlaufstellen etabliert haben.

Tipp

Die ausführliche Internetpräsentation von ARD Ratgeber-Recht (www.wdr.de/tv/recht) verbucht mittlerweile über 2

Millionen Seitenaufrufe monatlich, Tendenz steigend, und bietet Lösungen und Urteile zu den gängigen rechtlichen Themen. Zudem bietet das Rechtswörterbuch des WDR 6.100 für den Laien leicht verständlich erklärte oder übersetzte Fach-Begriffe an.

Kosten der Online-Beratung

Fast 80 % aller Kanzleien haben mittlerweile eine offizielle e-Mail-Adresse, viele Anwälte sind sogar mit einer eigenen Homepage im »Web« vertreten und bieten online ihre Dienste an. Selbstverständlich nicht kostenlos, denn ein Rechtsanwalt erhebt für seine Tätigkeit im Web Gebühren. Wird die Anfrage des Interessierten (Mandanten) beantwortet, ist das Erstberatungshonorar fällig, das maximal 180,- EUR betragen kann. Geht der Rechtstreit weiter, kommen die Gebühren der BRAGO zum Tragen (siehe hierzu S. 173 ff.).

Ein Anwalt muss allerdings darauf hinweisen, dass mit seiner weiteren Tätigkeit Gebühren anfallen, da er sich sonst schadensersatzpflichtig macht.

2. Hotline-Rechtsberatung

Neuerdings sind auch verschiedene Telefon-Hotlines auf dem Markt, die ihre Mithilfe bei der Anwaltsuche anbieten.

§§

Anforderungen

Von der Hotline-Beratung sind gewisse Anforderungen zu erfüllen. Der Anwalt muss sich am Telefon mit Namen und Adresse vorstellen, damit der Anrufer die notfalls nachprüfen kann. Das ist wichtig für die Haftung bei falschen Auskünften. Aber auch der Anrufer muss am Anfang sagen, wer er ist, damit keine Interessenkollision entsteht. Regelmäßig handelt es sich bei dieser Einrichtung um ein Massengeschäft, bei dem gar nicht zuverlässig nachgehalten werden kann, wer und worüber jemand beraten worden ist. Es kann daher zwangsläufig zu der Wahrnehmung widerstreitender Interessen kommen.

Weiterhin muss der Anwalt darüber informieren, wie die Beratung technisch und juristisch abläuft, und dass der Mandant über die Telekom zahlt, die Auskunft aber einen Beratervertrag zur Grundlage hat, der dann unmittelbar zwischen ihm und dem Anrufer vereinbart wird.

Qualität der Beratungen

Die »Stiftung Warentest« (Kammerton September 1998, Januar/Februar 1999) und die Redakteure von »Finanztest« (Ausgabe März 1999) testeten insofern einige Anwalt-Hotlines, das Ergebnis im Hinblick auf die Rechtsberatung war mäßig. Bei einfachen Fragen sind die Auskünfte schnell, bequem und richtig. Gefährlich wird es, wenn komplizierte Probleme auftauchen und geklärt werden sollen. Nicht ganz unumstritten ist die Qualität der Beratung, da dem Anwalt nur die telefonischen Angaben des Mandanten zur Verfügung stehen, nicht aber auch schriftliche Unterlagen. Dem Laien sind die juristischen Feinheiten sicherlich nicht bekannt, auf welche der Anwalt aber achten würde, würde er sie in den schriftlichen Unterlagen gesehen haben. Dadurch kann es passieren, dass der Anwalt nicht auf entscheidende Faktoren oder Lösungen hinweisen kann.

Unterschiedliche Kosten

Zwischen den einzelnen Serviceangeboten gibt es jedoch deutliche Unterschiede in Qualität und Preis. Teure Hotlines mit der Vorwahl 0190 kosten bis zu 1,86 EUR pro Minute und haben längst eine günstigere Konkurrenz bekommen, z.B. für nur 0,12 EUR. Fragen Sie bitte vorher, was Ihnen die Gesprächsminute kostet.

So ist es unzulässig, geringere Gebühren und Auslagen zu vereinbaren oder zu fordern, als die BRAGO vorsieht. Zwar ist eine Gebührenunterschreitung grundsätzlich zulässig, sie muss jedoch in angemessenem Verhältnis zu Leistung, Verantwortung und Haftungsrisiko des Anwalts stehen. Ob ein solches angemessenes Verhältnis besteht, lässt sch aber regelmäßig nur an Hand des konkret in Aussicht stehenden Mandantenverhältnisses beurteilen, während bei den hier vorliegenden Fällen der Telefon-Hotlines die Höhe der Zeitvergütung gerade nicht individuell vereinbart wird, sondern unterschiedslos auf alle denkbaren Beratungsfälle Anwendung findet.

Meist ist bei den Anwalt-Hotlines täglich zwischen 8 und 22 Uhr ein Rechtsanwalt erreichbar – auch sonntags.

Sie finden Online-Rechtsberatung z.B. unter folgenden Adressen im Internet: **z.B.**
→www.rechtsfinder.de
→www.anwalts-sprechstunde.de
→www.anwalts-beratung.de
→www.anwaltspreng.de

Hotlines sind trotzdem sinnvoll, denn viele scheuen den Gang zum Anwalt, nicht nur aus finanziellen Gründen. Wenn man zuhause das eigene Telefon benutzen kann, wird der Zugang zum Recht erleichtert. Die Hotline ist ein erster Anfang, der den Gang zum Anwalt möglich macht, wenn man am Telefon hört, dass es in der eigenen Angelegenheit Chancen auf Erfolg hat.

3. Diskussionsforum im Internet

Wer aus finanziellen oder aus anderen Gründen keinen Anwalt einschalten will oder kann, sollte unbedingt seinen Fall von Dritten beurteilen lassen. Ich empfehle daher, das jeweilige Problem in geeigneten Foren oder news-groups zur Diskussion zu stellen.

Der Interessierte kann darüber hinaus in einem Forum Rechtsprobleme mit anderen diskutieren. Online-Foren im Internet sind virtuelle Pinnwände einer Homepage. Hier kann jeder Beiträge von anderen »Usern« (Benutzer) lesen, darauf reagieren oder eigene Beiträge beisteuern.

Verfahren im Forum

Jeder kann dort anonym oder unter Angabe des eigenen Namens als Gast Fragen stellen. Dabei ist die Handhabung relativ einfach. In den Foren werden nicht nur abstrakte Rechtsprobleme erörtert, sondern auch ganz konkrete Fragen beantwortet. Hat der Interessierte also eine Frage zum Thema Mietrecht (oder zu anderen Rechtsgebieten), so lohnt es sich auf jeden Fall diese dort zu stellen. Allerdings wird im konkreten Fall keine Rechtsberatung erteilt, da dieses wegen des Rechtsberatungsgesetzes nur Rechtsanwälten (und z.B. Mietervereinen/Vermietervereinen) vorbehalten ist. Danach handelt ordnungswidrig, wer fremde Rechtsangelegenheiten mit der Absicht Geld zu verdienen besorgt, ohne die nach dem Rechtsberatungsgesetz erforderliche Erlaubnis besitzt. Die Foren sind in aller Regel kostenlos.

z.B.

Bei manchen Foren muss man sich zuvor registrieren lassen.

→ www.recht.de/php/menue/frameset.php3?menue=Foren

→ www.mieterbund.de (nur für Mitglieder)

→ www.mietrecht.de

→ www.valuenet.de

B. Das Verfahren

Für den juristischen Laien ist die Tätigkeit eines Rechtsanwalts meist undurchsichtig. Häufig weiß er auch gar nicht, ob der vor ihm sitzende Anwalt überhaupt der richtige Anwalt für ihn ist.

Die nachfolgenden Punkte sollen dem Leser diesbezüglich einen tieferen Einblick geben in das gesamte Verfahren rund um den Anwalt.

I. Warum überhaupt ein Anwalt?

»Wer sich selbst verteidigt, hat einen Narren zum Klienten« – mit diesem Zitat sollen all die Hobby-Juristen gewarnt sein, die ohne Not Rechtsanwalt in eigener Sache spielen. Ich möchte an dieser Stelle aufzeigen, was das juristische »do-it-yourself« mit sich bringen kann: Zwei Probleme vor allem sollte jeder bedenken, der vor der Frage steht, ob er ein rechtliches Problem mit oder ohne Anwalt lösen will.

Subjektive Befangenheit

Der erste Punkt ist die subjektive Befangenheit in der eigenen Sache. Es ist nach meinen Erfahrungen für den juristischen Laien ausgesprochen schwer, ein rechtliches Problem losgelöst von seinen subjektiven Erwartungen so zu bewerten, wie es der gegnerische Anwalt und das Gericht später tun.

Juristische Fachkompetenz

Der zweite Punkt wiegt schwerer, nämlich in der juristischen Fachkompetenz. Denn nicht jeder, der zuhause eine Ausgabe des BGB hat, ist deswegen schon rechtskundig. Auch ist nicht der schon Jurist, der eine Gesetzeskommentierung sein eigen nennt und im Bücherregal aufbewahrt, denn in der Hand eines Laien ist eine solche Kommentierung durchaus ein zweischneidiges Schwert und kann bei falscher Anwendung und Auslegung immense Nachteile mit sich bringen.

Zur eigenen Sicherheit sollte der Betroffene seinen Fall einem Dritten schildern, um zu erfahren, wie diese Geschichte auf andere wirkt und sich erst dann weitere Gedanken zum Vorgehen machen.

II. Finden des richtigen Anwalts

Im folgenden Weise ich auf verschiedene Möglichkeiten hin, wie ein Anwalt für Ihren konkreten Fall zu finden ist. Jedoch möchte ich keine falschen Hoffnungen wecken, noch möchte ich derartige Hoffnung zerstören. Denn Rechtsanwalt ist nicht gleich Rechtsanwalt. Es gibt beträchtliche qualitative Unterschiede in dieser Berufsgruppe. Daher kommt es auf die richtige Suche an.

§§

Zum Thema »Wettbewerbsrecht«

Ach ja – noch etwas: Der Autor und die Redaktion von ARD-Ratgeber Recht können Ihnen bei der Suche nach »Ihrem« Anwalt, der für Sie der »Beste« sein soll, leider nicht helfen. Wir würden gegen das Wettbewerbsrecht verstoßen, ließen wir uns da auf eine Empfehlung ein. Das wollen wir nicht. Und Ärger mit Anwälten wollen wir auch nicht. Das macht schlicht zuviel Arbeit, kostet Zeit und Mühe. Beides investieren wir lieber in unsere eigentliche Arbeit, Ihnen allgemeingültigen Rat in Rechtsfragen zu erteilen. Im Übrigen, Deutschlands Anwälte sind nicht schlechter als die unserer Nachbarn. Der weitaus überwiegende Teil ist gut oder sehr gut zu nennen. Dass es in diesem Berufsstand auch weniger Gute gibt, wundert sicher niemanden. Das ist wie überall.

1. Empfehlungen

Sicherlich werden viele Anwälte durch Freunde und Bekannte, die ihrerseits Erfahrungen gemacht haben, weiterempfohlen oder auch eben nicht. Der Vorteil hierbei besteht darin, dass der Suchende nicht nur eine theoretische Empfehlung bekommt, sondern eine praktische, eben durch das abgelaufene Mandat. Nach einer Untersuchung von INFAS, dem Institut für angewandte Sozialwissenschaft, fanden 50 % der Befragten ihren Anwalt über Empfehlungen von Freunden und Bekannten.

Die meisten neuen Mandanten der Anwälte kommen nachweislich auf Empfehlung zufriedener Mandanten verbunden mit Vertrauen, Zufriedenheit und Erfolg des vormaligen Rechtsstreits.

Dennoch ist hier Vorsicht geboten, da Freunde und Bekannte den Anwalt benennen, mit dem sie in ihrer Sache (und ihrem Rechtsgebiet) Erfolg hatten. Dieses Rechtsgebiet muss demzufolge nicht mit Ihrem betroffenen Rechtsgebiet identisch sein, d.h. der vorgeschlagene Anwalt ist auf Ihre Angelegenheit nicht spezialisiert.

Vorsicht ist allerdings geboten, wenn Sie einen befreundeten Rechtsanwalt mit Ihrem Problem beauftragen wollen. Es sind schon viele Freundschaften zerbrochen, weil die Erwartungen an den Anwalt zu hoch waren. Insbesondere wenn der befreundete Anwalt dann auch noch einen Fehler macht, was ja nicht so selten vorkommt (siehe S. 233 ff.), stehen sie sich plötzlich nicht mehr so wohl gesonnen gegenüber. Nehmen Sie sich also besser einen »fremden« Anwalt. Sie können Ihren befreundeten Anwalt ja auch in der konkreten Sache um den einen oder anderen Gefälligkeitsrat bitten, dazu wird er gerne bereit sein.

2. Anwaltskammern und -vereine

Keine Garantie für Qualität

Man kann über die Bundesrechtsanwaltskammer, bzw. die Rechtsanwaltskammern auf Landesebene Anwaltsadressen erfragen. Auch der Deutsche Anwaltverein e.V. (DAV) in seinen insgesamt 242 örtlichen Anwaltvereinen mit insgesamt mehr als 56.000 Anwälten hilft gerne bei der Benennung von Anwälten für bestimmte Rechtsgebiete (Adressen im Anhang).

Allerdings ist dadurch nicht gewährleistet, dass Sie dabei an einen Anwalt geraten, der sich auch tatsächlich mit dem bestimmten Rechtsgebiet beschäftigt. Der DAV und die örtlichen Anwaltsvereine verbürgen nicht für die Qualität ihrer Mitglieder.

3. Gelbe Seiten

Wenn der Suchende jedoch nicht auf Erfahrungswerte im Freundes- oder Familienkreis zurückblicken kann, kann er sicherlich das Branchenbuch, bzw. die Gelben Seiten zur Hand nehmen. Dieses tun ca. 7 % der Suchenden nach INFAS.

Unter der Rubrik »Rechtsanwälte« wird man allerdings eine lange Auflistung von Anwälten finden. Hilfreich ist hierbei die Unterteilung in verschiedene Rechtsgebiete (z.B. Arbeitsrecht, Verkehrsrecht, usw.).

Jedoch geht hierdurch nicht die fachliche Qualifikation der Anwälte hervor. Vielmehr müsste hier der Suchende durch zusätzliche Telefonanfragen dieses näher erörtern. Sollte dem Suchenden eine nähere Auskunft wider Erwarten verweigert werden, so sollte diese Kanzlei zügig von der erstellten Liste möglicher Anwälte gestrichen werden.

Tipp

Keinen Streitwert bennenen

Auf keinen Fall sollte man vorab schon die Höhe des Streitgegenstandes angeben, da der betreffende Anwalt bei einem hohen Streitwert auf jeden Fall seine spezielle Qualifikation angibt, ob er sie nun hat oder nicht. Bei Angabe eines geringen Streitwerts kann der Suchende dagegen wegen des geringen Verdienstes für den Anwalt trotz genauer Rechtskunde den Fall von vornherein ablehnen.

4. Internet

Häufiger dürfte auf Einträge in einschlägigen Anwaltsverzeichnissen zurückgegriffen werden. Sie können auch direkt im Internet suchen, nämlich unter:

z.B.

→www.mego.de
→www.anwaltsuche.de
→www.ra-info.de
→www.jurway.de/anwalt/index.html
→www.interlex.de
→www.anwaltauskunft.de
→www.deutsches-anwaltsverzeichnis.de
→www.rechtsanwaltsliste.de
→www.advocat24.de

z.B.

Zirka 3.800 Rechtsanwälte, deutsch- oder englischsprachig in über 142 Ländern, u.a. von deutschen Botschaften empfohlen, sind aufgelistet unter:
→www.mego.de

5. Interessengemeinschaften

Hilfreich bei der Suche sind auch die Interessenverbände, etwa der Mieterschutzbund, bzw. der Interessenverband der Haus-, Wohnungs- und Grundbesitzervereine oder die Gewerkschaften. In aller Regel beraten sie ihre Mitglieder in juristischen Fragen aber nur. Die Prozessbetreuung muss dann mit einem Anwalt durchgeführt werden. Aber auch hier helfen die Interessengemeinschaften gerne weiter mit Namen der Anwälte, mit denen sie schon erfolgreich zusammengearbeitet haben.

6. Rechtsschutzversicherungen

Rechtsschutzversicherungen bieten ihren Versicherungsnehmern den Schutz bei rechtlichen Angelegenheiten an, zum einen, indem sie die finanziellen Kosten einer Auseinandersetzung tragen, und zum anderen, indem sie spezialisierte Anwälte, bzw. Fachanwälte vermitteln. Selbstverständlich hat der Versicherungsnehmer bei Kostenzusage seitens der Versicherung die freie Anwaltswahl. Andererseits hilft die Rechtsschutzversicherung auf Anfrage gerne weiter. Sie sind nämlich generell daran interessiert, dass ein Rechtsstreit gewonnen wird, denn wer verliert, zahlt auch in der Regel die Kosten. Dieser Umstand ist Antrieb dafür dass die Rechtsschutzversicherungen ihren Versicherungsnehmern Fachanwälte benennen, und zwar in erster Linie solche, mit denen sie schon gute Erfahrungen gemacht haben.

7. Eigene Entdeckung

Chemie zwischen Anwalt und Richter

Es gibt aber auch eine andere Möglichkeit: Nehmen Sie sich Zeit und beobachten Sie an mehreren Tagen die Verhandlungen an dem für Sie zuständigen Gerichts auf der Zuschauerbank. Erfolgreiche Rechtsanwälte haben meist nicht nur einen Fall pro Monat am entsprechenden Gericht zu verhandeln. Wenn Ihnen der Richter, bzw. die Kammer, der / die Ihren Fall verhandelt, bereits namentlich bekannt ist, erkundigen Sie sich zuvor im Geschäftszimmer nach den entsprechenden Sitzungsterminen und verfolgen Sie die Verhandlungsführung – wenn irgendwie möglich – an zwei verschiedenen Tagen. Achten Sie dabei auf die »Chemie« zwischen Anwalt und Richter. Sie werden erstaunliche Unterschiede feststellen. Im Idealfall begegnen Sie dabei einem Anwalt, der engagiert und fachlich kompetent den aktuellen Fall verhandelt und zugleich noch vom Richter respektiert wird. Sammeln Sie auf diesem Wege Visitenkarten (Anwälte haben immer welche dabei) und treten Sie dann bei einer konkreten Besprechung an diesen unter Darlegung Ihres Falles heran. Selbstverständlich verbürgt diese Möglichkeit nicht für Erfolg, jedoch haben Sie so »Ihren« Rechtsanwalt schon einmal in Aktion gesehen und können sich ein Bild von ihm machen.

III. Einzelanwalt oder Großkanzlei?

Die Frage, die sich der Mandant stellt, wenn er einen Anwalt sucht, lautet: Ist er bei einem Einzelanwalt oder in einer renommierten Großkanzlei besser aufgehoben? Nun, das lässt sich so nicht einfach beantworten. Es hängt von verschiedenen Faktoren ab.

Heute gibt es Großkanzleien mit über 300 Anwälten. Als mittlere Sozietät gilt eine Kanzlei, in der bis zu 20 Anwälte arbeiten. Die größte Zahl der Büros sind kleine Sozietäten von zwei oder drei Anwälten. Und die meisten arbeiten heute noch allein als Einzelanwalt.

Größenunterscheidung

Großkanzleien sind in der Regel an bedeutenden oder finanziell lukrativen Rechtsfällen interessiert. Daher ist die Vorstellung meist falsch, dass der Mandant aufgrund des guten Namens der Großkanzlei den Fall schon so gut wie gewonnen hat. Die Erfolgsquote einer Großkanzlei ist in aller Regel nicht höher als die eines Einzelanwalts oder einer Sozietät mit weinigen Anwälten, zumindest nicht für den kleinen Mandanten.

Auch ist zu berücksichtigen, dass der »kleine Mandant«, d.h. der Mandant mit einer Angelegenheit mit geringem Streitwert, an den erfolgreichen Top-Anwalt in der Großkanzlei meist gar nicht herankommt. Der Einzelanwalt erweist sich hier schon dankbarer, da er in aller Regel den Auftrag finanziell braucht.

Persönliche Betreuung

Zudem bieten kleinere Sozietäten oder Einzelanwälte dem Mandanten eine persönlichere Betreuung in ihrer Angelegenheit.

Honorarabrechnung in Großkanzleien

Die Honorare, die ein Mandant an eine solche Großkanzlei zu zahlen hat, sind nicht unerheblich, denn selten wird in diesen nach der Bundesrechtsanwaltsgebührenordnung (BRAGO) abgerechnet, sondern nach Zeitaufwand und Stundenhonorar. Berechnet ein Einzelanwalt üblicherweise etwa 100 bis 200 EUR als Stundensatz, so liegt er in Großkanzleien schon mal beim Doppelten und höher.

Häufig ist der Schluss zulässig, dass der Normalbürger mit einer streitigen Angelegenheit mit einem kleinen bis mittleren Streitwert weder bei einer Großkanzlei noch bei einem Prominentenanwalt an der richtigen Adresse ist.

IV. Alter und Geschlecht des Anwalts

Sie sollten es allerdings grundsätzlich vermeiden, komplizierte oder vermögensrechtlich gewichtige Fälle von einem jungen und unerfahrenen Rechtsanwalt bearbeiten zu lassen. Schließlich ist es eine bekannte Tatsache, dass junge Anwälte noch ziemlich unerfahren und ungeschickt sind. Insbesondere fehlt ihnen größtenteils die praktische Erfahrung.

Festlegung auf einen Anwalt

Auch kommt es vor, hauptsächlich in größeren Sozietäten, dass Sie zu Anfang von einem erfahrenen älteren Anwalt betraut werden, dann aber im Laufe der Zeit immer mehr von einem seiner jungen angestellten Anwälte. Es kann auch sein, dass der erfahrene ältere Anwalt Ihnen zu Anfang der Beratung mitteilt, dass sich einer seiner jüngeren Kollegen Ihrer Angelegenheit später annehmen wird. Dieses müssen Sie selbstverständlich nicht akzeptieren, schon gar nicht, dass Sie innerhalb der Kanzlei von einem Anwalt zum anderen geschoben werden. Entweder legen Sie sich vorher schriftlich fest (durch eine Vereinbarung mit der Kanzlei), dass Sie nur von eine bestimmten Anwalt beraten und vertreten werden wollen, oder Sie bestehen darauf, auch diesen jungen Kollegen sehr schnell kennen zu lernen, um sich nämlich ein Bild zu machen und gegebenenfalls zu widersprechen, falls Sie den Anwalt nicht vertrauenswürdig und sympathisch finden. Andererseits erreichen manchmal jüngere Anwälte, die noch nicht so unter Stress wie ihre älteren Kollegen stehen und noch nicht so viel zu tun haben, aber intelligent sind und sich einarbeiten können, mehr. Oder genauso viel. In einem solchen Fall sollte die Frage nach seinem beruflichen Werdegang und der Dauer der Berufsausübung gestellt werden.

Somit ist also festzuhalten: Die so genannten »Alten Hasen« müssen nicht immer die »Besten« sein. Jüngere Rechtsanwälte geben sich häufig mehr Mühe, sind manchmal auch kreativer und zeigen auch bei kleineren Aufträgen mehr Einsatz, so haben wir das gleich dutzendfach auf dem Anwaltstag gehört.

Gute Anwältinnen

Aber warum müssen es meistens Männer sein, die von Mandanten aufgesucht werden? Weil Frauen als zu weich gelten? Inzwischen hat sich mindestens unter Juristen herumgesprochen, dass Anwältinnen dieselbe Arbeit leisten wie ihre männlichen Kollegen. Der Prozentsatz an guten Anwältinnen ist vielleicht sogar etwas höher als bei den männlichen Kollegen. Sie wissen, dass sie in der Gesellschaft beruflich nicht immer in derselben Weise akzeptiert werden wie Männer. Also müssen sie mehr leisten um dasselbe zu erreichen.

Bessere Atmosphäre

Auch wird man feststellen, dass in einem Gerichtstermin, in dem drei Frauen verhandeln (zwei Anwältinnen und eine Richterin), die Atmosphäre oft besser ist als vergleichbar bei ihren männlichen Kollegen.

Wenn es um sozialrechtliche oder familienrechtliche Fragen geht sind Anwältinnen stark vertreten. Es ist aber sicherlich eine Illusion zu denken, dass man in einer Scheidungssache besser eine Anwältin nehmen sollte, da sie die Thematik vor Gericht gefühlvoller und somit erfolgreicher umsetzen kann.

Übrigens, rund 20 Prozent der Rechtsanwälte sind Anwältinnen.

V. Erkennen eines guten Anwalts

Woran erkennt man einen guten Anwalt?

Nun, das ist schwer zu beurteilen. Auf jeden Fall muss der Mandant sich gut vertreten fühlen, und der Anwalt darf keinen Fehler machen. Es ist allerdings von Anwälten abzuraten, die um jeden Preis vor Gericht streiten wollen. Gute Anwälte mit einsichtigen Mandanten versuchen die Angelegenheit zunächst außergerichtlich zu regeln.

Fragen an den Anwalt

Interessant können auch Fragen an den Rechtsanwalt sein, welches Gericht er für zuständig hält und wie es mit den Grundzügen des dortigen Geschäftsverteilungsplans steht. Wichtig sind auch die Erfahrungen, welche der Rechtsanwalt mit dem Vorsitzenden der zuständigen Kammern bislang gemacht hat. Dadurch zeigt sich, ob der Rechtsanwalt auch als Praktiker mit dem Einmaleins seines Alltags vertraut ist.

Fragt man die Rechtsanwälte, welchen Ruf sie wohl bei Gericht haben und was die Richter über sie und ihre Arbeit sagen würden, so erhält man natürlich stets positive Antworten. Trotzdem lassen sich diese Rückschlüsse auf das Verständnis zu, das der Rechtsanwalt von seiner eigenen Arbeit hat.

Fragenkatalog als Kriterium

Des Weiteren sollte der Mandant weitere Punkte beachten:

- Wird vor der (ersten) Beratung gesagt, welche Unterlagen mitzubringen sind?
- Nimmt sich der Anwalt Zeit für den Mandanten?
- Hat der Anwalt in der Besprechung mit Ihnen Ihre Akte und Ihren Fall parat?
- Reagiert der Anwalt sofort auf Anrufe des Mandanten?
- Muss der Mandant dem Rechtsanwalt ständig hinterher telefonieren?
- Versteht der Anwalt den Standpunkt des Mandanten?
- Wird die Motivation des Mandanten erforscht? (Erst klagen, dann fragen)
- Werden vorschnelle Zusagen abgegeben?
- Findet kein Anbieten von Problemlösungen mit Äußerungen am Telefon »Da kann ich Ihnen jetzt auch nicht helfen« statt?
- Ist die Kanzlei des Anwalts gut organisiert?

- Werden Dauermandanten auch in denselben Rechtsgebieten von wechselnden Rechtsanwälten betreut?
- Findet unprofessionelle Telefonarbeit durch nicht geschulte Mitarbeiter statt?
- Liegen Informationsdefizite zwischen Personal und Rechtsanwälten vor?
- Ist die Bearbeitungszeit und der Aktenumlauf zu lang und übermäßig?
- Werden Fristen beachtet?
- Sind die Schriftsätze des Anwalts vollständig und übersichtlich?
- Wird der Mandant über Kosten, Handlungsalternativen und wirtschaftliche Aspekte gut informiert?
- Ist die Kanzleieinrichtung unattraktiv und alt?

VI. Die Vorbereitung zum Anwaltstermin

Unbedingt sollten Sie sich aber auf den anstehenden Termin bei Ihrem Anwalt vorbereiten.

Anruf im Vorfeld

Wenn Sie allerdings noch nicht genau wissen, ob Sie mit dem Anwalt überhaupt einen Termin machen wollen, sollten Sie den Anwalt oder die Sekretärin im Vorfeld anrufen und ihm / ihr kurz schildern, auf welchem Rechtsgebiet Sie Hilfe benötigen. Dadurch ist gewährleistet, ob der Anwalt solche Angelegenheiten überhaupt bearbeitet.

Der Mandant sollte niemals ohne Terminabsprache einen Rechtsanwalt aufsuchen. Rechtsanwälte haben in der Regel einen vollen Terminkalender und sind morgens bei Gericht und nachmittags in Mandantengesprächen. Viele Besprechungs- und Gerichtstermine sind schon lange vorher vereinbart worden und können nicht ohne weiteres verschoben werden.

Zusammenstellung aller wichtigen Unterlagen

Eine gute Vorbereitung beschleunigt die Wahrnehmung der rechtlichen Ansprüche des Mandanten erheblich, insbesondere durch Zusammenstellung aller wichtigen Unterlagen. Je präziser die Angaben, desto exakter kann der Anwalt die Lage einschätzen.

Kosten der Kopien

Die Unterlagen sollte der Mandant dem Rechtsanwalt nur in Kopie überlassen, da Originale leider auch verloren gehen können. Der Rechtsanwalt verlangt üblicherweise für die ersten 50 Kopien je 0,50 EUR, danach je 0,15 EUR von seinem Mandanten.

Tipp

Insofern wird es für den Mandanten günstiger, wenn er die nötigen Kopien in einem Copy-Shop erledigt.

Vorarbeit des Mandanten zum Termin

Der Mandant sollte sich vor dem Termin schon Gedanken über das streitige Thema gemacht haben. Es ist daher sehr sinnvoll Fragen an den Anwalt schriftlich vorformuliert zu haben.

✓

Unterlagen, die in Ihrem Fall relevant sein könnten, sind z.B.:

- Briefwechsel mit dem Gegner
- Schreiben von Behörden
- Schreiben von Versicherungen
- Mahnbescheide
- Skizzen und Photos
- Klageschrift, wenn man verklagt wurde
- vollständige Namen und Anschriften von Zeugen
- Mietvertrag, sonstige Verträge
- Rechnungen, Quittungen
- bei Rechtsschutzversicherung die Versicherungsnummer oder besser
- eine Kopie des ganzen Versicherungsscheins.

Tipp

Fragen Sie Ihren Rechtsanwalt nach vergleichbaren Fällen und seinen Erfahrungen in ähnlich gelagerten Fällen.

Zu Beginn des Gesprächs sollte der Mandant den Anwalt unbedingt fragen, wer konkret in der Kanzlei die Sache bearbeiten wird. Stehen dem Mandanten einige wenige Ansprechpartner oder eine Vielzahl von Sachbearbeitern gegenüber? Wird sich ausschließlich der (teurere) Seniorpartner mit dem Mandanten beschäftigen oder unter Umständen häufig wechselnde Mitarbeiter? Auch wenn sich der Arbeits- und Zeitaufwand noch nicht vorhersehen lassen, sollten dem Mandanten weitere Rechtsanwälte oder Sachbearbeiter genannt und vorgestellt werden, die ihm ebenfalls als qualifizierte Ansprechpartner zur Verfügung stehen. Erfahrungsgemäß legen Mandanten – zu Recht – großen Wert auf eine ständige Präsenz der anwaltlichen Seite.

Zeitvorgabe

Des Weiteren sollte geklärt werden, wie viel Zeit der jeweilige Rechtsanwalt für den Mandanten reserviert hat.

Tipp

Beansprucht der Mandant Beratungshilfe oder Prozesskostenhilfe, so sollte er zu Beginn des Gesprächs mit dem Anwalt darauf hinweisen. In diesem Fall sollte der Mandant bereits zum ersten Gespräch Unterlagen über seine Einkünfte und Vermögenswerte, Verträge und Unterlagen über Zahlungsverbindlichkeiten mitbringen.

Honorar der BRAGO?

Auf jeden Fall ist weiterhin zu fragen, ob üblicherweise auf Stundenhonorarbasis (und in welcher Höhe) oder auf Basis der BRAGO-Sätze abgerechnet werden soll. Im Falle eines Stundenhonorars sind auch Abrechnungstakte und -intervalle zu klären. Dabei empfiehlt es sich, bereits an dieser Stelle wenig Verständnis für Abrechnungstakte zu zeigen, wie sie früher anzutreffen waren, nämlich Abrechnung je angefangene Stunde statt heute üblicher 1/10 Stunden. Ein Hinweis auf das Erfordernis einer Rechnungsstellung per Stundenblatt sorgt für nötige Transparenz. Bei einer Abrechnung nach der BRAGO sollte auch geklärt werden, wie der Streitwert zu bemessen ist. Keine Scheu, fragen Sie nach den anfallenden Kosten. Legen Sie nach Möglichkeit eine Obergrenze fest, die nicht überschritten werden sollte.

Viele wenden sich an einen Rechtsanwalt, mit dem auch der Gegner schon zu tun hatte. Hier ist Vorsicht geboten, denn Sie könnten Gefahr laufen, von dem Rechtsanwalt unvorteilhaft oder sogar feindlich behandelt zu werden, etwa weil er mit dem Gegner befreundet ist oder in sonstiger geschäftlicher Beziehung steht (sofern nicht Interessenkollision vorliegt).

VII. Anwaltsvertrag

Eingrenzung der Kosten

Zu Beginn des Beartungsgesprächs sollte geklärt werden, welche Hilfestellung des Rechtsanwalts Sie erwarten. So kann es eine einfache und einmalige Rechtsberatung sein, es kann aber auch ein anwaltliches Schreiben oder dar eine Prozessführung gewünscht werden. Hiernach richten sich dann auch die späteren Kosten. Grenzen Sie also das Risiko ein, indem Sie sofort Fragen nach den Gebühren stellen. Letztendlich können Sie mit »bloßen Händeschütteln« schon ein paar hundert Euro loswerden. Definieren Sie für sich Ihr Interesse, nämlich ob Sie ein Erstberatungsgespräch suchen oder gleich prozessieren wollen. Berücksichtigen Sie bitte auch, dass Sie besser erst eine Erstberatung wählen sollten, sie können dann immer noch, sofern eine gute Prozessprognose für Sie ergangen ist, prozessieren. Sie haben insofern kein Geld zum Fenster herausgeschmissen, sondern sind sich Ihrer rechtlichen Möglichkeiten sicherer.

Ergebnis des Beratungsgesprächs

Am Ende des Beratungsgesprächs wird Ihnen der Anwalt mitteilen, ob er Ihre Angelegenheit übernehmen wird oder nicht. Selbstverständlich kann er den Auftrag auch ablehnen (siehe dazu S. 102 ff.).

1. Allgemeines

Anwaltsvertrag als Dienstvertrag

Abgesehen von einigen Sonderfällen ist der Anwaltsvertrag ein Dienstvertrag auf der Grundlage einer in § 675 BGB geregelten entgeltlichen Geschäftsbesorgung. Im Gegensatz zum so genannten Werkvertrag (z.B. Reparaturvertrag) schuldet der Anwalt keinen Erfolg seiner Tätigkeit. Der Anwalt ist also niemals verpflichtet einen Rechtsstreit zu gewinnen, vielmehr muss er ihn nur ordnungsgemäß führen.

Dieses Vertragsverhältnis, welches Mandat genannt wird, begründet eine Fülle von Pflichten und Nebenpflichten für den Anwalt.

Abschluss eines Beratungsvertrages

Einzelne Mandanten legen Wert darauf, mit dem Anwalt ihres Vertrauens einen Beratungsvertrag zu schließen. Dabei beauftragen sie diesen Anwalt mit allen laufenden Beratungsangelegenheiten ihres eigenen Geschäftsbereichs. Dafür zahlt der Mandant eine Pauschalvergütung.

Wird ein Anwalt mit einer nicht anwaltstypischen Tätigkeit beauftragt, so ist kein Anwaltsvertrag gegeben, etwa wenn ein Anwalt als Kaufmann oder Makler auftritt, nicht aber, wenn er das Amt eines Notars, Testamentvollstreckers, Pflegers, Konkursverwalters oder Zwangsverwalters übernimmt.

2. Vertragsabschluss

Der Anwaltsvertrag (Mandat) kommt zustande wie jeder andere Vertrag auch. Das bedeutet, dass noch nicht einmal die Schriftform vorgeschrieben ist. Insofern kann auch eine Rechtsberatung am Telefon ein Mandatsverhältnis begründen. Der Mandant sollte sich den Auftrag möglichst schriftlich fixieren lassen, damit der Anwalt strittige Punkte später nicht zu seinen Gunsten auslegen kann, etwa beim Anwaltsregress. Die Schriftform wird dann schon in Form einer Aktennotiz oder eines Briefes gewahrt.

Anwaltsvertretung nur durch Anwalt

Fraglich ist, ob der Anwaltsvertrag auch durch Vertreter oder Hilfskräfte geschlossen werden kann. Der Rechtsanwalt darf die zum Vertragsabschluss notwendigen Handlungen nicht an sein Büropersonal als Vertreter delegieren, weil dieses zu den erforderlichen Beurteilungen gar nicht in der Lage ist. Nimmt daher der Bürovorsteher Mandate entgegen, handelt er daher nicht regelmäßig als Vertreter des Rechtsanwalts, sondern nur als übermittelnder Bote mit der Folge, dass ein Anwaltsvertrag noch nicht zustande gekommen ist. Der Einsatz von Büropersonal für den Abschluss eines Anwaltsvertrages stellt einen Verstoß gegen die allgemeine Pflicht des § 43 BRAO dar, für den der Anwalt schadensersatzpflichtig wird, sollte der Mandant dadurch geschädigt worden sein.

Dagegen steht es dem Anwalt frei, einen angestellten Anwalt oder Assessor, gegebenenfalls auch einen Referendar, mit der Befragung des Mandanten zu beauftragen. Für die Fehler seiner Erfüllungsgehilfen bei der Aufklärung haftet der Anwalt gegenüber dem Mandanten.

3. Gefälligkeit

Unverbindlicher Auskunftsvertrag

Häufig werden Rechtsanwälte um die Gefälligkeit gebeten, einen rechtlichen Hinweis zu erteilen. Wird der Anwalt aus Gefälligkeit tätig, so liegt eine anwaltsvertragliche Tätigkeit liegt nicht vor. Mangels Rechtsbindungswillen erzeugen, wie die Juristen es nennen, solche anwaltlichen Auskünfte oder Empfehlungen keine Haftung des Rechtsanwalts. Dabei sind die Grenzen zwischen Gefälligkeitsäußerung und anwaltsvertraglicher Tätigkeit fließend. Indiz für eine bloße Gefälligkeit ist in der Regel die Unentgeltlichkeit der anwaltlichen Tätigkeit. Maßgeblich für die Abgrenzung der unverbindlichen Gefälligkeit zum verbindlichen Auskunftsvertrag ist vielmehr auch, ob die Unverbindlichkeit der Auskunft für den Ratsuchenden erkennbar und auch von ihm gewollt ist. Legt der Fragende aber auch für den Rechtsanwalt in erkennbarer Weise Wert auf die Verlässlichkeit des anwaltlichen Rates, um sich in seinen Dispositionen danach richten zu können, ist er auch bei (stillschweigend) vereinbarter Unentgeltlichkeit sein Antrag auf anwaltsvertragliche Tätigkeit gerichtet.

Rechtsanwälte sind aber auch keine Wohlfahrtsinstitute, die aus Gefälligkeit oder gar umsonst handeln, sondern Unternehmer. Bedenken Sie, dass eine Arbeitsstunde eines Rechtsanwalts nicht mit der z.B. eines Handwerkers vergleichbar ist. Ein Rechtsanwalt hat u.a. die gesetzliche Pflicht, sich regelmäßig fortzubilden (mehrmals im Jahr).

Ein Tagesseminar kostet oft mehr als 500,- Euro. Auch muss sich ein Rechtsanwalt teuer dagegen versichern, dass er vielleicht einmal einen Fehler macht und Ihnen dadurch ein Schaden entsteht. Rechtsanwälte unterhalten einen Geschäftsbetrieb, dessen Bürokosten beträchtlich sind. So wurde z.B. ermittelt, dass bei einer mittleren Zivilrechtspraxis (1 Rechtsanwalt, 2 Anwaltsgehilfinnen, 2 Auszubildende, 1 Referendar) für den damaligen (!) Zeitraum 1991/1992 schon ein Stundensatz von mindestens 150 EUR erforderlich war, wenn der Rechtsanwalt wirtschaftlich mit einem Richter am Landgericht gleichstehen will. Daher sind Rechtsanwälte auch auf entsprechende Einnahmen angewiesen. Wünscht der Rechtsuchende eine Rechtsberatung, so muss er grundsätzlich auch von anfallenden Anwaltskosten ausgehen.

4. Vergütung

Der Anwalt hat aus dem Auftragsverhältnis gegenüber dem Mandanten einen Vergütungsanspruch (siehe S. 104 ff.).

Geschäftsführung ohne Auftrag

Wird der Rechtsanwalt ohne Auftrag tätig, so kann ein Vergütungsanspruch aus Geschäftsführung ohne Auftrag entstehen. Genehmigt der Auftraggeber die Tätigkeit des Rechtsanwalts, so hat dieser einen Anspruch auf Ersatz der Aufwendungen, die er den Umständen nach für erforderlich halten durfte. Das sind bei anwaltlichen Leistungen die Ansprüche auf die übliche Vergütung nach der BRAGO.

5. Mandatsbedingungen

Manche Anwälte arbeiten mit speziellen, von ihnen selbst erarbeiteten Mandatsbedingungen, die Bestandteil des Anwaltsvertrages werden sollen. Darin haben Anwälte solche Punkte aufgeführt, die sie nach ihren Vorstellungen geändert haben und die vom Gesetz abweichen, bzw. zu Gunsten des Anwalts eingebracht werden. In Betracht kommen hier verkürzte Verjährungsfristen, abgetretene Kostenerstattungsansprüche oder Haftungsbeschränkungen. Wenn Anwälte mit solchen Mandatsbedingungen arbeiten, sind sie zur eingehenden Information gegenüber dem Mandanten verpflichtet. Ebenso müssen sie dem Mandanten den Text mit den Mandatsbedingungen zu Beginn des Auftragsverhältnisses übergeben.

Mandatsbedingungen im Vertrag

Der Mandant sollte sich in diesem Fall unbedingt die Mandatsbedingungen vor Auftragsvergabe durchlesen, allein schon, um sich nicht später unliebsamen Überraschungen ausgesetzt zu sehen. Sollte dem Mandanten ein Punkt in diesen Bedingungen nicht zusagen, so ist es Verhandlungssache, ob und wie dieser Punkt gestrichen oder geändert wird. Hier ist anzumerken, dass die meisten Kanzleien (im Gegensatz zu den Großkanzleien) ohne solche Mandatsbedingungen arbeiten, da das Tätigkeitsfeld des Anwalts durch das Gesetz ausreichend festgelegt ist.

VIII. Der Umgang mit dem Anwalt

In jedem Fall sollte man auf eine entspannte Atmosphäre während des Gesprächs achten. Dem Anwalt ist der Sachverhalt übersichtlich und gegliedert, dennoch kurz, darzulegen, damit dieser sich ein Bild von Ihrem Rechtsstreit machen kann. Der Anwalt wird schon nachfragen, wenn ihm etwas unklar geblieben ist. Des Weiteren sollte der Mandant unbedingt alle Schriftsätze durchlesen und bei Unverständnis beim Anwalt nachfragen.

Tipp

Stellen Sie beim Betreten der Kanzleiräume fest, dass diese ungepflegt oder unseriös wirken, oder wenn Sie bei der ersten Begegnung mit dem Rechtsanwalt erkennen, dass dieser unsympathisch oder arrogant ist, sollten Sie sich unverzüglich verabschieden und gehen. Schlimmstenfalls kann Sie dieser Irrtum die Erstberatungsgebühr kosten.

Unbedingt sollten Sie Ihrem Anwalt die Wahrheit sagen, denn nur so kann er alles im Auge behalten und sich bestens vorbereiten, bzw. handeln. Bitte denken Sie daran, Ihr Anwalt ist Ihr Partner, nicht Ihr Gegner. Umso peinlicher wird es, wenn später in der Verhandlung Ihre Unwahrheit herauskommt und die Strategie Ihres Anwalts ins Leere verläuft und Sie den Prozess verlieren. Es ist deswegen auch schon zu Mandatsbeendigungen gekommen, weil der Mandant seinen Anwalt unsachgemäß informiert oder sogar belogen hat. In diesem Fall hat der Mandant die bisher entstandenen Kosten für den Anwalt zu zahlen. Somit könnte die Angelegenheit doppelt so teuer werden, wenn nämlich dann ein neuer Anwalt eingeschaltet wird. Auch wirft dieses Vorgehen kein gutes Licht auf den Mandanten beim Folgeanwalt.

Tipp

Pflicht zur Wahrheit

Auch sollten Sie Ihren Anwalt in regelmäßigen Abständen anrufen und anfragen, ob es in Ihrer Sache bereits Neues gibt. Lassen Sie sich dabei nicht abwimmeln mit den Worten »... wenn sich etwas getan hätte, hätten Sie schon eine Kopie erhalten«. Lassen Sie sich dann die Akte holen und mitteilen, wann der letzte Aktenvorgang notiert ist. Damit zeigen Sie, dass Sie die Sache ernsthaft verfolgen. Immerhin kommt es auch in gut organisierten Kanzleien gelegentlich vor, dass Schriftsatzeingänge nicht als Kopie an den Mandanten weitergeleitet werden.

Tipp

Regelmäßiges Anfragen beim Anwalt

Anwälte sind im ersten Beratungsgespräch häufig kurz angebunden, allein schon wegen des Zeitmangels. Der erfahrene Anwalt wird den Redefluss des Mandanten zeitig unterbrechen und gezielte Fragen stellen. Beharren Sie also bitte nicht darauf, ihm Ihre Lebensgeschichte zu erzählen, erzählen Sie sie bitte Ihrem Freund / Ihrer Freundin. Es handelt sich nämlich um nichts anderes als die Vermittlung und Wiedergabe von Berichten unter Berücksichtigung dessen, was angemessen und wichtig ist.

Nur angemessene und wichtige Informationen weitergeben

Es gibt darüber hinaus eine beträchtliche Zahl von Mandanten, die ihren Rechtsanwalt bei jeder noch so unbedeutenden Neuigkeit anrufen. Rechtsanwälte sind in erster Linie Rechtsberater und keine Beichtväter oder Psychologen.

Für den Umgang mit dem Rechtsanwalt gilt es insbesondere nachfolgende Punkte zu beachten:

- Kooperieren Sie mit Ihrem Anwalt und überlassen Sie ihm nicht die ganze Arbeit.
- Unternehmen Sie keine eigenmächtigen Handlungen, dafür ist ausschließlich Ihr Rechtsanwalt zuständig.
- Gehen Sie mit Ihrem Rechtsanwalt höflich um, dann wird er Sie ebenso höflich behandeln.
- Rufen Sie nicht wegen jeder Kleinigkeit bei Ihrem Rechtsanwalt an, wohl aber bei Fristsachen oder wichtigen Auskünften.
- Bezahlen Sie zügig die Zahlungsaufforderungen und Rechnungen, damit zwischen Ihnen und Ihrem Rechtsanwalt keine Spannung aufkommt.
- Erinnern Sie Ihren Rechtsanwalt einige Tage vor dem anstehenden Termin an ein möglicherweise noch zu führendes Gespräch oder zu erstellenden Schriftsatz.
- Teilen Sie Ihrem Rechtsanwalt mit, dass Sie umfassend über den Verlauf des Falles, die Situation und die Entwicklung informiert werden wollen.
- Vermeiden Sie gegenüber Ihrem Rechtsanwalt eine unterwürfige oder unsichere Verhaltensweise; da Sie der Auftraggeber sind ist eine gleichberechtigte Verhaltensweise die richtige.

IX. Wenn die Zusammenarbeit nicht funktioniert

Immer wieder kommt es vor, dass die Zusammenarbeit zwischen Anwalt und Mandant nicht funktioniert. Dadurch können sich die Fronten verhärten und zu einer völligen Unzufriedenheit führen. Die Ursachen können unterschiedlich sein, wie nachfolgend dargestellt.

Kommunikationsprobleme

In Betracht kommt z.B. ein gestörtes Kommunikationsverhältnis zwischen ihnen. Immerhin ist die Sprache der Juristen für die Laien oft unverständlich. Insbesondere kommt das Unverständnis zum Tragen, wenn der Anwalt mit seinen Fachwörtern dem Mandanten den möglichen Lösungsweg erklärt oder vor Gericht juristisch verhandelt wird. Der Anwalt ist Übersetzer, er muss seinem Mandanten die Sprache des Rechts ins »Deutsche« übersetzen. Nun kommt es häufiger vor, dass der Mandant gar nichts versteht, sich aber zu sehr schämt, beim Anwalt genauer nachzufragen, bzw. ihn nicht bittet verständlicher zu erklären. Nur keine falschen Skrupel, niemandem ist geholfen, wenn der Mandant sich nicht traut, auf diesen Punkt aufmerksam zu machen. Immerhin ist der Mandant der Auftraggeber, sollte alles verstehen und das Ziel vorgeben.

Einem prozessunerfahrenen Mandanten gegenüber genügt es auch nicht, Auflagen und Beweisbeschlüsse des Gerichts durch den Anwalt lediglich mit der Bitte um Kenntnis- und Stellungnahme zu übersenden.

Tipp

Erteilung von klaren Weisungen

Erteilen Sie Ihrem Anwalt klare Weisungen, die dem Interesse eines präzisen, zügigen und erfolgreichen Mandatverlaufs dienen. Befolgt Ihr Anwalt nicht Ihre Weisungen, so bitten Sie um einen Aussprachetermin. In diesem klärenden Gespräch sollten Sie ihn an seine Berufspflicht zur Befolgung der Weisungen des Mandanten erinnern. Haben Sie dann immer noch das Gefühl, von Ihrem Anwalt nicht richtig verstanden zu werden, sollten Sie das Mandat kündigen und sich einen Anwalt suchen, der Ihre Interessen besser vertritt.

Tipp

Hilfreich ist sicher auch das Niederschreiben der von Ihnen erfassten Problematik mit Ihrem Anwalt. Ein guter Anwalt wird dieses ernst nehmen und sein Verhalten zu Ihnen ändern, allein schon weil er Sie als Mandanten nicht verlieren möchte. Aber bitte beachten Sie die Form. Schreiben Sie nicht ellenlange mit Ihrer unleserlichen Handschrift versehene Seiten. Auch sollten Sie ordentliches Briefpapier benutzen und nicht herausgerissene Ringbuchseiten.

Tipp

Auf keinen Fall sollten Sie sich wegen Ihrer Unzufriedenheit zu Kurzschlusshandlungen hinreißen lassen. Dabei werden bisweilen auch persönliche Vorwürfe ausgesprochen, und gerade das sollte in einem Mandat nicht vorkommen. Überhaupt sind Emotionen bei Ihrem Anwalt nicht angebracht. Versuchen Sie diese Sache objektiv anzugehen, auch wenn es Ihnen schwer fällt. Versuchen Sie sich in die Lage Ihres Anwalts hineinzuversetzen; Sie werden sehen, dass Sie die Lage ganz anders beurteilen.

Sollte Ihr Anwalt wider Erwarten auf Ihre Vorwürfe hin gegen Sie unsachlich reagieren, so sollten Sie auf keinen Fall darauf eingehen. Lässt sich der persönliche Konflikt nicht lösen, ist eine beiderseitige Trennung sicher das Beste.

Tipp

Auf keinen Fall sollten Sie sich aber von Ihrem Anwalt einschüchtern lassen, etwa weil er es gewohnt ist, dass man seine Anweisungen befolgt; Sie sind der Auftraggeber und das letzte Wort über die vom Anwalt empfohlenen Maßnahmen haben immer noch Sie! (siehe hierzu auch S. 88.)

X. Anwalt vor Gericht

Einen Höhepunkt für den Mandanten stellt immer wieder der Gerichtsprozess dar, meistenteils ist er für ihn aber unangenehm. Dafür steht ihm dann ja der Anwalt mit seinem Können und seinem Verhandlungsgeschick zur Seite.

1. Prozessbevollmächtigter

Der Rechtsanwalt, der von seinem Mandanten damit beauftragt ist, ihn in einem Prozess zu vertreten, wird als Prozessbevollmächtigter bezeichnet. Prozessbevollmächtigter ist aber nur der Anwalt, der von seinem Mandanten allgemein damit beauftragt wurde, für ihn den Rechtsstreit im Ganzen zu führen.

Güteverhandlung

Seit jüngster Zeit werden aber nicht nur die Anwälte, sondern auch die »Streithähne« persönlich geladen, damit eine so genannte Güteverhandlung mit dem Ziel eines Vergleichs durchgeführt wird. Falls Sie aber nicht teilnehmen wollen, kann Ihr Anwalt dieses meist auch erreichen. Andererseits kann Ihnen niemand verwehren an Ihrem Verfahren teilzunehmen.

Ist der Rechtsanwalt von seinem Mandanten schon im Vorfeld des Rechtsstreits nur mit Einzelhandlungen beauftragt, so ist er kein Prozessbevollmächtigter. Der Rechtsanwalt kann aber in jedem Stadium eines Rechtsstreits zum Prozessbevollmächtigten bestellt werden.

Anwaltszwang

Ist das Landgericht zuständig, muss der Mandant ohnehin einen Anwalt mit der Prozessdurchführung beauftragen. Denn in den Prozessen vor dem Landgericht oder den höheren Gerichten sind in Zivilsachen nur die bei dem betreffenden Gericht zugelassenen Anwälte postulationsfähig, d.h. zugelassen. Es besteht Anwaltszwang.

Prozessvollmacht

Dem Prozessbevollmächtigten ist in aller Regel von seinem Auftraggeber Prozessvollmacht erteilt worden. Die unterschriebene Prozessvollmacht dient als Legitimation, um bei dem Gegner, bei Behörden oder Gerichten als anwaltlicher Bevollmächtigter aufzutreten. Eine dem Rechtsanwalt erteilte Prozessvollmacht behält bei Beendigung des Mandats solange ihre Wirkung, bis der Anwalt dem Gericht die Beendigung des Mandats angezeigt hat.

Tipp

Diese Vollmacht sollten Sie, bevor Sie unterschreiben, zumindest kurz durchlesen, auch wenn die meisten Anwälte unbedenkliche Standardformulare verwenden. Verstehen Sie in dem Vollmachts-Vordruck etwas nicht, scheuen Sie sich nicht und fragen nach. Der gute Anwalt wird Ihnen alles zu Ihrer Zufriedenheit verständlich erläutern.

Es ist allerdings nicht notwendig, dass Sie einen ganzen Stapel von Vollmachten »blanko« unterschreiben lassen, denn in der Regel genügt schon eine Vollmacht. Der Anwalt kann sich von der Original-Vollmacht Kopien anfertigen und eben nur diese Kopien in beglaubigter Form verwenden, was absolut statthaft und auch üblich ist.

Tipp Es ist nicht üblich, dass der Mandant selbst eine Kopie dieser Vollmacht erhält, schließlich ist Ihr Anwalt ja auf Ihrer Seite. Trotzdem sollten Sie eine solche Vollmacht verlangen und zu Ihrer Akte nehmen, damit Sie auch später noch wissen, was Sie seinerzeit unterschrieben haben.

2. Wahrung der Interessen des Mandanten

In erster Linie hat der Anwalt die Interessen des Mandanten zu wahren. Er ist insoweit parteiisch und muss es auch sein, schon allein, um die Parteilichkeit des Gegners auszugleichen. Trotzdem muss sich der Anwalt davor schützen in die Abhängigkeit des Mandanten zu geraten, insbesondere muss er »souverän« bleiben. Dazu gehört, dass der Anwalt vor Gericht ruhig und standfest bleibt, gegebenenfalls auch in der Lage ist, sich zu entschuldigen, wenn er gegenüber dem Gericht, dem Gegner oder einem Zeugen entgleist ist.

Kontrolle über den Richter

Auch muss er den Richter ständig kontrollieren. Zu denken ist hier an Parteilichkeit oder die Untätigkeit des Richters oder dessen Lenken in die falsche Richtung (zu Lasten des Mandanten). Hier stehen dem aufmerksamen Anwalt verschiedene (rechtliche) Möglichkeiten zur Verfügung. Richter nehmen es auch nicht immer so ernst, wie es nötig wäre mit der Aufklärungspflicht. Hier heißt es für den Anwalt die erforderlichen (Beweis-) Anträge zu stellen.

Seriöse Methoden des Anwalts

Die Pflicht zur Wahl des sichersten Weges beinhaltet selbstverständlich nicht, dass auch unseriöse oder anrüchige Methoden gewählt werden müssten. Wenn etwa ein dem Mandant ungünstiger Sachvortrag verschwiegen wird oder wenn nur der vorteilhafte Teil einer Urkunde vorgelegt wird, so stellt dies nicht den sichersten, sondern einen unlauteren Weg dar, den zu beschreiten der Anwalt nicht verpflichtet ist. Ein solches Verhalten erweist sich für den Mandanten vor Gericht auch als nicht vorteilhaft.

3. Anwaltsvertretung

Unteranwälte bei Gerichtstermin

Viele Mandanten sind weiterhin – zu Recht – enttäuscht, wenn der Anwalt vor Gericht nicht erscheint, sondern sein Vertreter. Insbesondere in Sozietäten kommt es immer wieder vor, dass Sozienanwälte ihre »Unteranwälte« zu Gerichtsterminen schicken, wenn sie selbst keine Zeit oder kein Interesse haben. Der Mandant hatte sich gerade sehr viel Mühe gegeben dem Anwalt in endlosen Gesprächen den Sachverhalt zu erklären, um somit seine Situation näher zu bringen, und der Vertreter weiß von gar nichts, hat sich bestenfalls kurz die Akte durchgelesen und kann auch sonst dem Mandanten nichts weiter zur Sache sagen. Somit bekommt der Mandant ein ungutes Gefühl vor Gericht. Beauftragt Ihr Anwalt einen Kollegen, ihn bei der mündlichen Verhandlung zu vertreten, so muss er diesen vorher ausführlich über den Fall informieren und mit ihm entsprechende Maßnahmen absprechen. Da dies jedoch selten in dieser Weise erfolgt, ist von einer Vertretung durch einen fremden Anwalt bei der mündlichen Verhandlung abzuraten. Der Mandant sollte auf das persönliche Erscheinen seines Anwalts vor dem Gerichtstermin bestehen. Zwar wird dann der Termin zeitlich verzögert, jedoch erscheint mir das in jedem Fall besser als vor Gericht von einem nicht informierten Anwalt vertreten zu werden.

Übertragung an Korrespondenzanwalt

Findet der Prozess an einem anderen, möglicherweise weit entfernten Ort statt, ist es eine Frage des Einzelfalls, ob Ihr Anwalt hinfährt oder für die Verhandlung einen so genannten Korrespondenzanwalt beauftragt, der natürlich umfassend informiert werden muss.

4. Schriftsätze

Da das Zivilverfahren praktisch ein schriftliches Verfahren ist, sollte der Fertigung der Schriftsätze, insbesondere natürlich der Klageschrift, besondere Aufmerksamkeit gewidmet werden. Ungünstig ist es, wenn die Ausführungen ständig durch spätere Schriftsätze berichtigt werden müssen.

Man kann mit einem guten Anwalt Prozesse verlieren und mit einem schlechten Anwalt Prozesse gewinnen. In der Tat entscheidet nicht immer der beste Schriftsatz. So wichtig ein guter Schriftsatz für den Anwalt ist, schlechte Schriftsätze sind Richter in der Tat gewohnt und es gibt sowohl die Hinweispflicht als auch die Möglichkeit einer völlig anderen juristischen Bewertung als sie schriftsätzlich vorgetragen ist, selbst wenn Sie Pech haben bei der Wahl ihres Anwalts.

Lesen aller Schriftsätze erforderlich

Der Schriftsatz ist aber die Visitenkarte des Anwalts. Da Anwälte wenig Zeit haben, werden die Schriftsätze auch nicht von ihnen geschrieben, sondern auf Band diktiert und von ihren Sekretärinnen geschrieben. Dabei entstehen häufig genug Tippfehler und andere formale Fehler. Der Anwalt überfliegt das Schreiben der Sekretärin dann nur noch und unterzeichnet es. Später vor dem Richter kann dieser Schriftsatz dann eine schlechte Figur machen, die dementsprechende Rückschlüsse auf den Anwalt und seine Kanzleiorganisation zulässt. Wie schon zuvor erörtert, sollte der Mandant den Schriftsatz im Vorfeld lesen und erforderlichenfalls selbst korrigieren.

Es gehört allerdings zum gerichtlichen Alltag, dass Schriftsätze kurz vor oder erst im Verhandlungstermin übergeben werden.

Zurückweisung von Anträgen

Insbesondere ist zu beachten, dass die Schriftsätze rechtzeitig erfolgen. Schon mancher Zivilprozess ging verloren, weil ein anwaltlicher Schriftsatz verspätet eingereicht wurde. So läuft man unter Umständen Gefahr, dass eine Zurückweisung erfolgt, wenn Beweisanträge verspätet gestellt wurden. Auch wenn ein Zeuge im Schriftsatz versehentlich zu spät benannt und somit nicht mehr rechtzeitig zum Gerichtstermin geladen wurde, empfiehlt es sich, den Zeugen durch die Partei zum Termin stellen zu lassen, so dass das Gericht den Zeugen dann doch noch vernehmen kann.

Rechtsausführungen durch Anwalt

Das gerichtliche Verfahrensrecht zwingt den Anwalt, erschöpfend vorzutragen. Soweit Rechtsausführungen vom Anwalt gebracht werden, ist klar herauszuarbeiten und auch schriftsätzlich zu erklären, welche Rechte überhaupt geltend gemacht werden.

Konkrete Beweisangebote

Nicht zuletzt muss der Schriftsatz auch erforderlichenfalls konkrete Beweisangebote enthalten. Dafür hat der Anwalt seinen Mandanten zu fragen, welche Beweismittel im Einzelnen zur Verfügung stehen.

Überprüfung von Schlüssigkeit und Erheblichkeit

Der Richter prüft die Schlüssigkeit der Klage und die Erheblichkeit des gegnerischen Verteidigungsverbringens, mehr will er nicht wissen. Belegstellen zu Entscheidungen und Schrifttum finden sich in Anwaltsschriftsätzen verhältnismäßig selten. Dabei muss der Anwalt aber sein für die Arbeit erforderliches Wissen präsent haben und sich daher in Spruchsammlungen, Zeitschriften, Kommentaren oder Handbüchern informieren. Dann ist es auch nützlich, diese Informationsquellen dem Gericht offen zu legen, insbesondere wenn es nicht einfach war, darauf zu stoßen.

5. Mündliche Verhandlung

In der mündlichen Verhandlung zeigen sich die Erfahrungen und Qualitäten des Anwalts, auch in Bezug auf Vortrag und Ausdrucksfähigkeit. Manchmal entscheidet sich auch das Schicksal eines Zivilprozesses in der mündlichen Verhandlung. Hier kommt es darauf an, dass der Anwalt dem Gericht mit der erforderlichen Überzeugungskraft den vorlegenden Sachverhalt und die Rechtsargumente vortragen kann. Dabei ist der Anwalt auch verpflichtet, den Versuch zu unternehmen, das Gericht davon zu überzeugen, dass und warum seine Auffassung richtig ist. Er muss vorbringen, was die Entscheidung günstig beeinflussen kann. Manche Richter schenken aber dem anwaltlichen Plädoyer keine Aufmerksamkeit, sondern gehen nur nach der Aktenlage vor.

Schriftsatznachlass bei neuem Vortrag

Der mündliche Vortrag des Anwalts vor Gericht taugt häufig genug aber auch nichts. Dieses schon deshalb, weil viele Anwälte sich gar nicht auf diesen Termin, bzw. Sache, vorbereitet haben. In vielen Fällen ergibt sich der Vortrag des Anwalts aber auch schon aus den erfolgten Schriftsätzen. Wird in der mündlichen Verhandlung aber etwas Neues vorgetragen, dann ist es unerlässlich, sich einen Schriftsatznachlass auszubedingen, damit der neue Vortrag auch schriftsätzlich zu den Akten gelangt.

Tipp

Vor Gericht sind emotionale Ausführungen weitgehend fern zu halten. Die sind aber dann notwendig, wenn es um die Ausfüllung von Wertungsbegriffen geht, etwa um Treu und Glauben, sittenwidriges Handeln, usw. Insbesondere verhaltensgestörte Mandanten, die die ganze Welt laut wissen lassen wollen, dass sie im Recht seien, lösen beim ahnungslosen Gericht leicht Verwunderung aus, bisweilen sogar Ablehnung.

Hält sich der Gegenanwalt nicht an die Fakten, wie es das Standesrecht soweit vorschreibt, so sollte der eigene Anwalt ihn und das Gericht auf die Unsachlichkeit oder persönliche Angriffe als überflüssig aufmerksam machen (siehe hierzu S. 99).

Hatte der Anwalt jedoch richtig und vollständig vorgetragen, so kann ihn für eine dennoch fehlerhafte Entscheidung des Gerichts keine Verantwortung treffen. Gibt das Gericht die falsche Meinung noch im Termin bekannt, so sollte der Anwalt mit Sachvortrag, notfalls mit einem Terminverlegungsantrag dagegen halten. Im Zweifel besteht ja immer noch die Möglichkeit auf Berufung oder Revision.

6. Persönliches Erscheinen des Mandanten

Manche Ratgeber sagen, dass der Mandant unbedingt zu allen vom Gericht anberaumten Terminen erscheinen sollte. Selbstverständlich dürfen die Parteien auch an der mündlichen Verhandlung teilnehmen.

Nun, ob die Teilnahme des Mandanten in der mündlichen Verhandlung allerdings zweckmäßig ist, muss der Anwalt im jeweiligen Einzelfall entscheiden, denn nur er weiß um die erforderliche Taktik vor Gericht.

Nachteilige Anwesenheit

So kann die Anwesenheit der Partei nachteilig sein:

- Der Mandant kann insbesondere den Fragen des Gerichts und des Gegners ausgesetzt sein, ohne deren Bedeutung für den Rechtsstreit zu erkennen. Jedoch besteht für den Mandanten keine diesbezügliche Pflicht, sich auf die Fragen einzulassen. Insbesondere muss der Anwalt seinen Mandanten hier vor unüberlegten Antworten oder Erklärungen bewahren.
- Bei Ablehnung von Vergleichsvorschlägen durch die Anwälte besteht die Gefahr, dass das Gericht Druck auf die anwesenden Parteien ausübt und der Vergleichsabschluss später reut.
- Die Äußerungen einer sehr emotional auftretenden Partei können zu gewissen Spannungen führen, den Gegner provozieren und das Gericht negativ beeinflussen. Unter Umständen ist der Gegner dann zu einem für die Parteien nützlichen Vergleich nicht mehr bereit, so dass ein Urteil ergehen muss, das zu eigenen Lasten gehen kann.

Die Anwesenheit der Parteien kann aber auch vorteilhaft sein:

Positive Anwesenheit

- Handelt es sich um komplizierte Sachverhalte, kann der Mandant mit seinem Fachwissen dem Gericht Rede und Antwort stehen und somit den Sachverhalt erleuchten. Häufig ist der Anwalt dazu nämlich nicht in der Lage.
- Das Gericht kann sich unter Umständen veranlasst sehen, statt des Anwalts dem persönlich erscheinenden Mandanten mehr rechtliche Hinweise zu erteilen. Dem Gericht ist nämlich eine sehr weit gehende und umfassende Aufklärungs- und Hinweispflicht auferlegt. Das Gericht ist allerdings nach Auffassung des BVerfG nicht verpflichtet, auf seine Rechtsauffassung hinzuweisen oder ein Rechtsgespräch zu führen. Vielmehr muss, auch wenn die Rechtslage umstritten und problematisch ist, ein Verfahrensbeteiligter (in aller Regel der Anwalt für seinen Mandanten) grundsätzlich alle vertretbaren rechtlichen Gesichtspunkte von sich aus in Betracht ziehen und seinen Vortrag darauf einstellen.
- So kann es bisweilen nicht ausgeschlossen werden, dass ein von der Partei überzeugend und glaubwürdig vorgetragener Sachverhalt vom Gericht in Zweifelsfragen oder bei noch nicht geklärten Restfragen zugunsten der Partei als wahr berücksichtigt wird.
- In Sachen Schmerzensgeld wegen Körperverletzung kann allein der Anblick der sichtbaren Folgen einen günstigen Einfluss auf die Höhe des Schmerzensgeldes haben.

Tipp

Fragen Sie Ihren Anwalt, ob Ihr persönliches Erscheinen erwünscht ist. Fragen Sie ihn nach seiner Prozesstaktik und der weiteren Vorgehensweise.

Anonymes Erscheinen vor Gericht

Der Mandant kann aber auch anonym vor Gericht erscheinen. Bisweilen fragt der Richter dann den Zuschauer (Mandant) nach seinem Grund der Teilnahme. Dann sollte man nett und freundlich antworten, dass man in der Sache X gegen Y nur als Zuschauer dabei ist.

Versäumnisurteil

Gelegentlich kommt aber der eigene Anwalt nicht zum anberaumten Termin, so dass in aller Regel ein sog. Versäumnisurteil ergeht. Damit das dann nicht passiert (allein schon wegen der entstehenden Kosten), sollte man sich dann als Partei zu erkennen geben. Hierbei handelt es sich aber nur um eine Notfallmaßnahme und nicht um eine Gelegenheit, diese Angelegenheit selber in die Hand zu nehmen. Schließlich kommt es vor Gericht auf juristische Feinheiten an und eine laienhafte Äußerung kann zu schweren Nachteilen führen.

Tipp

Der Anwalt sollte weiterhin darauf achten, seine Partei vor nutzlosem Erscheinen zu bewahren, insbesondere wenn es nicht um die Klärung des Sachverhalts geht, sondern nur um die Übergabe von Schriftstücken an den Gegner, bzw. das Gericht.

Anordnung des persönlichen Erscheinens

Unter Umständen kann aber auch das persönliche Erscheinen des Mandanten, bzw. der Partei durch das Gericht angeordnet werden. Bei unentschuldigtem Ausbleiben einer Partei kann ein Ordnungsgeld verhängt werden.

7. Stillstand des Verfahrens

Normalerweise geht das Verfahren, ist es einmal eingeleitet, seinen Gang. So kann es zwar etwas dauern, bis alle Termine koordiniert sind und schließlich ein Urteil ergeht.

Manchmal kommt es allerdings auch vor, dass in der Sache des Mandanten überhaupt nichts mehr passiert, sei es im außergerichtlichen oder im gerichtlichen Verfahren. Hier kommen verschiedene Möglichkeiten in Betracht, warum das so ist:

Ihr Anwalt wartet auf eine von Ihnen benötigte Information, ohne die er das Verfahren nicht weiterführen kann. Meist wird es sich hier um Beweise, wie etwa Namen von Zeugen oder Schriftstücke handeln. Zwar müsste der Anwalt Sie dann nach einer geraumen Zeit von sich aus anschreiben, jedoch kann auch der Anwalt die Angelegenheit aus den Augen verlieren. Ein Anruf bei ihm wird schnell die Angelegenheit wieder auffrischen und die nötigen Schritte veranlassen.

Aufgrund von anderen Terminen ist Ihr Akte auf dem Tisch einfach liegen geblieben. Auch dieses kommt gelegentlich schon vor. Ein Telefonanruf kann in dieser Sache ebenfalls zur weiteren Bearbeitung führen.

Selbst auf mehrfaches Anfragen in der Kanzlei Ihres Anwalts tut sich in Ihrer Angelegenheit nichts mehr. Hier sollten Sie mit größter Vorsicht an die Sache gehen. Warum sich Ihr Anwalt nicht mehr meldet kann unterschiedliche Gründe haben, auf jeden Fall aber einen, der zu Ihren Lasten geht. So kann der Anwalt etwa eine wichtige Frist verpasst haben, so dass bzgl. Ihrer Forderung mittlerweile Verjährung eingetreten ist. Dadurch macht sich der Anwalt unter Umständen haftbar (siehe S. 233 f.). In diesem Fall sollten Sie Ihrem Anwalt schriftlich (Einschreiben) eine kurze Frist zur Stellungnahme geben, um nach fruchtlosem Ablauf einen anderen Anwalt zu beauftragen. Dieser wird Sie dann auch darüber beraten, wie Sie unter Umständen Ihr Geld vom ersten Anwalt zurück erhalten und in der Hauptsache weiter zu verfahren ist. Behalten Sie aber immer im Auge, dass Ihre Forderung schnell verjähren kann, wenn Sie sich auf das Zeitschinden des ersten Anwalts einlassen.

XI. Der Mandatswechsel

Unzufriedener Mandant

Gelegentlich findet auch ein Mandatswechsel statt, etwa wenn der Mandant im laufenden Verfahren mit seinem Anwalt unzufrieden ist und zu einem anderen Anwalt wechselt. Ein Rechtsanwalt darf die Nachfolge eines Kollegen in der Vertretung der Interessen eines Mandanten in einer bestimmten Angelegenheit aber nur antreten, wenn er den Kollegen davon unterrichtet hat und sichergestellt ist, dass dieser auch sein Honorar erhält.

§§

Pflicht zur Information der Mandatsübernahme

Der Anwalt darf sich nicht auf die Angabe des Mandanten verlassen, er habe den zuvor beauftragten Kollegen von dem Wechsel informiert. § 15 Abs. 1 BORA verlangt, dass grundsätzlich der das Mandat übernehmende Anwalt den vorigen von der Übernahme zu informieren hat.

Dieses Standesrecht führt jedoch nicht zur persönlichen Haftung des Anwalts für Honorar und Kosten seines Vorgängers.

Eilige Maßnahme

Sind allerdings eilige Maßnahmen im Interesse des Mandanten zu treffen, bevor die zuvor aufgestellten Bedingungen erfüllt werden können, so kann der Rechtsanwalt diese Maßnahmen treffen, wenn er seinen Vorgänger davon sofort unterrichtet.

Die zuvor erörterten Beschränkungen gelten nicht, wenn der Rechtsanwalt nur beratend tätig wird.

XII. Die Beendigung des Mandats

Bei Beendigung des Mandats hat der Rechtsanwalt folgendes zu beachten:

1. Beendigung durch Erledigung des Rechtsstreits

Die Beendigung des Mandats durch Erreichung des Vertragszwecks ist dann gegeben, wenn der Rechtsanwalt die ihm übertragenen Aufgaben erledigt hat und seine Mandanten eine Schlussrechnung übersendet.

Eine solche Erledigung liegt dabei nicht nur bei Vertragserfüllung vor, sondern auch dann, wenn der Rechtsanwalt keine weiteren Tätigkeiten für den Mandanten mehr entfalten kann.

War der Rechtsanwalt nur beratend tätig, so endet sein Mandat im Allgemeinen bereits dann, wenn er seinen Mandanten den erbetenen Rat erteilt hat. Spricht der Mandant dann eine geraume Zeit später in derselben Sache noch einmal beim Rechtsanwalt vor, so ist regelmäßig von einem neuen Mandat auszugehen. Nach anderer Auffassung gilt ein Mandat als nicht beendet, wenn beispielsweise der Mandant längere Zeit nichts von sich hat hören lassen. Aber auch wenn der Rechtsanwalt längere Zeit nichts von sich hören lässt, also untätig bleibt, besteht das Mandat weiterhin.

Weitergehende Pflichten nach Urteil

Endet das Mandat mit einem Urteil, so sind die Pflichten des Rechtsanwalts noch nicht beendet. Ist die Instanz beendet, so ist der Anwalt verpflichtet, dem Mandanten Entscheidung und Zustellungszeitpunkt mitzuteilen und ihn über die Möglichkeit eines Rechtsmittels und die hierfür laufenden Fristen zu belehren. Dieses soll so rechtzeitig geschehen, dass der Mandant noch ausreichend Überlegungszeit hat. Die Mitteilungspflicht besteht darüber hinaus auch, wenn keine Möglichkeit eines Rechtsmittels gegeben ist oder gar das Urteil für den Mandanten günstig ausgefallen ist.

Rechtsmittel

Mit der Übersendung des Urteils und der Mitteilung der Zustellung sowie der Rechtsmittelbelehrung ist das Anwaltsmandat beendet, sofern der Anwalt beim Berufungsgericht nicht zugelassen ist und nicht Verkehrsanwalt (also der Anwalt, der von dem Anwalt des Mandanten vor Ort beauftragt wird) wird. Soll der Anwalt aber den Rechtsmittelanwalt (der Anwalt, der von dem Anwalt des Mandanten zur Einlegung von Rechtsmitteln wie Berufung oder Revision beauftragt wird) beauftragen, so endet sein Mandat erst mit der Mandatsübernahme durch diesen. In diesem Fall ist der Anwalt berechtigt, mit dem Mandanten abzurechnen und die Handakte zu schließen.

Kommen Rechtsanwalt und Mandant dahingehend überein, dass Berufung gegen das Urteil einzulegen ist, so ist dennoch dieses (erstinstanzliche) Verfahren beendet. Der Rechtsanwalt wird auch dann über dieses Verfahren mit dem Mandanten abrechnen und die Handakte schließen. Für das Berufungsverfahren wird er sich eine neue Handakte anlegen und das Berufungsverfahren als ein neues Mandat behandeln.

Abschlussschreiben

Die Unterrichtung von der Beendigung des Mandats erfolgt durch ein so genanntes Abschlussschreiben.

2. Vorzeitige Beendigung

Selbstverständlich kann das Mandat auch zu jedem anderen Zeitpunkt von beiden Seiten beendet werden. Hier kommen folgende Möglichkeiten in Betracht:

a) Kündigung des Mandanten

Kündigung ohne Einhaltung einer Frist

Die vorzeitige Beendigung des Mandats kann durch Kündigung des Mandanten erfolgen, also ohne Einhaltung einer Kündigungsfrist. Die Kündigung muss dann aber auf jeden Fall schriftlich erfolgen. In der Kündigung sollten die Kündigungsgründe aufgeführt sein.

Gebührenschuld

Grundsätzlich bleibt der Mandant dem Rechtsanwalt zur Zahlung für die bisher entstandenen Gebühren verpflichtet. Etwas anderes gilt nur, wenn für den Mandanten ein wichtiger Grund für die Kündigung gegeben war und dieser Grund auch von dem Rechtsanwalt verursacht wurde. In Betracht kommt hier ein erhebliches Fehlverhalten des Rechtsanwalts, welches das Vertrauensverhältnis zerstört hat. Dann ist der Mandant von der Gebührenschuld befreit. In einigen Fällen steht dem Mandant darüber hinaus noch ein Schadensersatzanspruch zu.

b) Kündigung durch den Rechtsanwalt

Doch auch der Rechtsanwalt kann das Mandat kündigen. Kündigt der Rechtsanwalt allerdings ohne die Angabe von Gründen das Mandat, so ist er in der Regel verpflichtet, den Gebührenvorschuss an dem Mandanten zurückzuzahlen.

Kündigung aus wichtigem Grund

Kommt es zur Beendigung des Mandats durch den Rechtsanwalt, so wird dies in den meisten Fällen aus wichtigem Grund geschehen. In Betracht kommen hier die Erschütterung des Vertrauensverhältnisses durch Beleidigung des Rechtsanwalts oder die Vorenthaltung von wichtigen Informationen, die das Mandat betreffen.

In diesem Fall darf der Rechtsanwalt die vollen Gebühren berechnen, die er bis dahin verdient hat.

Kündigung nicht zur Unzeit

Endet das Mandat vorzeitig durch Niederlegung oder Kündigung, so ist es selbstverständlich, dass dies nicht zur Unzeit geschehen darf, § 627 BGB. Eine Kündigung zur Unzeit liegt allgemein dann vor, wenn der Mandant nach Zugang der Kündigung nicht in der Lage ist, sich eine notwendige Anwaltstätigkeit rechtzeitig anderweitig zu verschaffen. Ist aber die Kündigung ausnahmsweise auch zur Unzeit aus wichtigem Grund berechtigt, kann der Anwalt während der Zeit zur Begründung des Rechtsmittels unter Umständen verpflichtet sein, noch fristwahrende Maßnahmen durch Stellung von Verlängerungsanträgen zu ergreifen.

Unter Umständen kann zu den dem Anwalt bei Mandatsende obliegende Pflichten gehören, einen Rechtsmittelanwalt auszuwählen und zu beauftragen.

Nach wirksamer Mandatsniederlegung ist ein Verschulden des Anwalts der Partei nicht mehr zurechenbar.

c) Unmöglichkeit der Vertragserfüllung

Von der Kündigung ist die Unmöglichkeit der Vertragserfüllung zu unterscheiden. Eine Unmöglichkeit ist z.B. gegeben, wenn der Rechtsanwalt durch unverschuldete Krankheit gehindert ist, den Auftrag weiter durchzuführen. Bereits verdiente Gebühren darf der Rechtsanwalt behalten, auch wenn der Mandant sie für den neuen Rechtsanwalt nochmals aufwenden muss.

d) Einverständliche Aufhebung

Sollten sich der Mandant und sein Rechtsanwalt einig sein, dass der Mandatsvertrag einverständlich aufgehoben werden soll, muss geklärt werden, inwieweit der Rechtsanwalt seinen Anspruch auf bereits entstandene Gebühren, die für den Nachfolger neu entstehen, behält oder verzichtet.

e) Tod des Rechtsanwalts

Rechtshandlungen bleiben wirksam

Schließlich kann neben der Kündigung die außerordentliche Beendigung des Mandats durch den Tod des Rechtsanwalts erfolgen. Zwar erlischt dann das Vertragsverhältnis zwischen Mandant und verstorbenen Rechtsanwalt, jedoch bleiben die Rechtshandlungen des für ihn bestellten Vertreters wirksam. Der amtlich bestellte Vertreter steht dann zu dem Mandanten in keinem Auftragsverhältnis oder Vollmachtsverhältnis mehr mit der Folge, dass er auch nicht für Fehler des verstorbenen Rechtsanwalts einzusehen hat, § 85 Abs. 2 ZPO.

f) Tod eines Sozius

Mandatsverhältnis bleibt wirksam

Eine Besonderheit besteht bei der Sozietät. Als eine Sozietät bezeichnet man einen Zusammenschluss von Rechtsanwälten zu einer rechtlichen Gemeinschaft als Anwaltskanzlei. Der dort arbeitende Rechtsanwalt heißt Sozius.

Durch den Tod eines Sozius wird das Mandatsverhältnis nicht automatisch beendet. Vielmehr besteht es mit den anderen Sozien fort.

C. Rechte des Mandanten

Nicht nur der Anwalt hat Rechte, auch dem Mandanten stehen grundlegende Rechte zu, die gegebenenfalls bei einem Verstoß zu einem Verstoß gegen die Berufspflichten des Anwalts führen.

Es ist daher wichtig, dass Sie als Mandant Ihre Rechte im Mandat kennen und sie auch entsprechend ausfüllen.

I. Anwaltliche Schweigepflicht

Berufsgeheimnis über vertrauliche Mitteilungen

Es gehört zum Wesen der Berufstätigkeit des Anwalts, dass sein Mandant ihm Geheimnisse anvertraut und er auch sonstige vertrauliche Mitteilungen erhält, so genanntes Berufsgeheimnis. Demzufolge haben der Anwalt und seine Mitarbeiter die Vertraulichkeit aller Informationen zu wahren, die ihnen von seinem Mandanten gegeben werden, die sich auf seinen Mandanten beziehen oder die er im Rahmen der Wahrnehmung der Interessen seines Mandanten erhält. Die Pflicht zur Wahrung des Berufsgeheimnisses ist zeitlich unbegrenzt. Er hat auch auf die Wahrung der Vertraulichkeit durch seine Mitarbeiter und alle Personen, die bei seiner beruflichen Tätigkeit mitwirken, zu achten.

Ergibt sich für einen Rechtsstreit die Notwendigkeit, gewisse (verschwiegene) Dinge preiszugeben, muss der Anwalt dieses mit seinem Mandanten besprechen und sein Einverständnis einholen.

Ehrengerichtliches Verfahren bei Verstoß gegen Verschwiegenheitspflicht

Wird die Verschwiegenheitspflicht durch den Anwalt verletzt, kann der Mandant ein ehrengerichtliches Verfahren gegen ihn einleiten (siehe S. 255 ff.).

Trotz Erlöschen des Mandats besteht die anwaltliche Schweigepflicht fort, etwa wenn die betreffende Tatsache bereits von anderer Stelle mitgeteilt worden ist oder gegenüber anderen Anwälten Familienangehörigen. Der Anwalt darf die Schweigepflicht auch nicht brechen, wenn das Mandat beendet ist und er sich durch Worte oder das Verhalten des Mandanten gekränkt fühlt oder der Mandant sich generell eines Fehlverhaltens schuldig gemacht hat.

Schweigebruch möglich

Allerdings hat der Anwalt dann das Recht gegen die Schweigepflicht zu verstoßen, wenn z.B. seine Honorarforderung vom Mandanten angefochten wird und er unter Preisgabe von Einzelheiten diese begründen muss. Er darf den verschwiegenen Sachverhalt aber nur soweit offenbaren, wie dies seiner Entlastung dient. Das Recht zum »Schweigebruch« gilt auch für Schadensersatzforderungen wegen einer ihm zur Last gelegten Pflichtverletzung bei der Mandatsführung.

Parteiverrat

Ein Anwalt oder ein anderer Rechtsbeistand, welcher bei den ihm in dieser Eigenschaft anvertrauten Angelegenheiten in derselben Rechtssache beiden Parteien durch Rat oder Beistand pflichtwidrig dient (sog. Parteiverrat), wird mit Freiheitsstrafe von drei Monaten bis zu fünf Jahren bestraft, § 356 Abs. 1 StGB.

Wirft ein Mandant seinem Anwalt Parteiverrat, Gebührenüberhöhung und den Verrat von Privatgeheimnissen vor, ohne dabei nennenswerte einschlägige Tatsachen zu nennen, stellt dies prinzipiell keine Tatsachenbehauptung, sondern ein Werturteil dar, das keinen Unterlassungsanspruch begründen kann.

II. Aktenführung

Aufbewahrung über 5 Jahre

Der Rechtsanwalt ist zur Aktenführung über die Angelegenheit seines Mandanten verpflichtet. Dabei gilt, dass für jedes Mandat eine gesonderte (Hand-) Akte anzulegen ist. Unter Handakten versteht man alle Schriftstücke, die der Rechtsanwalt bei der Bearbeitung eines bestimmten Mandats erhält oder selbst fertigt. Der Rechtsanwalt ist verpflichtet, Handakten für die Dauer von fünf Jahren nach Beendigung des Mandats aufzubewahren. Diese Verpflichtung erlischt jedoch schon vor diesem Zeitpunkt, wenn der Anwalt seinen Mandanten aufgefordert hat, die Handakten in Empfang zu nehmen und der Mandant binnen 6 Monaten nach Erhalt einer solchen Aufforderung nicht nachgekommen ist. Nach dem Erlöschen der Aufbewahrungsfrist ist der Anwalt berechtigt, die Handakten zu vernichten. Er muss jedoch Originalurkunden und Vollstreckungstitel von der Vernichtung ausschließen, soweit diese Urkunden noch Bedeutung haben können.

Die in der Akte des Rechtsanwalts enthaltende Korrespondenz sowie die mit der Gegenseite gewechselten Schriftsätze, die der Mandant sämtlich zuvor in Kopie erhalten hatte, brauchen also bei Mandatsende nicht herausgegeben werden, wohl aber eine z.B. vom Mandanten übergebende Vertragsurkunde oder ein für den Mandanten erwirkter Vollstreckungstitel.

Verweigerung der Herausgabe

Verweigert der Rechtsanwalt bei Beendigung des Mandats die Herausgabe von Handakten, kann einem berechtigten Interesse des Mandanten auf Herausgabe dadurch Rechnung getragen werden, dass er ihm Kopien überlässt, es sei denn, das berechtigte Interesse richtet sich gerade auf die Herausgabe der Originale. In diesem Fall darf der Rechtsanwalt anbieten, die Originale an einen von dem Mandanten zu beauftragenden Rechtsanwalt zu treuen Händen herauszugeben, wenn damit dem berechtigten Interesse des Mandanten Rechnung getragen wird.

Zurückbehaltungsrecht des Anwalts

Der Rechtsanwalt kann unter dem Gesichtspunkt der Verhältnismäßigkeit ein Zurückbehaltungsrecht gegen die Herausgabe der Handakten geltend machen, soweit seine Honorarforderung noch nicht befriedigt ist. Dieses Zurückbehaltungsrecht kann für den Mandanten äußerst unangenehme Folgen haben, nämlich dann, wenn er ausgerechnet in dieser Zeit bestimmte Unterlagen für andere Dinge benötigt.

Das Zurückbehaltungsrecht gilt allerdings immer dann nicht, wenn die Vorenthaltung der Handakten oder einzelner Schriftstücke nach den Umständen – insbesondere wegen unverhältnismäßiger Geringfügigkeit der geschuldeten Beträge – gegen Treu und Glauben verstoßen würde. Bei Geltendmachung dieses Zurückbehaltungsrechts an den Handakten bewegt sich der Anwalt stets an der Grenze einer etwaigen unzulässigen Rechtsausübung mit der daraus resultierenden Gefahr einer Schadensersatzpflicht. Von »unzulässiger Rechtsausübung« spricht man, wenn jemand gegen den Grundsatz von Treu und Glauben verstößt und eine hiergegen verstoßende Rechtsausübung oder Ausnutzung einer Rechtslage als Rechtsüberschreitung missbräuchlich und unzulässig ist.

Einsichtnahme in Handakte

Ob nun dem Anwalt das Recht zusteht, die Herausgabe der Akten zu verweigern oder das Zurückbehaltungsrecht an den Handakten ausüben, in beiden Fällen kann der Mandant aber verlangen, dass ihm Einsicht in die Handakten gewährt wird. Allerdings muss dann das Schriftstück, das der Mandant in den Akten des Anwalts nach Vorlage einsehen will, im Interesse des Mandaten errichtet worden sein und er muss sein rechtliches Interesse für eine solche Einsichtnahme darlegen. Dieses wird aber immer abzulehnen sein, wenn die verlangte Einsichtnahme einer Ausforschung dienen soll, z.B. um erst Unterlagen für Regressansprüche gegen den Anwalt zu beschaffen.

Ist der Mandant in Konkurs oder Insolvenz gefallen, hat der Anwalt auf Verlangen des Konkurs-, bzw. Insolvenzverwalters die Pflicht, diesem bei beendetem Mandat seine Handakten mit dem oben dargestellten Inhalt herauszugeben.

III. Beratung

Der Anwalt ist sodann verpflichtet, dem Mandanten zur Geltung seiner Interessen zu verhelfen. Der Rechtsanwalt wird in einem Informationsgespräch daraufhin die Konfliktsituation und die Zielvorstellung des Mandanten ermitteln. Die Zielvorstellung ist der Ausgangspunkt für die Beratung und den Vorschlag von Vorgehensmöglichkeiten durch den Anwalt.

1. Aufklärungspflicht

Befragung und Belehrung

Der Anwalt ist zur genauen und vollständigen Aufklärung des Sachverhalts verpflichtet, auch zur sorgfältigen Befragung und Belehrung des Mandanten, da er nicht davon ausgehen darf, dass der Mandant von sich aus die tatsächlich erheblichen Umstände erkennt. Auch wird der Anwalt die erforderlichen und vorhandenen Unterlagen und sonstige Beweismittel prüfen. Der Anwalt berät seinen Mandanten zweckmäßigerweise auch eingehend über die unheilvollen Folgen verspäteten Tatsachenvortrags.

Der Anwalt darf sich beispielsweise nicht darauf berufen, dass ein mit dem Fall befasstes Gericht ohnehin richtig entscheiden werde oder dass sein Mandant bereits rechtskundig sei und deshalb einer besonderen Belehrung nicht bedarf.

Fehlender Auftrag

Lässt der Anwalt es an einer genauen Aufklärung fehlen, so wirkt gegen ihn eine Vermutung, dass der Mandant andernfalls alle nötigen Auskünfte erteilt hätte. Schließlich kann eine besondere Eilbedürftigkeit vorliegen, z.B. Verjährung, die der Anwalt durch geeignete Maßnahmen zu verhindern hat. Übernimmt der Anwalt einen bereits anhängigen Rechtsstreit, so muss er sich unverzüglich über den Prozessstand unterrichten. Ein Anruf bei Gericht kann genügen, aber auch geboten sein.

Aufklärungspflicht über das Mandat hinaus

Als immer wieder problematisch hat sich erwiesen, dass manche Anwälte nur innerhalb ihres Auftrages beraten. Dieses Problem verdeutlicht sich, wenn in einer Angelegenheit eine bei einer Behörde liegende Akte von dem Anwalt nur grundstückstechnisch untersucht werden soll, bei der Durchsicht aber noch andere Tatsachen enthalten sind, die dem Mandanten unter Berücksichtigung einer bestimmten Frist z.B. eine Rückzahlung im größeren Rahmen ermöglichen. Hier wird der Anwalt in aller Regel sagen, dass er dazu keinen Auftrag erhalten hatte und dafür vom Mandanten auch nicht bezahlt wird (was ja eigentlich auch stimmt). Also teilt der – schlechte – Anwalt seinem Mandanten diese Erkenntnisse nicht mit und der Vermögensvorteil verfällt. Nun hat der BGH aber in einem ähnlichen Fall entschieden, dass der Anwalt bei offenkundigen Tatsachen sehr wohl die Pflicht hat, seinen Mandanten auch auf die von ihm herausgefundenen und wichtigen Fristen hinzuweisen, insbesondere wenn ihm ein Schaden droht, und zwar unentgeltlich. Bei Nichtbefolgung droht eine Haftung des Anwalts.

2. Nachforschungspflicht

Rechtliche Beurteilungen des Mandanten

Grundsätzlich gibt der Anwalt seine Erklärungen für seinen Mandanten ab. Dabei darf der Anwalt grundsätzlich auf die Richtigkeit der tatsächlichen Angaben des Mandanten vertrauen. Es gibt jedoch keine Nachforschungspflicht des Anwalts, ob die Angaben des Mandanten richtig sind. Er muss dem Mandanten zweckentsprechende Fragen stellen und, besonders bei Rechtslaien, die richtige Verwendung juristischer Begriffe überprüfen. Insbesondere darf der Anwalt rechtlichen Beurteilungen des Mandanten nicht vertrauen.

Anwalt ist kein Privatdetektiv

Auch habe ich in all den Jahren noch keinen Anwalt kennen gelernt, der aus eigenem Antrieb privatdetektivische Arbeit an einem Rechtsfall geleistet hätte. Wenn Recherchen angestellt wurden, dann nur auf Wunsch des Mandanten und stets in Form von Telefonaten oder schriftlichen Anfragen vom Schreibtisch des Anwalts aus. Der Anwalt als Detektiv ist nur im Fernsehen real. Vielfach ist dieses dem Anwalt auch gar nicht möglich wegen seines straffen Zeit- und Fristenplans, den er einzuhalten hat, um sein Arbeitspensum zu erledigen.

Zur Informationserlangung kann allerdings auch ein Tätig werden des Anwalts erforderlich sein, etwa die Einholung von Auskünften bei Behörden, Anforderung von Akten, Grundbucheinsicht, usw. Ortsbesichtigungen u.a. muss der Rechtsanwalt nicht vornehmen, auch wenn es manchmal zweckmäßig sein könnte, etwa bei komplizierten Schadenshergängen oder Bauprozessen. Diese bestimmt jedoch der Einzelfall.

Sonstige Informationsverlangung

3. Erfolgsaussichten

Nach dem Erstberatungsgespräch wird der Anwalt dem Mandanten in aller Regel mitteilen, wie er die Erfolgsaussichten in der ihm vorliegenden Angelegenheit sieht. Selbstverständlich kann der Anwalt nur eine erste grobe Mitteilung machen. Für eine detaillierte und fundierte Beurteilung der Rechtssache wird der Anwalt in den meisten Fällen eine eingehende Prüfung vornehmen, etwa durch Studium der entsprechenden Rechtsliteratur.

Erste grobe Beurteilung

Häufig ergeht zunächst ein Aufforderungsschreiben an den Gegner, um festzustellen, ob er dem Begehren außergerichtlich nachkommen wird oder vergleichsbereit ist, um noch fehlende Anspruchsmöglichkeiten zu schaffen, etwa durch eine Mahnung durch Verzug. Verzug liegt vor, wenn der andere die Leistung aus einem von ihm zu vertretenden Grund rechtwidrig verzögert.

Aufforderungsschreiben an Gegner

In aller Regel versucht der Anwalt dem Mandanten davon abzuraten auf Konfrontationskurs mit dem Gegner zu gehen. Anwaltliche Drohbriefe sind zwar bei vielen Mandanten beliebt, sie dienen aber nicht der Sache. Vielmehr kann sich der Konflikt dadurch ins Unermessliche hochschaukeln mit der Konsequenz, dass der Gang zum Gericht unausweichlich ist und immense Kosten aufwirft.

Anwaltliche Drohbriefe

Grundsätzlich hat der Anwalt bei verschiedenen Vorgehensmöglichkeiten den sichersten Weg vorzuschlagen. Der Mandant hat aber selbst zu entscheiden, welche von

Entscheidung des Mandanten

mehreren möglichen Maßnahmen er durchführen lassen und ob er überhaupt im Kosteninteresse etwas unternehmen will. Besteht ein hohes Kostenrisiko, so darf sich die anwaltlich Beratung nicht auf den Hinweis beschränken, dass ein Risiko bestehe und der Prozessausgang offen sei. Allerdings wird nicht verlangt, dass die anwaltliche Beratung besonders nachdrücklich sein muss.

Keine sichere Prognose über Erfolgsaussichten

Man wird indessen von einem Anwalt nie eine absolut sichere Prognose für die Aussichten eines bevorstehenden Prozesses – gegebenenfalls noch unter Angabe eines präzisen Prozentsatzes der Wahrscheinlichkeit des Obsiegens – erwarten oder gar verlangen können. Nun steht der Anwalt aber nicht nur im Haftungsrisiko, wenn er seinem Mandanten bei unsicherer Rechts- und Sachlage zur Prozessführung zu- statt abrät, dieses Haftungsrisiko trifft ihn gegebenenfalls auch, wenn er in einer solchen Situation pflichtwidrig von der Prozessführung ab- statt zurät.

4. Weisungen des Mandanten

Grundsätzlich ist der Rechtsanwalt an die Weisungen seines Mandanten gebunden. Schließlich bezahlt der Mandant nicht nur die Gebühren des Rechtsanwalts, sondern trägt auch das Kostenrisiko für die vom Rechtsanwalt empfohlenen Maßnahmen. Andererseits ist der Rechtsanwalt aber auch ein unabhängiges Organ der Rechtspflege. Er hat somit nicht unseriöse oder aussichtslose Maßnahmen für seinen Mandanten zu erledigen.

Unvernünftige Weisungen des Mandanten

Er darf sich auch nicht zum willenlosen Werkzeug des Mandanten machen lassen. Ist der Mandant starrsinnig und beharrt er trotz eindringlicher Belehrung seines Anwalts auf seiner (unvernünftigen) Weisung, so verstößt der Anwalt mit deren Befolgung regelmäßig nicht gegen seine Vertragspflichten.

Ergibt sich allerdings aus einer solchen Meinungsverschiedenheit die Entziehung des Mandats durch den Mandanten und daraus die Beiordnung eines neuen Anwalts, so können durch den verschuldeten Anwaltswechsel des bisherigen Anwalts gebührenrechtliche Ansprüche wie auch Ersatzansprüche des Anwalts nicht geltend gemacht werden.

Klarer Auftrag an Anwalt

Mit dem Recht, Weisungen zu erteilen, korrespondiert aber auch die Pflicht des Mandanten, einen eindeutigen Auftrag in Gestalt unmissverständlicher Worte und Weisungen an den Anwalt zu geben. Unklaren und ungewissen Weisungen kann der Anwalt nicht unbesehen und ohne auf Klarstellung und Änderung hinzuwirken, nachkommen.

Verfahrensweise im Ermessen des Anwalts

In der Regel darf allerdings der Anwalt, wenn ihm keine besondern Weisungen bei der Verfolgung eines bestimmten Auftrages erteilt sind, den Auftrag aus eigener Entschließung erledigen. Er muss nur darauf achten, dass dabei Nachteile für den Mandanten vermieden werden, soweit sie voraussehbar und vermeidbar sind. Er ist dann berechtigt und sogar verpflichtet, so vorzugehen, wie es ihm aufgrund der erhaltenen Informationen und seiner sonstigen Kenntnisse als sachgerecht erscheinen mag. Der ihm insoweit verbleibende Spielraum ist aufgrund seiner Sachkenntnis und Erfahrung sogar nicht einmal eng zu ziehen.

Soweit es aber um wesentliche Fragen geht, wird der Anwalt jedenfalls bemüht sein, zunächst eine Absprache mit seinem Mandanten herbeizuführen und dessen Weisung einzuholen.

Geht es jedoch um rechtliche oder auch nur taktische Fragen, wird man dem Anwalt freie Hand lassen müssen.

IV. Gebührenrechtliche Hinweis- und Aufklärungspflichten

Der Rechtsanwalt hat gegenüber dem Mandanten Hinweis- und Aufklärungspflichten. Eine schuldhafte Verletzung dieser Pflicht kann unbestritten Schadensersatzansprüche gegen den Anwalt auslösen.

Pflicht zur Information

- Fragt der Mandant nicht, so hat der Rechtsanwalt über folgende Umstände zu informieren:
  - Hinweis auf Prozesskostenhilfe, bzw. Beratungshilfe bei hinreichenden Anhaltspunkten auf die entsprechenden wirtschaftlichen Verhältnisse, es besteht jedoch nicht eine eigene Nachforschungs- und Ermittlungspflicht, ob eine solche Ausnahmesituation überhaupt vorliegt.
  - Hat der Rechtsanwalt Kenntnis von einer Rechtsschutzversicherung des Mandanten, muss er mit dem Mandanten klären, ob das Mandat auch durchgeführt werden soll, wenn die Rechtsschutzversicherung nicht eintritt.
  - Ist der Gegner vermögenslos, muss der Rechtsanwalt den Mandanten auf die Risiken in der Kostenerstattung hinweisen.
  - Der Rechtsanwalt hat den Ausschluss der Kostenerstattung beim Arbeitsgericht für die erste Instanz aufzuklären.
  - Eine Hinweispflicht besteht weiterhin hinsichtlich unterschiedlich hoher Kosten bei verschiedenen Vorgehensweisen, z.B. Hauptaufrechnung und Hilfsaufrechnung mit der Gefahr einer Streitwerterhöhung. Eine Aufrechnung liegt vor, wenn zwei Personen einander Leistungen, die ihrem Gegenstande nach gleichartig sind, schulden, so dass jeder Teil seine Forderung gegen die Forderung des anderen Teils aufrechnen kann, sobald er die ihm gebührende Leistung fordern und die ihm obliegende Leistung bewirken kann, § 387 BGB. Die Hilfsaufrechnung wird dabei nur für den Fall gestellt, dass andere Ansprüche nicht eingreifen.
  - Schließlich muss der Rechtsanwalt seinen Mandanten darauf hinweisen, dass das vom Mandanten erstrebte Ziel erkennbar wirtschaftlich unvernünftig ist, weil das zu erreichende Ziel in keinem angemessenen Verhältnis zu den anfallenden Kosten steht.

- Wenn aber der Mandant seinen Rechtsanwalt ausdrücklich fragt, so muss die Höhe der Gebühren genau berechnet werden. Hier besteht eine Hinweispflicht auf Unsicherheiten bei den Grundlagen der Gebührenberechnung, etwa wenn verschiedene Möglichkeiten der Streitwertfestsetzung durch das Gericht denkbar sind. Dann hat der Anwalt die Verpflichtung die Gebühren »in etwa« darzulegen. **Hinweispflicht**
- Darüber hinaus ist die Einstellung wichtig, dass Kosten im Verhältnis zum Mandanten kein Tabu-Thema sind. Klarheit in diesem Bereich beugt später Unzufriedenheit beider Vertragsparteien vor. Nur wenn der Mandant weiß, welche Kosten etwa auf ihn zukommen und wann er diese gegebenenfalls aufbringen muss (z.B. Vorschuss), kann er sich auf diese Kosten einrichten und seine finanzielle Planung danach einrichten. Daneben muss sich der Rechtsanwalt auch im Klaren sein, aus welchen Gründen heraus er das Mandat annimmt (Zeitvertreib, Dankbarkeit des Mandanten, Investition, Geld verdienen).

V. Gerichtliche Beiordnung

Notanwalt

Der Rechtsanwalt kann einer Partei auch durch einen gerichtlichen Beschluss beigeordnet werden, etwa bei der Bewilligung der Prozesskostenhilfe. Ferner kann ein Rechtsanwalt einem Mandanten beigeordnet werden als sog. Notanwalt, etwa in Familiensachen sowie als Pflichtverteidiger im Strafrecht. Zwar kommt mit der Beiordnung des Rechtsanwalts noch kein Mandat zustande, aber er ist zur Übernahme des Mandats verpflichtet. Ab dem Zeitpunkt der Beiordnung an können sich schon Fürsorgepflichten des Rechtsanwalts zu seinem Mandanten ergeben, etwa bei gebotenen Maßnahmen zur Wahrnehmung von Fristen.

VI. Hinweis auf Prozessrisiken

Ob es sinnvoll ist, einen Prozess anzustrengen, hängt von vielfältigen rechtlichen, tatsächlichen und wirtschaftlichen Überlegungen ab.

Rechtliche Überlegungen

Die rechtlichen Überlegungen gehen dahin, ob überhaupt hinreichende Aussicht besteht, den Prozess zu gewinnen. Dies setzt voraus, dass die Klage überhaupt zulässig ist, also alle Prozessvoraussetzungen vorliegen, und dass sie auch begründet ist, d.h. dass das Klagebegehren seine Rechtfertigung in einem bestehenden materiellrechtlichen Anspruch findet, schlüssig ist und dieser Anspruch im Falle des Bestreitens durch den Gegner bewiesen werden kann.

Tatsächliche Überlegungen

In tatsächlicher Hinsicht hat der Anwalt die Erfolgsausichten des Begehrens zu prüfen, gerade auch unter der Berücksichtigung der Beweissituation und der Prozesssituation des Gegners.

Wirtschaftliche Überlegungen

In wirtschaftlicher Hinsicht ist zum einen die Erfolgsaussicht mit dem Kostenrisiko abzuwägen, denn bei einem etwaigen Unterliegen im Prozess hat der Kläger die gesamten Kosten zu tragen. Darunter fallen auch die Kosten des Gerichts und des Gegners. Bezüglich der Vollstreckungsaussicht ist zu bedenken, dass ein Titel nichts nützt, wenn der Schuldner kein Vermögen hat, in das vollstreckt werden kann. Dazu gehört auch die Prognose einer schädlichen Auswirkung einer Klage und deren voraussichtlicher Dauer des Rechtsstreits.

Kostenrisiko

Das Kostenrisiko ist naturgemäß ein besonders bedeutsamer Gesichtspunkt bei der Entscheidung für einen Prozess. Wenn Ihnen also Ihr Anwalt beispielsweise rät, einen Prozess gegen einen Gegner zu führen und Sie verlieren den Prozess, müssen Sie in aller Regel alle Kosten des Verfahrens alleine tragen, d.h. nicht nur Ihre eigenen Anwalts- und

Gerichtskosten, sondern auch noch die Anwalts- und Gerichtskosten der Gegenseite (siehe hierzu S. 226 ff.).

Dieses Kostenrisiko kann beseitigt oder verringert werden, wenn der Rechtsuchende eine Rechtsschutzversicherung hat oder vom Gericht auf Antrag Prozesskostenhilfe bewilligt wird (siehe hierzu S. 206 ff. und 214 ff.).

Bei Aussichtslosigkeit oder Zwecklosigkeit hat muss Anwalt von der Klageabsicht abraten. Selbstverständlich obliegt die letzte Entscheidung darüber dem Mandanten. Der Anwalt wird sich die Belehrung aus Gründen eines eventuellen Regresses schriftlich bestätigen lassen, denn die Beweislast für die Belehrung über die Aussichtslosigkeit einer Klageabsicht kann beim Anwalt liegen.

VII. Kanzleiaufsicht

Haftung für Kanzleigehilfen

Der Rechtsanwalt ist verpflichtet, die für seine Berufsausübung in der Kanzlei erforderlichen sachlichen, personellen und organisatorischen Voraussetzungen vorzuhalten. Bei Einschaltung von Hilfspersonen (Büropersonal und Kanzleiangestellte) bleibt die Verantwortung für die Auftragserteilung beim beauftragten Rechtsanwalt. Er haftet praktisch uneingeschränkt für das Verschulden seiner Kanzleigehilfen.

§§

Wiedereinsetzung in den vorigen Stand

Hat der Rechtsanwalt im Zivilprozess schuldhaft eine Frist versäumt, kann die Partei keine Wiedereinsetzung in den vorigen Stand gemäß § 233 ZPO erwirken. Bei der Prüfung von Wiedereinsetzungsanträgen wird über die Schuldlosigkeit der Fristversäumung entschieden. Die den Wiedereinsetzungsantrag stützenden Tatsachen, also die Angaben über die Versäumnisgründe und die dagegen getroffenen büromäßigen Vorkehrungen, sind durch den Anwalt glaubhaft zu machen. Dieses bedeutet somit nicht volle richterliche Überzeugung von der Richtigkeit, sondern nur überwiegende Wahrscheinlichkeit des Vorbringens. In

Wiedereinsetzungsanträgen begegnen die Gerichte langjährig tätigen und höchst zuverlässigen sowie fortlaufend überwachten anwaltlichen Mitarbeitern, die einzig in dem zur Entscheidung anstehenden Ausnahmefall versagt haben.

VIII. Kopien

Ihr Anwalt ist verpflichtet, Ihnen alle Vorgänge zu Ihrer Angelegenheit in Kopie zu Ihrer Verfügung zu überlassen. Hierbei handelt es sich sowohl um Schriftstücke, die bei ihm eingehen als auch um solche, die er absendet.

Darüber hinaus haben Sie auch das Recht, Kopien von allen Aktennotizen (etwa über Telefonate oder Besprechungen mit Gegner, Behörde oder Richtern) zu verlangen, etwa solche, die Ihr Anwalt über telefonische und mündliche Gespräche verfasst hat. Dieses könnte unter Umstände wichtig werden, wenn Ihr Anwalt einen entscheidenden Fehler macht und Sie ihn haftbar machen wollen.

Anlegung eines Aktenordners zum Fall

Auch sollten Sie unbedingt einen eigenen Aktenordner anlegen, in den Sie alle Unterlagen chronologisch, also dem Datum nach, einordnen. Schließlich müssen auch Sie die Übersicht behalten.

Tipp

Machen Sie aber bitte nicht den Fehler, dass Sie alle Eingänge einfach nur abheften. Lesen Sie sich bitte alle Schreiben aufmerksam durch, denn nicht alle Schreiben Ihres Anwalts sind nur zur Ihrer Kenntnisnahme bestimmt. Häufig genug verlangt Ihr Anwalt, gerade dann, wenn von der Gegenseite ein Schreiben übersendet wird, eine kurze Stellungnahme dazu (z.B. durch einen Anruf), falls nötig. So werden dann auch Fristen versäumt.

Unbedingt sind die Schreiben aber durchzulesen auf vermeintliche fehlerhafte Daten, Namen oder Sachverhalte, insbesondere bei den Schriftsätzen Ihres Anwalts. Fällt Ihnen ein solcher Fehler auf, so sollten Sie Ihren Anwalt unverzüglich anrufen und den Fehler korrigieren lassen. Als Folge eines solchen Fehlers muss der Anwalt dann in separaten Schreiben seine Fehler berichtigen, was stets mit einem gewissen Zeitaufwand verbunden ist. Wenn Sie nun den Anwalt beispielsweise nach Zeitaufwand und Stundensatz bezahlen, haben Sie im Prinzip einen unnötigen Mehraufwand aus Ihrer Tasche zu bezahlen. Hierzu heißt es in den entsprechenden gesetzlichen Vorschriften: »Der Anwalt kann von dem Mandanten verlangen, dass er fehlerhafte oder fehlende Angaben korrigiert, bzw. ergänzt«.

Tipp

Korrekturübermittlung

Empfehlenswert ist zudem auch noch eine schriftliche Übermittlung der notwendigen Korrektur. Denn so haben Sie später den untrüglichen Nachweis, dass Sie den konkreten Punkt bemängelt und richtig gestellt haben.

Sie sollten daher, damit solche Fehler nicht passieren, mit Ihrem Anwalt vereinbaren, Ihnen vorab die von ihm gefertigten Schriftsätze und Stellungnahmen als Entwurf zukommen zu lassen, um so noch nötige Korrekturen einzufügen.

Tipp

Nur Kopien herausgeben

Bitte denken Sie auch daran, dass Sie Ihrerseits Ihrem Anwalt regelmäßig keine Originalunterlagen aushändigen, sondern nur Kopien. Häufig genug benötigen Sie nämlich selber die Originale und müssten dann erst wieder bei Ihrem Anwalt diese abholen. Dadurch kann kostbare Zeit verloren gehen. Selbst der Postweg mittels Rücksendung Ihrer Originalunterlagen ist nicht sicher. Zudem kommt es gelegentlich auch vor, dass beim Anwalt deponierte Originalunterlagen verlegt wurden und dann verschwunden sind. Die Situation wird sich dann als unangenehm gestalten, da der Mandant in aller Regel nicht nachweisen kann, dass er die Originalunterlagen übergeben hat und sich der Anwalt wegen der Fülle der von ihm zu bearbeitenden Papiere nicht mehr daran erinnern kann.

Tipp

Manchmal kann es notwendig sein, dass der Mandant dem Anwalt die Originale übergibt. Dann sollte sich der Mandant die Übergabe quittieren lassen.

IX. Mandantengelder

Anderkonto

Werden dem Anwalt Mandantengelder anvertraut, so gilt besondere Vorsicht. Die Mandantengelder sollen immer auf ein Konto (z.B. Anderkonto) bei einem Kreditinstitut, das öffentlicher Aufsicht unterliegt, eingezahlt werden. Rechtsanwalts-Anderkonten sind Bankkonten von Anwälten, die nicht eigenen Zwecken des Anwalts dienen. Der Anwalt darf Werte, die seinen eigenen Zwecken dienen, nicht einem Anderkonto zuführen oder auf einem Anderkonto belassen.

Soweit Fremdgeld für längere Zeit in Verwahrung bleibt, ist zu überprüfen, ob die Einzahlung auf ein Sparkonto erfolgen soll, welches verzinslich ist und als Anderkonto geführt wird.

§§

Buchführung des Anwalts

Die Konten des Rechtsanwalts, auf die Mandantengelder eingezahlt wurden, müssen immer ein Guthaben ausweisen, das mindestens der Summe der dem Rechtsanwalt anvertrauten Mandantengelder entspricht. Der Anwalt hat über alle die Mandantengelder betreffenden Vorgänge vollständig und genau Buch zu führen, wobei Mandantengelder von sonstigen Guthaben zu trennen sind. Der Anwalt hat dem Mandanten auf Ersuchen die Kontoauszüge zu übergeben. Die Mandantengelder sind dem Mandanten auf erstes Anfordern oder gemäß den vereinbarten Bedingungen auszuzahlen.

Unterschlagung

Verwendet der Anwalt die Gelder zu anderen (persönlichen) Zwecken, so macht er sich wegen Unterschlagung gemäß § 246 StGB strafbar.

Aufrechnung von Fremdgeldern

Bei vielen Rechtsanwälten herrscht Unsicherheit, ob sie Honorarforderungen bei Eingang von Fremdgeld aufrechnen dürfen. Grundsätzlich ist dies möglich. Danach muss der Auftrag erledigt und der Anspruch somit fällig sein. Für die Aufrechnung genügt dies aber noch nicht. § 18 BRAGO verlangt zudem, dass eine Rechnung gestellt werden muss, bevor der Rechtsanwalt befugt ist, den geschuldeten Betrag auch einzufordern.

X. Rechtskenntnisse des Anwalts

Der Rechtsanwalt ist verpflichtet, durch Einsatz aller zur Verfügung stehenden Rechtsmaßnahmen das bestmögliche Ergebnis für seinen Mandanten zu erzielen. Daher fragt es sich, welche Rechtskenntnisse vom pflichtgemäß handelnden Rechtsanwalt zu erwarten sind.

- Es wird die lückenlose Kenntnis deutscher Gesetze, zumindest des BGB, vorausgesetzt. Die Gerichte verlangen allerdings nicht nur die Kenntnis des BGB, sondern je nach den Umständen auch die Kenntnis anderer deutscher Gesetze sowie der Gesetze auf speziellen Gebieten, z.B. des Steuerrechts. Für die Bearbeitung eines speziellen Falles muss sich der Rechtsanwalt die erforderliche Kenntnis verschaffen. Es kann also vom Rechtsanwalt somit verlangt werden, dass er die gesamte Gesetzesmaterie auf dem Spezialgebiet beherrscht.

Ausländisches Recht

- Wenn schon von einem hochbegabten Rechtsanwalt erwartet werden kann, dass er die deutsche Gesetzesmaterie komplett beherrscht, so kann von ihm aber nicht auch verlangt werden, dass er die Kenntnis ausländischer Gesetze, die zudem umfangreich und kompliziert ist, hat. Gibt allerdings der Rechtsanwalt gegenüber seinem Mandanten vor, Rat und Auskunft auch im ausländischen Recht geben zu können, was er in Wahrheit aber nicht kann, so ist er unter Umständen für die Falschberatung haftbar.
- Gefordert wird aber nicht nur die Kenntnis der Gesetze, sondern auch die Kenntnis der höchstrichterlichen

Rechtsprechung. Hier gilt, dass nur diejenige Rechtsprechung als bekannt vorausgesetzt wird, die auch veröffentlicht worden ist, entweder in der Entscheidungssammlung eines oberen Gerichts oder in einer allgemeinen juristischen Zeitschrift.

Kenntnis der Rechtsprechung

- Hinsichtlich der Kenntnis der Rechtsprechung anderer Gerichte gilt, dass von dem Rechtsanwalt, der einer allgemeinen Beratungs- und Prozesspraxis inne hat, nicht erwartet werden kann, dass er sämtliche veröffentlichten Entscheidungen von Amtsgerichten, Landgerichten oder Oberlandesgerichten kennt. Handelt es sich hingegen um Rechtsgebiete, für die in der Regel ein Oberlandesgericht in letzter Instanz entscheidet, z.B. Familiensachen, so ist zu fordern, dass der Rechtsanwalt diese maßgebliche Rechtsprechung kennt.

Kenntnis der Rechtsliteratur

- Der Kenntnis der Rechtsliteratur wird indes jedoch wenig angenommen, es sei denn, die Entscheidung steht in den für alle Rechtsanwälte üblichen Kommentar geschrieben (z.B. Palandt, einem BGB-Kommentar). Bei der Beratung des Mandanten hat der Rechtsanwalt unter Umständen auch Meinungen zu berücksichtigen, die nicht der herrschenden Meinung entsprechen, insbesondere aber dann, wenn eine einschlägige Rechtsprechung zu der Angelegenheit noch gar nicht ergangen ist und der Rechtsanwalt sich eine eigene Meinung zu bilden hat. In der Regel aber hat der Rechtsanwalt der herrschen Meinung zu folgen, bzw. der Rechtsprechung des BGH.
- Vom Rechtsanwalt kann auch sonstige Kenntnis gefordert werden. Hierbei kommt es allerdings darauf an, welches Wissen zur Wahrung der Interessen des Mandanten notwendig erscheint und welche Anforderungen an einen gewissenhaft arbeitenden Rechtsanwalt bei realistischer Beurteilung vernünftigerweise gefordert werden kann. Insbesondere ist hier auf die Bezeichnung des Fachanwalts abzustellen. Dieses bedeutet für den Mandanten, dass er von dem Rechtsanwalt, der diese Bezeichnung führt, auch eine spezielle zuverlässige Bear-

beitung in diesem rechtlichen Fach (z.B. Familienrecht oder Sozialrecht) erwartet werden kann.

Prüfung der Rechtlage sowie der zur Rechtsverfolgung erforderlichen und zweckmäßigen Schritte obliegen dem Anwalt. Waren die einschlägigen Vorschriften klar und eindeutig, so entschuldigt ihn Rechtsunkenntnis nicht.

XI. Sachlichkeitsgebot

Keine Unsachlichkeit bei Berufsausübung

Nach der ausdrücklich in § 43 a Abs. 3 BRAO geregelten Vorschrift dürfen sich Rechtsanwälte bei ihrer Berufsausübung nicht unsachlich verhalten. Unsachlichkeit liegt insbesondere bei einem Verhalten vor, bei dem es sich um die bewusste Verbreitung von Unwahrheiten oder solche herabsetzenden Äußerungen handelt, zu denen andere Beteiligte oder der Verfahrensverlauf keinen Anlass gegeben haben.

Vermeidung von Urteilsschelte und Kritik

Danach müssen bei der anwaltlichen Berufsausübung trotzdem starke eindrückliche Ausdrücke und Schlagworte sowie Urteilsschelte und Kritik an Prozessbeteiligten erlaubt sein, da die anwaltliche Tätigkeit nun einmal von dem in Wort und Schrift ausgefochtenen »Kampf ums Recht« geprägt ist.

Der Anwalt, aber auch die Partei sollten es dennoch vermeiden in der mündlichen Verhandlung negativ aufzufallen (z.B. durch allzu forsches Auftreten, persönliche Angriffe gegen den Richter oder hinsichtlich seiner fachlichen Kompetenz; unterschwellige vermeintliche Drohungen; unsachliche Angriffe gegen den Gegner) und sich nicht provozieren lassen. Unsachlichen Äußerungen sollte man am Besten ruhig, aber bestimmt entgegentreten.

Durch das unsachliche Verhalten können nämlich zumindest unbewusst (nachteilige) Voreingenommenheit und gewisse Antipathien beim Richter entstehen. Denn in Fällen, die auf des Messers Schneide stehen, kann die Verärgerung eines Richters durchaus prozessentscheidend sein.

§§

Beleidigung / Verleumdung

Danach bleiben für die Ahndung als Berufspflichtverletzung durch den Anwalt nur strafbare Beleidigungen, die bewusste Verbreitung von Unwahrheiten und solche herabsetzenden Äußerungen, zu denen andere Beteiligte oder der Verfahrensablauf keinen Anlass gegeben haben. Aus der Praxis des Beschwerdeverfahrens und der Rechtsprechung ist daher festzuhalten, dass auch grob unhöfliches und unangemessenes Verhalten nur in seltenen Fällen die Anforderung des Gesetzes und der Rechtsprechung erfüllt, so dass eine Ahndung durch den Vorstand der Rechtsanwaltkammer nicht möglich ist. Es ist nicht ausreichend, wenn ein Beteiligter die Meinungsäußerungen als stilwidrig, ungehörig, als Verstoß gegen den guten Ton und das Taktgefühl empfinden kann. Vielmehr muss die herabsetzende Äußerung ein solches Gewicht haben, dass strafrechtlich die Schwelle der Beleidigung (§ 185 StGB) oder Verleumdung (§ 187 StGB) überschritten ist. Dem Betroffenen bleibt in einem solchen Fall auch die Möglichkeit einen Strafantrag nach § 194 StGB bei den zuständigen Stellen zu stellen.

XII. Umgehungsverbot

Die Schutzwirkung des sog. Umgehungsverbots, den gegnerischen Anwalt zu umgehen, gilt nicht nur gegenüber jeder anwaltlich vertretenen Einzelperson, sondern auch gegenüber Unternehmen. Für einen Verstoß gegen diesen Grundsatz genügt es, wenn der Anwalt erst im Verlauf der Auseinandersetzung von der anwaltlichen Vertretung der Gegenseite erfährt.

Schutz des gegnerischen Mandanten

Das Umgehungsverbot ist ein Fundament der anwaltlichen Berufsausübung und bezweckt den Schutz des gegnerischen Mandanten, der nicht persönlich angesprochen und zur Abgabe benachteiligender Erklärungen gezwungen werden soll. In einem solchen Fall ist immer die gegnerische Kanzlei, bzw. Anwalt zu kontaktieren.

XIII. Zügige Bearbeitung

Zeitraum von 14 Tagen angemessen

Anwälte, die ein Mandat übernehmen und sich verpflichten, für ihren Mandanten tätig zu werden, etwa durch Kontaktaufnahme zum Gegner, Brief an eine Behörde oder Einreichung einer Klage bei Gericht, und dies nicht innerhalb einer angemessenen Zeitspanne erledigen, verstoßen gegen ihre Berufspflicht der zügigen Bearbeitung eines Falles. Als angemessene Zeitspanne wird man im Allgemeinen einen Zeitraum von 14 Tagen ansehen, es sei denn, es handelt sich um eine Fristsache oder etwa um eine einstweilige Verfügung. Der genannte Zeitraum kann sich jedoch auch nach hinten erstrecken, wenn z.B. noch Auskünfte oder sonstige Unterlagen eingezogen werden müssen.

Frist beachten

Auch kommt es vor, dass Anwälte, nachdem sie dem Gegner eine angemessene Frist gesetzt haben, diese nicht überwachen und stattdessen wochenlang verstreichen lassen und nichts unternehmen. Sollte Ihr Anwalt demgemäß nicht reagieren, so sollten Sie ihn unbedingt auf die verstrichene Frist aufmerksam machen. Es kann weiterhin nicht schaden, dass Ihr Anwalt der Gegenseite dann ein weiteres Schreiben zukommen lässt und einen schärferen Ton anschlägt.

Tipp

Es kann aber auch vorkommen, dass Ihre Akte einfach in einem Aktenberg auf dem Tisch Ihres Anwalts »verschwindet« und demgemäß lange Zeit nichts passiert. Behalten Sie deshalb Ihren Fall im Auge und fragen Sie notfalls bei Ihrem Anwalt nach.

D. Die Rechte des Anwalts

Die Pflichten des Mandanten auf der einen Seite sind meist die Rechte des Anwalts auf der anderen Seite. Meist weiß der Mandant aber gar nicht, welche Rechte der Anwalt überhaupt hat. Die nachfolgenden Erörterungen sollen dieses verdeutlichen.

I. Ablehnung des Mandats

§§

Kontrahierungszwang

Der Rechtsanwalt ist grundsätzlich in der Annahme und Ablehnung eines Mandats frei, es besteht für ihn im Grundsatz kein Kontrahierungszwang. Kontrahierungszwang ist die gesetzliche Verpflichtung zum Abschluss eines Vertrages. Obwohl grundsätzlich kein Kontrahierungszwang besteht, ist der Anwalt in den Fällen der §§ 48, 49, 49 a BRAO zur Übernahme des Mandats verpflichtet.

Mit der Mandatsübernahme zu klären ist die Frage, ob der Anwalt als Prozessanwalt oder als Korrespondenzanwalt tätig werden soll.

Korrespondenzanwalt

Der Korrespondenzanwalt (oder auch Verkehrsanwalt) ist der Anwalt, der für die Mandantschaft den Schriftverkehr mit dem Prozessbevollmächtigten führt. Er tritt in aller Regel dann auf, wenn der Rechtsstreit bei einem Gericht geführt werden muss, bei welchem der ursprünglich von der Partei beauftragte Anwalt nicht zugelassen ist, etwa beim Familiengericht oder beim BGH.

z.B.

Am Gerichtsort ist Rechtsanwalt X der Prozessbevollmächtigte, am Wohnsitz des Mandanten ist Rechtsanwalt Y der Korrespondenzanwalt.

Zwischen Korrespondenz- und Prozessanwalt bestehen grundsätzlich keine gegenseitigen Überwachungspflichten. Keiner ist Erfüllungsgehilfe des anderen. Allerdings muss der Korrespondenzanwalt bei erkennbaren Fehlern des Prozessanwalts auf diesen Einfluss nehmen.

Unverzüglicher Erklärung der Ablehnung

Die Ablehnung des Mandats außerhalb der Fälle der §§ 48, 49, 49 a BRAO löst Pflichten aus. Denn gemäß § 44 BRAO ist die Ablehnung unverzüglich zu erklären. Die Entscheidung über Annahme oder Ablehnung des Mandats muss durch den Anwalt selbst erfolgen und kann nicht an das Kanzleipersonal, soweit es sich hierbei nicht ebenfalls um Rechtsanwälte handelt, delegiert werden.

Der Rechtsanwalt hat ein Mandat abzulehnen, wenn er weiß oder wissen muss, dass es ihm an den erforderlichen Kenntnissen fehlt, es sei denn, er arbeitet mit einem Rechtsanwalt zusammen, der die Kenntnisse besitzt. Der Rechtsanwalt darf ein Mandat nur annehmen, wenn er die Sache im Hinblick auf seine sonstigen Verpflichtungen unverzüglich bearbeiten kann.

Beachtung von Interessenskonflikten

Die Ablehnung, bzw. Niederlegung des Mandats kann auch aus Interessenkonflikt geschehen. Dieses kann der Fall sein, wenn der Anwalt mehr als einen Mandanten in derselben Sache berät, vertritt oder verteidigt.

Das Verbot wegen Interessenkollision gilt auch, wenn ein anderer Rechtsanwalt oder Angehöriger eines anderen Berufes i.S.d. § 59 a BRAO, mit dem der Anwalt in Sozietät, zur gemeinschaftlichen Berufsausübung in sonstiger Weise (Anstellungsverhältnis, freie Mitarbeit) oder in Bürogemeinschaft in derselben Rechtssache verbunden ist oder war. Dabei spielt es keine Rolle, in welcher Funktion der Anwalt im widerstreitenden Interesse beraten oder vertreten hat oder mit dieser Rechtssache in sonstiger Weise beruflich befasst ist oder war, § 3 Abs. 1 BRAO.

Weiterhin darf der Rechtsanwalt das Mandat nicht übernehmen, wenn die Gefahr der Verletzung der Verschwiegenheitspflicht bezüglich der von einem früheren Mandanten anvertrauten Informationen besteht oder die

Kenntnis der Angelegenheit eines früheren Mandanten dem neuen Mandanten zu einem ungerechten Vorteil gereichen würde.

Die bloße Kenntnis von Eigentums- oder Besitzverhältnissen einer gegnerischen Partei begründet noch kein Vertretungsverbot im Falle widerstreitender Interessen.

Der Rechtsanwalt darf sein Recht zur Mandatsniederlegung nur derart ausüben, dass der Mandant in der Lage ist, ohne Schaden den Beistand eines anderen Rechtsanwalts in Anspruch zu nehmen.

II. Abrechnung

Spätestens mit Beendigung des Mandats hat der Rechtsanwalt dem Mandanten und / oder Gebührenschuldner über Honorarvorschüsse und Fremdgelder unverzüglich eine Abrechnung zu erstellen.

1. Allgemeines

Weiterhin ist die Form zu wahren. Die Abrechnung ist daher vom Rechtsanwalt selbst oder seinem allgemeinen bestellten Vertreter zu unterzeichnen und dem Auftraggeber mitzuteilen.

Inhaltliche Anforderungen der Abrechnung

Die Abrechnung muss auch inhaltlichen Anforderungen entsprechen:
- Gegenstandwert bei Gebühren, die nach dem Gegenstandswert berechnet werden.
- Höhe des Gebührensatzes
- Kurze Bezeichnung des jeweiligen Gebührentatbestandes
- Beträge der einzelnen Gebühren und Auslagen
- Vorschüsse

Beispiel für eine inhaltliche Anforderung einer Abrechnung:

z.B.

Gegenstandswert:	2.500,-- EUR
10/10 Prozessgebühr nach §§ 11, 31 Abs. 1 Nr. 1 BRAGO	161,-- EUR
10/10 Verhandlungsgebühr nach §§ 11, 31 Abs. 1 Nr. 2 BRAGO	161,-- EUR
Auslagenpauschale nach § 26 BRAGO	20,-- EUR
12 Fotokopien nach § 27 BRAGO	6,-- EUR
Summe	348,-- EUR
Zzgl. 16 % MWST nach § 25 BRAGO	55,68 EUR
Summe	403,68 EUR
abzgl. Vorschuss vom 13.01.2003 in Höhe von	300,-- EUR
Restbetrag	103,68 EUR

Verlangt der Mandant jedoch eine Aufschlüsselung, sind die Beträge einer eventuellen Postauslagenpauschale einzeln anzugeben und ihre Entstehung nachzuweisen.

Abtretung von Gebührenforderungen

Die Abtretung von Gebührenforderungen unter Rechtsanwälten ist auch ohne Zustimmung des Mandanten wirksam.

2. Fälligkeit des Vergütungsanspruchs

Die Tätigkeit wird in aller Regel vom Rechtsanwalt kurzfristig nach Eintritt der Fälligkeit abgerechnet. Dies gilt unabhängig davon, ob der Mandant einen Vorschuss gezahlt hat oder nicht.

Der Vergütungsanspruch des Rechtsanwalts entsteht nicht mit dem Abschluss des Anwaltsvertrages, sondern mit der ersten Tätigkeit des Rechtsanwalts. Die erste Tätigkeit wird in aller Regel bereits in der Entgegennahme von Informationen durch den Mandanten bestehen, z.B. durch die Schilderung des streitigen Sachverhalts oder durch die Annahme des gegnerischen Schreibens.

Dadurch erwächst bereits der Gebührenanspruch.

Fällig wird die Vergütung aber erst unter folgenden Umständen:

Konkrete Fälligkeit

- Die Sache ist erledigt, eine Kostenentscheidung ist ergangen.
- Der Auftrag ist erledigt, etwa bei Niederlegung des Mandats, Kündigung des Mandats, Verweisung an ein anderes Gericht, bei dem der Rechtsanwalt nicht zugelassen ist.
- Die Vergütung ist weiterhin fällig, wenn eine Kostenentscheidung ergangen ist.
- Der Rechtszug, bzw. die Gerichtsinstanz ist beendet (z.B. Amtsgericht).
- Das Verfahren ruht mehr als drei Monate. Dabei kommt es auf den Stillstand des Verfahrens und nicht auf das Ruhen i.S.d. § 251 ZPO an.

§ 251 Abs. 1 ZPO sagt, dass das Gericht das Ruhen des Verfahrens anzuordnen hat, wenn beide Parteien dies beantragen und anzunehmen ist, dass wegen Schwebens von Vergleichsverhandlungen oder aus sonstigen wichtigen Gründen diese Anordnung zweckmäßig ist

3. Zwischenrechnung

Der Anwalt ist auch berechtigt, dem Mandanten eine Zwischenrechnung zu stellen. Dieser Fall tritt ein, wenn nach Stundenhonorar abgerechnet wird und der noch laufende Rechtsfall einen beträchtlichen zeitlichen Arbeitseinsatz vom Anwalt verlangt oder wenn der Rechtsfall zu einem Prozessfall wird.

Zwischenabrechnungen, die wie Vorschüsse behandelt und von der Honorarabrechnung abgezogen werden, wirken sich reduzierend auf die Höhe der Abschlussrechnung aus und ermöglichen dem Mandanten eine leichtere Bezahlung, da er nicht den ganzen Betrag auf einmal entrichten muss.

4. Nachliquidation

Hat der Rechtsanwalt Gebühren übersehen, so kann er auch noch nachträglich eine unrichtige Berechnung berichtigen und den fehlenden Betrag nachfordern.

Beachtung bei Ermessen

Etwas anderes gilt nur, wenn der Rechtsanwalt hinsichtlich des Gegenstandwerts oder hinsichtlich der Höhe der Gebühren bei Rahmengebühren sein Ermessen ausgeübt hat. Die hier einmal tätigte Willenserklärung kann dann nicht mehr geändert oder widerrufen werden, sie ist bindend.

5. Verjährung

§§

Verjährung in 3 Jahren

Nach § 195 BGB verjähren die Ansprüche des Rechtsanwalts wegen seiner Gebühren und Auslagen in drei Jahren. Die Verjährung beginnt nach §§ 199, 201 BGB mit dem Ende des Jahres, in dem der Anspruch fällig geworden ist.

z.B.

Ist der Rechtsstreit im März 2000 durch wirksames Urteil abgeschlossen worden, so läuft die Verjährungsfrist für die Gebühren und Auslagen am 31.12.2003 ab.

So verhält es sich auch mit den Gebühren aus einem Kostenfestsetzungsbeschluss.

Unterbrechung der Verjährung

Die Verjährung wird aber unterbrochen, wenn der Rechtsanwalt gegen seinen Mandanten Klage erhebt, seinen Vergütungsanspruch im Mahnverfahren geltend macht oder durch Antrag auf Festsetzung der Vergütung. Die Verjährung kann zwischen den Parteien nicht wirksam ausgeschlossen werden. Allerdings kann bei Beginn der Verjährung aufgeschoben werden, indem eine spätere Fälligkeit vereinbart wird.

Wird jedoch der Streitwert durch gerichtliche Festsetzung nachträglich erhöht, beginnt die Verjährung des auf den erhöhten Streitwertanteil entfallenen Gebührenteils allerdings erst mit dem Schluss desjenigen Jahres zu laufen, in dem die den Streitwert erhöhende Entscheidung verkündet ist.

III. Aufrechnung von Fremdgeld

In der Regel gehen Anwälte mit Mandantengeldern auf ihrem Anderkonto (= Fremdgeldkonto) so vor, dass sie erst ihre Honorarforderungen in Abzug bringen und dann den Differenzbetrag an den Mandanten weiterleiten.

Gelder werden geparkt

Wie schnell allerdings diese Gelder dann weitergeleitet werden, richtet sich nach der jeweiligen Organisation in der Kanzlei. So kommt es schon vor, dass bis zu drei Wochen die Gelder auf dem Konto »geparkt« werden, bevor sie ausgezahlt oder überwiesen werden.

§§

Untreue

Es ist gar nicht so selten, dass der treuhänderische Anwalt sich an diesem Geld bedient, sei es zu privaten Zwecken oder nur um kurzfristig einen finanziellen gewerblichen Engpass zu überwinden. Beides ist strafbar nach § 266 StGB (Untreue).

Insolvenz des Anwalts

Gelegentlich kommt es aber auch vor, dass der Anwalt erhaltene Gelder über einen langen Zeitraum nicht an den Mandant auszahlt und für ihn auch nicht mehr erreichbar ist. Dann könnte der Verdacht nahe liegen, dass der Anwalt zahlungsunfähig geworden ist. Der Mandant bleibt dann auf seiner Forderung sitzen.

Tipp

Dieses Risiko kann aber umgangen werden, wenn dem Anwalt kein Zahlungseinzug gestattet wird, so dass alle zu zahlenden Gelder des Gegners direkt und ohne Umweg über den Anwalt an den Mandanten fließen.

Sollte der Anwalt dieses Geld nicht mehr ersetzen können, so kann die Rechtsanwaltskammer einspringen. Die Rechtsanwaltskammern haben seit 1997 einen Fonds eingerichtet, damit Anwaltsgeschädigte wenigstens teilweise abgefunden werden können und nicht ganz leer ausgehen. Nähere Auskunft erteilt Ihnen hier die für Sie zuständige Rechtsanwaltskammer

Stiftsfond der RAK

IV. Akteneinsicht

Im Zivilprozess sind die Parteien berechtigt, Prozessakten einzusehen und sich aus ihnen durch die Geschäftsstelle Abschriften erteilen zu lassen. Dem vertretenen Anwalt sind die Akten im Zivilprozess in seine Kanzlei auszuhändigen. Der Anwalt ist berechtigt, aus den Akten Abschriften und Kopien zu fertigen.

Keine Überlassung an Mandanten

Erhält der Rechtsanwalt Originalunterlagen von Gerichten und Behörden zur Einsichtnahme, darf er sie nur an Mitarbeiter aushändigen. Dies gilt auch für das Überlassen der Akte im Ganzen innerhalb der Kanzlei. Bei deren Ablichtung oder sonstiger Vervielfältigung ist sicherzustellen, dass Unbefugte keine Kenntnis erhalten.

Nur Ablichtungen und Vervielfältigungen dürfen den Mandaten überlassen werden. Soweit jedoch gesetzliche Bestimmungen oder eine zulässigerweise ergangene Anordnung der die Akten aushändigen Stelle das Akteneinsichtsrecht beschränken, hat der Rechtsanwalt dies auch bei der Vermittlung des Akteninhalt an Mandanten oder andere Personen zu beachten.

V. Gebührenvorschuss

Vorschusssätze

In aller Regel wird der Rechtsanwalt am Ende des Erst- bzw. Beratungsgesprächs vom Mandanten einen Vorschuss erbitten oder ihm mit der ersten Korrespondenz eine Vorschussrechnung zuschicken. Der Rechtsanwalt ist berechtigt, vom Mandanten für die entstandenen und entstehenden Gebühren und Auslagen einen angemessenen Vorschuss zu fordern. Er ist üblich und zweckmäßig. Der Vorschuss wird regelmäßig etwa bei 20 % bis 30 % des gesamten Honorars liegen.

Seit dem die Juristen von Anwaltsschwemme sprechen ist zu beobachten, dass einige Rechtsanwälte zur Verteidigung und Erhaltung ihres Mandats auf das Gebot der Vorschussanforderung verzichten. Dieses führt aber dazu, dass diese Rechtsanwälte wirtschaftlich benachteiligt werden und einen überdurchschnittlich hohen Anteil an finanzschwachen Mandanten haben. Dieses kann so nicht gewollt sein.

Für den Gebührenvorschuss müssen aber nachfolgende Voraussetzungen erfüllt sein:

Voraussetzungen für Vorschuss

- Gründe zur Anforderung des Vorschusses, z.B.
  - Sicherstellung der eigene Gebühren
  - Gründe bei einer Rechtsschutzversicherung des Mandanten, bzw. bei Prozesskostenhilfe-Gewährung
  - Anhaltspunkte auf Zahlungsunfähigkeit beim Mandanten
- Die Höhe der Anforderung, d.h. die Höhe der dem Rechtsanwalt voraussichtlich zustehenden Gebühren, muss angemessen sein. Der Vorschuss kann daher auch in der vollen Höhe der Vergütung gefordert werden, nicht nur in Höhe eines Teilbetrages. Es sind mithin alle Gebühren und Auslagen einzubeziehen, die voraussichtlich bis zur vollständigen Erledigung des Auftrages entstehen. Zeigt sich im Laufe des Mandats, dass der Vorschuss nicht ausreicht, kann ein weiterer Vorschuss gefordert werden. Ferner kann eine Pauschale für die voraussichtlichen Auslagen gefordert werden. Der Vorschussanspruch besteht auch für das vereinbarte Honorar.
- Macht der Rechtsanwalt von seinem Vorschussrecht keinen Gebrauch, kann er seine Vergütung erst bei Fälligkeit geltend machen.

- Die Übernahme des Mandats kann von der Zahlung eines Vorschusses abhängig gemacht werden. Erfolgt der Vorschuss nicht, so ist der Rechtsanwalt berechtigt, das Mandat niederzulegen. Dem muss aber ein deutlicher Hinweis vorhergegangen sein.
- Die Verjährung des Erstattungsanspruchs des Mandanten erfolgt nach drei Jahren, § 195 BGB.

Es gilt zu bedenken, dass der Rechtsanwalt in der Regel erst tätig wird, wenn bei ihm ein Vorschuss eingegangen ist. Zahlt der Mandant den geforderten und angemessenen Vorschuss nicht, kann der Rechtsanwalt das Mandat fristlos niederlegen.

VI. Honorarvereinbarung

Unter Umständen günstiger

Daneben gibt es auch die Möglichkeit eine sog. Honorarvereinbarung zu treffen. Dieses kann sich gerade bei sehr hohen Streitwerten als die günstigere Lösung herausstellen.

Die nachfolgenden Ausführungen befassen sich mit Honorarvereinbarungen, die sich an den gesetzlichen Vorgaben orientieren. Auf die in der Praxis ebenfalls vorkommenden mündlichen Vereinbarungen von Rechtsanwälten mit (in der Regel) langjährigen Mandanten soll an dieser Stelle nicht eingegangen werden.

1. Anlässe zur Vereinbarung von Honoraren

In der Regel gibt es für den Rechtsanwalt folgende Anlässe, unter denen Honorare vereinbart werden:
- um Streitigkeiten zu vermeiden
- um eine angemessene Vergütung zu erhalten
- um fest kalkulierbare Einnahmen zu erzielen
- um die Abrechnung mit dem Mandanten transparenter zu machen.

Tipp

Lesen der Vereinbarung

Präsentiert Ihnen Ihr Rechtsanwalt eine Honorarvereinbarung, so sollten Sie diese genau durchlesen, ehe Sie sie unterschreiben, am besten zuhause, wenn Sie Ruhe haben und sich dazu Gedanken machen können. Stellen Sie fest, dass diese Vereinbarung für Sie ungünstige Punkte enthält, sollten Sie nicht unterschreiben. Wenn Ihr Rechtsanwalt trotz Ihrer Bedenken auf einer solchen Honorarvereinbarung besteht, sollten Sie ernsthaft überlegen, ob Sie mit diesem Rechtsanwalt überhaupt zusammenarbeiten wollen und nicht lieber einen anderen Rechtsanwalt mit der Wahrnehmung Ihrer Interessen beauftragen.

2. Form von Honorarvereinbarungen

§§

Unwirksamkeit wegen Formmangel

Hinsichtlich der Form von Honorarvereinbarungen gilt es folgende Unterscheidungen zu treffen:

- Eine Vereinbarung eines über den gesetzlichen Gründen liegenden Honorars ist nur wirksam, wenn die Erklärung des Auftraggebers schriftlich abgegeben wird. Welche Anforderungen an die Schriftform zu stellen sind, ergibt sich dabei aus § 126 BGB. Danach hat der Auftraggeber die Vereinbarung mithin eigenhändig zu unterzeichnen. Da die vom Auftraggeber unterschriebene Erklärung auch dem Rechtsanwalt zugehen muss, soll eine Übermittlung durch Telegramm oder eine Übermittlung per Telefax nicht genügen. Die Erklärung des Auftraggebers darf zudem nicht in einer Vollmacht oder in einem Vordruck, der auch andere Erklärungen umfasst, enthalten sein. Hieraus folgt, dass die Vereinbarung auch durch einen schriftlichen Vorschlag des Rechtsanwalts und die Einverständniserklärung des Mandanten zustande kommen kann. Es genügt z.B. nicht, wenn der Mandant in seinem Antwortbrief schreibt »Bin einverstanden«. In diesem Fall wäre der Inhalt der Vereinbarung nicht aus dem Brief des Mandanten ersichtlich. Zulässig wäre es jedoch, wenn der Mandant die Erklärung auf dem Brief des Rechtsanwalts oder auf einer Kopie derselben abgibt. Von diesen zwingenden Formerfordernissen gibt es keine gesetzlichen Ausnahmen.

Der Mandant sollte auch darauf hingewiesen werden, wenn das vereinbarte Honorar über den gesetzlichen Gebühren liegt. Auch die daraus resultierenden Folgen sollten dem Mandanten gegebenenfalls schriftlich mitgeteilt werden, nämlich:

- Im Falle des Obsiegens werden ihm allenfalls die gesetzlichen Gebühren erstattet. Den darüber hinausgehenden Betrag trägt er selbst.
- Eine Rechtsschutzversicherung wird dem Mandanten nur die gesetzlichen Gebühren erstatten (Ausnahme: sog. Manager-Rechtsschutz).

§§

- Das Gesetz zur Neuordnung des Berufsrechts der Rechtsanwälte und Patentanwälte hat in § 3 Abs. 5 BRAGO die Möglichkeit geschaffen, in bestimmten Fällen eine Vergütung zu vereinbaren, die unter der gesetzlichen Vergütung ist. Die Vereinbarung eines derartigen Honorars soll nach § 3 Abs. 1 Satz 3 BRAGO schriftlich erfolgen. Aber auch die mündliche Vereinbarung ist damit wirksam.

Beweislast der Vereinbarung

Die Schriftform dient lediglich dem Nachweis der Vereinbarung. Die Beweislast für den Abschluss und den Inhalt der Vereinbarung trägt derjenige, der sich darauf berufen will. Das heißt also, der Mandant hat die Beweislast für seine Behauptung, er habe mit dem Rechtsanwalt ein niedrigeres Honorar vereinbart. Umgekehrt muss der Rechtsanwalt Abschluss und Inhalt einer solchen Vereinbarung beweisen, wenn er auf ihrer Grundlage abrechnen will.

Zu beachten gilt, wenn ein Formmangel vorliegt. Der Rechtsanwalt kann nicht eine formungültig versprochene höhere Vergütung gegen den Willen des Mandanten durchsetzen. Hat der Auftraggeber aber freiwillig und ohne Vorbehalt an den Rechtsanwalt geleistet, so kann er das Geleistete nicht deshalb zurückfordern, weil seine Erklärung nicht der Formvorschrift entspricht. Freiwilligkeit bedeutet, dass die Zahlung in dem Bewusstsein geleistet worden sein muss, dass sie die gesetzliche Vergütung übersteigt. Vorbehaltlose Leistung bedeutet, dass der Mandant keinen Zweifel an der Berechtigung der Forderung des Rechtsanwalts äußerte. Durch eine freiwillige Leistung wird also ein Formmangel geheilt.

§§

Herausgabe von Honorarzahlungen

Der Mandant kann die Zahlung nach § 812 BGB von dem Rechtsanwalt zurückfordern, wenn die Zahlung an ihn nicht freiwillig und ohne Vorbehalt geleistet wurde. Gemäß § 812 Abs. 1 Satz 1 BGB ist, wer durch die Leistung eines anderen oder in sonstiger Weise auf dessen Kosten etwas ohne rechtlichen Grund erlangt, ihm zur Herausgabe verpflichtet.

3. Inhalt von Honorarvereinbarungen

Aufgrund der Vielzahl unterschiedlicher Möglichkeiten von Honorarvereinbarungen lässt sich kein genereller Inhalt erstellen. Es kommt vielmehr auf den Einzelfall an, nämlich aus welchem Grund die Honorarvereinbarung getroffen werden soll und wie das Verhältnis zum Mandanten ist, etwa ob es sich um ein Einzel- oder ein Dauermandat handelt.

Beachtung der AGB

Grundsätzlich müssen aber die vom Rechtsanwalt zu erbringenden Leistungen und das vom Mandanten zu zahlende Honorar klar beschrieben sein. Wer Honorarvereinbarungen entwirft, die in einer Vielzahl von Fällen verwendet werden sollen, muss deren Inhalt zudem am Maßstab der AGB (Allgemeine Geschäftsbedingungen) prüfen.

Tipp

Bei der Vereinbarung eines Honorars für eine außergerichtliche Tätigkeit sollte aus der Sicht des Mandanten ausdrücklich klargestellt werden, dass dieses auf eine spätere Tätigkeit im gerichtlichen Verfahren angerechnet wird.

Unterschiedliche Berechnungsgrundlage

Honorare können in der Weise vereinbart werden, dass die Regelung der BRAGO als Grundlage genommen und entsprechend den Vorstellungen der Parteien verändert oder zwischen ihnen klargestellt wird (sog. Modifizierung auf

Grundlage des gesetzlichen Honorars). Zulässig sind daher folgende Vereinbarungen:

- dass der doppelte Betrag der gesetzlichen Gebühren zu zahlen ist
- dass ein prozentualer Zuschlag erhoben wird
- dass der höchste Betrag einer Rahmengebühr geschuldet ist

4. Pauschalvereinbarungen

Arbeitet ein Rechtsanwalt häufiger mit einem bestimmten Mandanten zusammen, stellt sich stets die Frage, ob der Abschluss eines Pauschal-Beratungsvertrages empfehlenswert ist und, wenn ja, welchen Inhalt dieser Vertrag haben soll. Diesen und anderen Fragen geht der folgende Absatz dieses Kapitels nach.

Die Vereinbarungen von Pauschalen bedürfen besonderer Sorgfalt, um alle Beteiligten zufrieden zu stellen. Sie setzen zunächst voraus, dass sich der Umfang der Tätigkeit und das Haftungsrisiko relativ sicher voraussagen lassen. Anderenfalls fühlt sich der Rechtsanwalt unterbezahlt oder der Mandant schimpft über seinen zu teuren Rechtsanwalt. Pauschale Beratungsverträge können erhebliche Haftungsrisiken nach sich ziehen, die durch die übliche Berufshaftpflichtversicherung nicht voll gedeckt sind Infolgedessen wird der Rechtsanwalt auf eine Haftungsbegrenzungsklausel grundsätzlich nicht verzichten, nämlich eine Begrenzung auf die jeweilige Versicherungssumme.

Umfang des Beratungsvertrags

Welche Rechtsgebiete umfasst der Pauschalberatungsvertrag? Rechtsgebiete, die der Rechtsanwalt nicht bearbeiten soll oder kann, werden meist aus Haftungsgründen ausdrücklich ausgeschlossen. Im Beratungsvertrag sollte aber etwas darüber gesagt sein, ob der Rechtsanwalt ortsgebunden unter Berücksichtigung der Belange seiner übrigen Mandanten zur Verfügung steht. Für den Fall, dass die Anwaltstätigkeit mit Reisen verbunden ist, wird neben der Erstattung der Reisekosten häufig auch die Vereinbarung eines festen Tage- und Abwesenheitsgeldes pro Arbeitstag, bzw. zeitanteilig vereinbart. Sofern regelmäßige Besprechungen mit dem Rechtsanwalt stattfinden sollen, empfiehlt es sich, die zeitlichen Abstände von vornherein festzulegen.

Kündigung des Beratungsvertrags

Fallpauschalen können insbesondere bei einer vorzeitigen Erledigung, bzw. Beendigung des Auftrages Probleme bereiten. Nach § 628 BGB kann der Rechtsanwalt im Fall der Kündigung nur einen seinen bisherigen Leistungen entsprechenden Teil der vereinbarten Vergütung verlangen. Hier bereitet es bereits Probleme, den entsprechenden Teil der Vergütung anhand der Pauschale festzustellen. Hat er den Gesamtbetrag bereits als Vorschuss erhalten, ist gegebenenfalls ein Teil der bereits vereinnahmten Gelder wieder an den Mandanten zurückzuzahlen.

Fall

Hiervon zu trennen ist die Frage, zu welchem Zeitpunkt ein Beratungsvertrag gegebenenfalls gekündigt werden kann. Das OLG Hamm (NJW-RR 1995, 1530) hat für eine vereinbarte Laufzeit darauf abgestellt, dass eine feste Vergütung vereinbart worden und der Vertrag für längere Zeit eingegangen worden war.

Sie bereitet auch dann Probleme, wenn die Honorarvereinbarung im Laufe des Mandats unverbindlich wird. Diese Situation kann eintreten, wenn der Mandant zu Beginn eines Verfahrens nicht die Voraussetzungen für die Gewährung von Prozesskostenhilfe erfüllte. Bevor sämtliche Gebührentatbestände realisiert sind, wird er z.B. arbeitslos und hat nunmehr einen Anspruch auf Prozesskostenhilfe. Da die Vereinbarung für die Zeit nach der Beiordnung des Anwalts unverbindlich ist, kann nur die Tätigkeit vor der Beiordnung nach der Vereinbarung abgerechnet werden. Auch hier ist der einheitlich gedachte Betrag wieder aufzuteilen.

Keine Kündigung zur Unzeit

Beratungsverträge sind auch seitens des Mandanten jederzeit kündbar, aber nicht zur Unzeit, § 627 BGB. Der Rechtsanwalt wird daher eine feste Laufzeit des Pauschalberatungsvertrages mit Verlängerungsklausel für jeweils weitere ein oder zwei Jahre vorsehen, falls der Vertrag nicht von einer Seite drei oder sechs Monate vor dessen Ablauf gekündigt wird.

Haftung der ganzen Sozietät

Bei Sozietäten ist Vertragspartner die Sozietät und nicht der einzelne Sozius. Der Mandant kann daher erwarten, dass alle Partner der Sozietät ihm mit ihren (unterschiedlichen) Fachkenntnissen zur Verfügung stehen, es sei denn, es ist etwas anderes vereinbart.

Eine Abrechnung nach der aufgewandten Zeit ist flexibel und wird häufig von Mandanten aus dem Bereich der Wirtschaft begrüßt (sog. Honorar nach Zeitgebühr). Bei der Vereinbarung eines Zeithonorars ist zu beachten, dass die Bearbeitungsgebühr am Anfang des Mandats häufig nur unzureichend geschätzt werden kann. Ob das Zeithonorar über oder unter den gesetzlichen Gebühren liegt, lässt sich nicht absehen.

Mögliche Stundensätze

Als unterste Grenze kann ein Stundensatz von 125,- EUR gelten, aber auch Stundensätze von 300,- bis 400,- EUR sind keine Seltenheit. Das LG Karlsruhe (AnwBl 1983, 178) hat in einer Strafsache mit mehrtätiger Hauptverhandlung ein Honorar von 3.000,- DM (ca. 1.500,- EUR) je Verhandlungstag nicht beanstandet.

Abrechnung mit Rechtsschutzversicherung

Vorsicht sei angeraten bei Honorarvereinbarungen, wenn es darum geht, diese später über die Rechtsschutzersicherungen abzurechnen. Diese sind nämlich nach den Versicherungsbedingungen nur gehalten, den Versicherungsnehmer von den gesetzlichen Gebühren freizustellen, nicht aber von der Vereinbarung über die Zahlung eines höheren Honorars, sei es durch Zusatz- oder durch Gesamthonorar. Der Auftraggeber sollte dem Rechtsanwalt in einem solchen Fall erklären, dass der von der Rechtsschutzversicherung zu zahlende Betrag auf das vereinbarte Honorar angerechnet wird.

Erstattung von Auslagen

Aber auch die Höhe der von dem Mandanten zu erstattenden Auslagen kann durchaus vereinbart werden. Wenn nämlich lediglich ein bestimmter Betrag als Pauschalhonorar zwischen den Parteien vereinbart ist, sind mit dem Pauschalhonorar ebenfalls die Auslagen mit abgegolten und können nicht mehr gesondert in Rechnung gestellt werden.

5. Zeitlicher Aspekt für Abschluss der Vereinbarung

Die BRAGO enthält hierzu keine Regelung. Die Vereinbarung ist danach grundsätzlich vor, während und nach dem Abschluss des Mandats zulässig.

Frühzeitige Regelung

Hieraus kann jedoch nicht die Schlussfolgerung gezogen werden, der Zeitpunkt sei völlig ohne Bedeutung. Die Annahme des Mandats kann vom Abschluss der Vereinbarung abhängig gemacht werde. Dies folgt aus der Vertragsfreiheit. Diese frühzeitige Regelung der Vereinbarung ist auch für den Mandanten von Vorteil. Dieser kann sich frühzeitig auf die Vergütung einstellen und diese in seine persönliche Planung mit einbeziehen. Entscheidet er sich dafür, das Mandat unter diesen Voraussetzungen nicht zu erteilen, bleibt beiden Parteien spätere Unzufriedenheit erspart.

Spätere Vereinbarung

Die spätere Vereinbarung des Honorars ist zulässig. Der Wunsch darf jedoch nicht in einem Zeitpunkt an den Mandanten herangetragen werden, indem dieser sich unter Druck gesetzt fühlt, weil er kurzfristig keinen anderen Rechtsanwalt mehr beauftragen kann, etwa unmittelbar vor Beginn der Hauptverhandlung (siehe hierzu S. 260 ff.).

§§

Die Fortführung des Mandats kann vom Abschluss der Honorarvereinbarung abhängig gemacht werde. Dabei gilt jedoch zu beachten, dass der Rechtsanwalt hierdurch seine bisher angefallene Vergütung gefährdet. Nach § 628 Abs. 1 Satz 2 BGB steht ihm kein Anspruch zu, wenn die Kündigung nicht durch ein vertragswidriges Verhalten des

Mandaten veranlasst wurde und die bisherige Tätigkeit für diesen infolge der Kündigung nicht mehr von Interesse ist.

Abschluss auch nach Erledigung möglich

Schließlich kann die Honorarvereinbarung auch noch nach Erledigung der Angelegenheit abgeschlossen werden. In dieser Situation empfiehlt es sich jedoch, dem Mandanten eine freiwillige Erhöhung des Honorars anheim zu stellen.

6. Das Erfolgshonorar

Von einem Erfolgshonorar spricht man, wenn eine Vergütung vereinbart wird, deren Höhe vom Ausgang der Sache oder sonst von einem Erfolg der anwaltlichen Tätigkeit abhängig gemacht wird. Hierin sieht man eine Gefährdung der dem Rechtsanwalt vom Gesetz gewährten Unabhängigkeit innerhalb der Rechtspflege, weil er sich zum Partner seines Mandanten macht.

Unwirksame Vereinbarung

Die Vereinbarung eines Erfolgshonorars ist zwar unwirksam, führt aber nicht zur Aufhebung des gesamten Anwaltsvertrages. Vielmehr wird lediglich die gesetzliche Vergütung geschuldet.

Ausländische Mandanten

Der deutsche Rechtsanwalt darf auch mit ausländischen Mandanten kein Erfolgshonorar vereinbaren, selbst dann nicht, wenn dieses in dem Heimatland des ausländischen Mandanten zulässig ist.

Besonderheit

Es gibt zwischenzeitlich jedoch einige Fälle, bei denen Mandanten ihren Rechtsanwälten ein solches Erfolgshonorar gezahlt haben, um ihm einen besonderen Anreiz zu bieten. Die Zahlung geschieht dann jedoch auf freiwilliger Basis und nicht unter Druck des Rechtsanwalts.

VII. Informationspflicht des Mandaten

Der Mandant ist verpflichtet, seinem Anwalt über alles zu informieren, was sich im Zusammenhang mit der Angelegenheit ereignet und von dem der Anwalt keine Kenntnis hat. In Betracht kommen hier nachträglich an den Mandanten geleistete Zahlungen oder Erhöhung des Einkommens beim Unterhaltspflichtigen. Es kann sich aber auch einfach nur um neue Ereignisse handeln, die sich auf den Fall auswirken können.

Wenn nämlich der Mandant seinen Anwalt nicht über die veränderte Sachlage informiert, hat das zur Folge, dass diese nicht berücksichtigt werden kann und sich die rechtliche Bearbeitung in die falsche Richtung erstreckt oder gesetzte Termine im Nichts verlaufen.

Kündigung bei mangelnder Information

So kann es vorkommen, dass der dann zu Recht verärgerte Anwalt das Mandat aufkündigt, da der unrichtige Verfahrensverlauf ein »schlechtes Licht« auf ihn und auf seine vermeintliche Arbeitsweise wirft.

VIII. Unabhängigkeit

Die Vielfältigkeit der dem Rechtsanwalt obliegenden Pflichten setzt seine Unabhängigkeit von sachfremden Einflüssen voraus; dies gilt insbesondere für die eigenen Interessen des Anwalts und de Einflussnahme Dritter. Diese Unabhängigkeit ist für das Vertrauen in die Justiz ebenso wichtig wie die Unparteilichkeit des Richters. Der Anwalt hat daher Beeinträchtigungen seiner Unabhängigkeit zu vermeiden und darf nicht aus Gefälligkeit gegenüber seinem Mandanten, dem Richter oder einem Dritten das Standesrecht außer acht lassen.

Vertrauensverhältnis

Das Vertrauensverhältnis setzt voraus, dass keine Zweifel über die Ehrenhaftigkeit, die Unbescholtenheit und die Rechtschaffenheit des Rechtsanwalts bestehen.

Der Anwalt ist aufgrund des Vertrages mit seinem Mandanten zwar verpflichtet, dessen Entschließungen zu beachten in Bezug auf die Einleitung und Beendigung von Verfahren, die Einlegung von Rechtsmitteln und dergleichen. Jedoch entscheidet der Anwalt darüber, wie er die ihm übertragene Aufgabe lösen soll. Weisungen, wie er die Angelegenheit bearbeitet, wie sie der Gegenseite und dem Gericht gegenüber dargestellt und wie verhandelt werden soll, ist der Rechtsanwalt nicht unterworfen (siehe hierzu S. 88), schließlich versteht er sich als ein unabhängiges Organ der Rechtspflege.

E. Der Prozess

Es wäre es naiv, zu glauben, es gäbe ein gesetzlich verbrieftes Recht auf Gerechtigkeit. Sie haben einen Anspruch darauf, dass ein Gericht sich im Rahmen der Vorschriften der jeweiligen Prozessordnung mit Ihrem Fall befasst und gegebenenfalls durch Urteil entscheidet – mehr nicht. Das ist weder ironisch noch sarkastisch gemeint, sondern beschreibt nur die Realität unseres (meiner Meinung nach sehr guten) Rechtssystems.

I. Prozessverlauf

Bevor der Ablauf des Gerichtsverfahrens mit seinen Folgen für den Mandanten nachfolgend näher erläutert wird, sollen zum allgemeinen Verständnis deren Grundlagen erörtert werden.

1. Gerichtsbarkeit

Staatliche Gerichte

Die deutsche Gerichtsbarkeit ist nicht einheitlich strukturiert, es gibt vielmehr Besonderheiten bezüglich Aufbau und Zuständigkeit.

Sind zwischen den Parteien Streitigkeiten ausgebrochen, die nun nicht mehr durch Beratung allein behoben werden können, so müssen die streitenden Parteien eine neue Instanz in Anspruch nehmen. Zu diesem Zweck gibt es staatliche Gerichte, die in Anspruch genommen werden können. Darüber hinaus besteht aber auch noch in vielen Fällen die Möglichkeit, sich an Schieds- oder Schlichtungsstellen oder Schiedsgerichte zu wenden.

Aufbau der Gerichtsbarkeit

Im Folgenden soll der Aufbau der deutschen Gerichtsbarkeit zum allgemeinen Verständnis erörtert werden.

a) Verfassungsgerichtsbarkeit

Bundesverfassungsgericht als oberstes Gericht

Als oberstes Gericht in Deutschland gibt es das Bundesverfassungsgericht (BGH) mit Sitz in Karlsruhe. Es ist ein selbständiger und gegenüber allen Verfassungsorganen unabhängiger Gerichtshof des Bundes. Aber auch die Bundesländer haben eigene Verfassungsgerichthöfe (VGH) eingerichtet; in Bremen und Hessen heißen sie Staatsgerichtshöfe. Schleswig-Holstein nutzt die Möglichkeit, seine Verfassungsstreitigkeiten vom BGH mitentscheiden zu lassen.

Der BGH, bzw. VGH ist das zuständige Gericht bei Verfassungsbeschwerden. Mit der Verfassungsbeschwerde macht der Bürger eine Verletzung eines seiner Grundrechte durch die öffentliche Gewalt geltend.

b) Ordentliche Gerichtsbarkeit

Die ordentliche Gerichtsbarkeit wird unterschieden in die streitige Gerichtsbarkeit und die freiwillige Gerichtsbarkeit.

Zuständigkeit

Die streitige Gerichtsbarkeit in Form des Zivilprozesses dient der Feststellung vorhandener Rechte, z.B. Kaufpreisforderungen, Mietforderungen, Herausgabeansprüche oder Schadensersatzansprüche. Das streitige Verfahren ist im Gerichtsverfassungsgesetz (GVG) und insbesondere in der Zivilprozessordnung (ZPO) geregelt.

Die freiwillige Gerichtsbarkeit dient dagegen der Schaffung neuer Rechte. Sie erfasst Güterrechtssachen, Vormundschaftsangelegenheiten, Testamente, Erbverträge, usw.

aa) Zivilgerichte

Die Zivilgerichte sind organisatorische Einheiten, bei denen wiederum einzelne Spruchkörper bestehen. Die Spruchkörper sind mit Richtern besetzt. Bei dem Amtsgericht (AG) handelt es sich immer um Einzelrichter, bei dem Landgericht (LG) um Zivilkammern. Die Zivilkammer ist in der Regel mit drei Berufsrichtern besetzt.

Beim Oberlandesgericht (OLG) sind die Spruchkörper die Zivilsenate, diese sind besetzt mit drei Berufsrichtern.

Die Zivilsenate beim Bundesgerichtshof (BGH) sind mit fünf Berufrichtern besetzt.

bb) Strafgerichte

Anklagemonopol des Staates

Der andere Teil der ordentlichen Gerichtsbarkeit ist die Strafgerichtsbarkeit. Hier hat der Staat das Anklagemonopol, Ausnahmen gibt es nur bei den sog. Antragsdelikten, z.B. bei Beleidigung oder Sachbeschädigung.

c) Besondere Gerichtsbarkeit

Arbeitsrechtliche Streitigkeiten

Unter Besondere Gerichtsbarkeit versteht man die Gerichtsbarkeit, die eingesetzt worden ist, um besondere Lebenstatbestände sachdienlich entscheiden zu können. Dazu gehören:

aa) Arbeitsgerichte

Die Arbeitsgerichte entscheiden Rechtsstreitigkeiten zwischen Arbeitnehmern und Arbeitgebern aus Arbeitsverhältnissen sowie zwischen den Tarifparteien aus Tarifverträgen.

bb) Allgemeine Verwaltungsgerichte

Bei den Verwaltungsgerichten geht es in erster Linie aber um das Verhältnis des Bürgers zum Staat, nicht um Privatpersonen untereinander.

Wechselseitige Ergänzung

Ziviles und öffentlich-rechtliches Recht stehen nicht unverbunden gegenüber, sondern ergänzen sich wechselseitig, insbesondere hilft das öffentliche Recht bei der Auslegung des Zivilrechts.

Kommt es aber dennoch zu einem schweren Konflikt zwischen dem Zivilrecht und dem öffentlichen Recht, so zeigt die allgemeine Rechtsentwicklung, dass es zugunsten des öffentlichen Rechts ausgeht.

Verwaltungsgerichte

Dagegen klärt das Verwaltungsgericht einen streitigen Sachverhalt von Amts wegen auf, d.h. auch ohne Beweisvorbringen der Betroffenen. Das Zivilgericht entscheidet auf der Grundlage des Materials, das von den streitenden Parteien vorgelegt wird. Es erhebt nur Beweise, wenn entsprechende Behauptungen und Gegenbehauptungen im Prozess aufgestellt werden, so dass eine gerichtliche Entscheidung ansteht.

In Betracht kommen hier Klagen gegen behördliche Maßnahmen, z.B. wegen einer nicht erteilten Baugenehmigung.

cc) Finanzgerichte

Sie entscheiden über Klagen bzgl. Steuerentscheide, wenn sich auf die Anfechtung des Bescheids das Finanzamt nicht rührt oder abschlägig entscheidet.

Auch Zollentscheidungen gehören hierhin.

dd) Sozialgerichte

Das Sozialgericht ist das zuständige Gericht, wenn der Bürger durch Verwaltungsakte (Bescheide der Behörde) in der Kranken-, Renten-, Berufsunfall- oder Arbeitslosenversicherung beeinträchtigt ist.

ee) Patentgerichte

Die Patentgerichte regeln die rechtliche Ausgestaltung der Erlangung, bzw. Schutzes von Patenten, Gebrauchsmustern und Warenzeichen, die in den gleichnamigen Gesetzen geregelt sind. Die hier zugelassenen Rechtsanwälte sind die Patentanwälte.

2. Zuständigkeit

Zu unterscheiden sind die funktionelle, die sachliche und die örtliche Zuständigkeit der ordentlichen Gerichte.

a) Funktionelle Zuständigkeit

Erkenntnisverfahren

Die funktionelle Zuständigkeit betrifft die Zuweisung der Aufgaben der Rechtspflegeorgane im Gesamtverfahren, also dahin, ob das angerufene Rechtspflegeorgan nach seinem generellem Aufgabenkreis dazu berufen ist, tätig zu werden. Im Erkenntnisverfahren können erstinstanzlich nur die Amts- und Landgerichte entscheiden, OLG und BGH sind in Zivilsachen lediglich Rechtsmittelgerichte.

b) Sachliche Zuständigkeit

Die sachliche Zuständigkeit betrifft die Abgrenzung zwischen Amts- und Landgericht. Sie ist im GVG geregelt und richtet sich grundsätzlich nach dem Streitwert. Erste Instanz ist entweder das Amtsgericht oder das Landgericht.

Abgrenzung von AG zu LG

Das Amtsgericht ist gemäß §§ 23, 23 a GVG zuständig für Streitigkeiten bis einschließlich 5.000,- EUR und für Kindschafts- und Familiensachen.

Das Landgericht ist für alle anderen Zivilrechts-Streitigkeiten zuständig, also für Streitigkeiten mit einem Streitwert über 5.000,- EUR und für alle Klagen aus Amtshaftung.

c) Örtliche Zuständigkeit

Die örtliche Zuständigkeit ist vorwiegend in den §§ 12 ff ZPO geregelt. Das Gesetz bezeichnet die örtliche Zuständigkeit im Allgemeinen als Gerichtsstand.

Zu unterscheiden sind der allgemeine Gerichtsstand, der besondere (ausschließliche) Gerichtsstand und die Gerichtsstandvereinbarung.

- **Allgemeiner Gerichtsstand** Der allgemeine Gerichtsstand für natürliche Personen besteht am Wohnort des Beklagten. Bei juristischen Personen richtet sich der allgemeine Gerichtsstand nach dem Sitz. Als Sitz gilt, wenn sich nicht anderes ergibt, der Ort, an dem die Verwaltung, bzw. Geschäftsleitung geführt wird.
- **Ausschließliches Gericht** Für Streitigkeiten über Ansprüche aus Mietverträgen über Räume oder das Bestehen solcher Mietverträge ist das ausschließliche Gericht zuständig, in dessen Bezirk sich die Räume befinden, § 29 a Abs. 1 ZPO. Diese ausschließliche Zuständigkeit gilt nicht nur für Räumungsklagen, sondern auch für Zahlungsklagen. Bei Streitigkeiten im Zusammenhang mit der Vermietung von Geschäftsräumen hängt es zunächst einmal davon ab, ob der Streitwert 5.000,- EUR übersteigt oder nicht. Ist nämlich der Streitwert von 5.000,- EUR überschritten, ist das Landgericht zuständig, in dessen Bezirk sich die Räumlichkeiten befinden. Ist der Streitwert geringer, so ist das Amtsgericht zuständig.
  Es gibt weitere besondere, teils zwingende Gerichtsstände, etwa bei Erbschaften. Wichtig hierbei ist der Erfüllungsort. Streiten Sie sich mit einem Handwerker über seine Leistung in Ihrer Wohnung oder wollen Sie eine gekaufte Sache wegen Mangelhaftigkeit zurückgeben (Wandeln), so können Sie an Ihrem Wohnsitz den Gegner verklagen.
- **Gerichsstandsvereinbarung** Ein an sich unzuständiges Gericht kann gemäß § 38 ZPO durch Gerichtsstandvereinbarungen zuständig werden, wenn es sich bei den Parteien um Vollkaufleute oder juristische Personen des öffentlichen Rechts handelt

oder eine der Parteien im Inland keinen allgemeinen Gerichtsstand hat und die Gerichtsstandvereinbarung ausdrücklich und schriftlich nach dem Entstehen der Streitigkeit geltend gemacht wird.

3. Vorüberlegungen zur Klage

✓

Vor der eigentlichen Klageerhebung empfiehlt es sich, erst einige Fragen (mit dem Anwalt) abzuklären.

- Ist rasches Handeln veranlasst?
  Es kann durchaus sein, dass ein Warten auf ein Urteil im konkreten Fall zu lange dauert, etwa weil ein gegenwärtiger Zustand gesichert werden muss. Zur Anspruchsicherung in tatsächlicher Hinsicht kommt dann u.U. die Erwirkung einer einstweiligen Verfügung, eines Arrestes oder ein Beweissicherungsverfahren in Betracht. Zu prüfen ist auch, ob sofortige Maßnamen zur Wahrung von Fristen veranlasst sind, insbesondere ob ein Anspruch zu verjähren droht.
- Besteht eine realistische Aussicht auf Vollstreckung eines Urteils?
  Eine Klageerhebung kann vor allem bei einem Zahlungsanspruch dann sinnlos sein, wenn entweder gar keine Vollstreckungsgegenstände vorhanden sind oder die Vollstreckung im Ausland erfolgen müsste.

Erhebung einer Teilklage

Unter Umständen kann es aber sinnvoll sein, nur eine Teilklage zu erheben, d.h. nur einen Teil der Forderung einzuklagen, sofern die Forderung ihrer Natur nach teilbar ist. Mittels einer Teilklage kann sowohl der Anspruchsgrund als auch die Anspruchshöhe gewissermaßen als »Versuchsballon« abgeklärt werden.

Tipp

Die Praxis macht von dieser Möglichkeit bei zahlungsschwachen Schuldnern aus Kostengründen Gebrauch.

z.B.

Der Beklagte hat in einer Gaststätte des Klägers Feuer gelegt. Hierdurch sind dem Kläger folgende Schäden entstanden:

Gebäudeschaden	20.000,- EUR
Inventar	10.000,- EUR
Entgangener Gewinn	10.000,- EUR

Der Kläger ist sich nicht ganz sicher, ob er die Schadenshöhe in vollem Umfang wird nachweisen können. Deshalb erhebt er aus Kostengründen eine Teilklage mit dem Antrag, den Beklagten zu einer Zahlung von 20.000,- EUR zu verurteilen.

Tipp

Bei günstigem Prozessverlauf, etwa nach einer Beweisaufnahme, kann die Klage auf den bislang nicht eingeklagten Teil erweitert werden. Aber auch nach einem gewonnenem Prozess kann der restliche Betrag eingeklagt werden. Dann muss allerdings die fortschreitende Verjährung bzgl. des Restbetrages im Auge behalten werden.

Aber Vorsicht! Ein Gericht kann trotzdem in einem zweiten Prozess anders entscheiden als im ersten Verfahren, es gibt keine Garantien.

Erfolgsaussichten auf Prozess-Kosten-Risiko

- Bietet eine Klage überhaupt Aussicht auf Erfolg?
  Eine hundertprozentige Erfolgsaussicht in Bezug auf das Prozess-Kosten-Risiko wird es wohl nicht geben, denn die Unsicherheitsfaktoren sind zahlreich. Berücksichtigt werden müssen (unbekannte) Gegenzeugen oder Sachverständigengutachten.
  Auch kennt der Anwalt, bzw. der Mandant nicht die Rechtsansicht des Gerichts im konkret zu entscheidenden Fall. Diese unsichere Rechtslage hat auch mit den vielen und sich ständig ändernden Gesetzen zu tun.
  Selbst Prozesse, die von vornherein völlig aussichtslos aussehen, sind nur sehr selten. Durch taktisch geschicktes und fehlerfreies Vorgehen kann man die eigenen Gewinnchancen erhöhen. Insofern wird der Anwalt mit seinem Mandanten alle Möglichkeiten rechtlich ausleuchten und den sichersten Weg wählen (siehe hierzu S. 87).

Leistungsaufforderung

- Wurde der Schuldner bereits zur Leistung aufgefordert?
  Dieser beweisbare (durch Schriftstücke oder Zeugen)

Umstand sollte unbedingt vorliegen, da sonst die Gefahr besteht, dass der Kläger bei sofortigem Anerkenntnis durch den Beklagten in der mündlichen Verhandlung die Kosten des Verfahrens zu tragen hat.

Steht dem Schuldner ein Zurückbehaltungsrecht zu, so sollte ihm die Leistung vor Klageerhebung angeboten werden. Dadurch wird der Schuldner in Annahmeverzug gesetzt.

Außergerichtlicher Vergleich

Sinnvoll kann auch ein außergerichtlicher Vergleich sein, da hierdurch das Prozessrisiko gemindert wird (siehe hierzu S. 162 ff. und S. 189.

- Sind Beweise vorhanden und gesichert?
  Zur Vorbereitung eines Prozesses ist es ganz wichtig, dass der Anwalt des Mandanten die Beweisbarkeit des Klageanspruchs prüft und, falls erforderlich, Beweise sichert. Letzteres sollte immer dann gemacht werden, wenn Feststellungen später nicht mehr nachgeholt werden können oder die Beweismittel verloren gehen könnten. Zur Beweissicherung bietet sich außerdem das selbstständige Beweissicherungsverfahren an (siehe hierzu S. 149).
  Der Vorteil besteht hierin, dass man sich bei negativer Feststellung grundsätzlich eine nutzlose und teure Klage erspart.

Gegenseitige Ansprüche

- Was passiert bei gegenseitigen Ansprüchen?
  Bei gegenseitigen Ansprüchen sollte man abwarten, ob der Gegner Klage erhebt. Der Vorteil in der Beklagtenposition liegt darin, dass in aller Regel der Gerichtsstand günstiger ist (grundsätzlich wird der Beklagte an seinem Wohnort verklagt, es gibt aber auch Ausnahmen!) und der Beklagte keinen Gerichtskostenvorschuss entrichten muss.
  Aber Achtung, man muss in diesem Fall immer die mögliche Verjährung des eigenen Anspruchs im Auge behalten. Aber selbst wenn Verjährung eingetreten ist, so ist eine Aufrechung und die Geltendmachung des Zurückbehaltungsrechts immer noch möglich.

Auch mittels einer negativen Feststellungsklage kann man den Gegner zu einer Klage in Bezug auf den vermeintlichen Anspruch des Gegners zwingen.

- Kann das Kostenrisiko verlagert werden?

  Verlagerung des Kostenrisikos

  Ja, das Kostenrisiko kann durchaus verlagert werden. In Betracht kommen Prozesskostenhilfe, Rechtsschutzversicherung, Prozesskostenfinanzierer u.a. (siehe hierzu S. 203 ff.).

  Weiterhin kann der Anspruch auch an eine mittellose Person abgetreten werden, so dass im Falle des Prozessverlustes die Gerichtskosten eventuell vom Gegner zu erstatten sind (siehe hierzu S. 226 f.).

4. Schiedsgerichte

Der Gang zum Schiedsgericht / Schiedsamt ist nicht immer vorgeschrieben, aber oft der schnellste Weg, um eine Auseinandersetzung unbürokratisch und Kosten sparend beizulegen.

Unterschieden werden hierbei strafrechtliche und zivilrechtliche Streitigkeiten:

a) Strafrechtliche Streitigkeiten

Staatsanwaltschaft oder Privatklage

In bestimmten Fällen müssen Sie, ehe Sie sich an das Gericht wenden können, zum Schiedsamt, nämlich in den so genannten Privatklagesachen. Hierbei handelt es sich um Straftaten, bei denen die Staatsanwaltschaft Anklage nur dann erhebt, wenn sie ein öffentliches Interesse an der Strafverfolgung bejaht. Sieht sie aber ein solches öffentliches Interesse nicht, verweist sie den Bürger, der die Strafanzeige erhoben hat, auf den Privatklageweg. Dieses bedeutet dann für den Bürger, dass er sich selbst mit seiner Klage an das Strafgericht wenden muss, wenn er den Täter bestraft haben will. Dieses kann er aber nur, wenn er vorher versucht hat, sich mit der anderen beteiligten Person auszusöhnen. Die Stelle, vor der diese notwendig durchzuführende Schlichtungsverhandlung stattfindet, ist schließlich das Schiedsamt.

z.B.

Solche Privatklagedelikte sind:

- Hausfriedensbruch
- Beleidigung
- Verletzung des Briefgeheimnisses
- Leichte und fahrlässige Körperverletzung
- Bedrohung
- Sachbeschädigung

Schlichtungsverhandlungen

Meistens finden die Schlichtungsverhandlungen in der Privatwohnung einer der Beteiligten statt. Durch ihre Anteilnahme an den zu verhandelnden Sachen, durch die Bereitschaft, den Beteiligten zuzuhören und auf ihr Vorbringen einzugehen und durch die Herstellung einer ruhigen entspannten Atmosphäre schaffen die Schiedspersonen die Voraussetzungen dafür, dass die Parteien sich einigen und den sozialen Frieden wiederherstellen.

b) Zivilrechtliche Streitigkeiten

Parteien einer zivilrechtlichen Streitigkeit haben nach geltendem Recht zwei Möglichkeiten, ihren Streit verbindlich entscheiden zu lassen, nämlich entweder durch eine Klage vor dem staatlichen Gericht oder aber durch die Beauftragung eines privaten Schiedsrichters (§§ 1025 ff ZPO).

Entlastung der Gerichte

Vor staatlichen Gerichten sind langjährige Verfahren die Regel. Denn diese sind häufig nur unzulänglich ausgestattet, arbeiten bürokratisch und leiden bei rund 2.000.000 Klagen pro Jahr unter chronischer Überlastung. Die durchschnittliche Verfahrensdauer vor staatlichen Gerichten beträgt heute bei zwei Instanzen knapp 21 Monate. Eine Revision beansprucht im Durchschnitt weitere 15,5 Monate.

Die Erhebung einer Klage vor dem staatlichen Gericht wird von der beklagten Partei zudem stets als feindlicher Akt angesehen. Dadurch wird nicht nur eine gütliche Einigung zwischen den Parteien erheblich erschwert, es wird auch weit über den konkreten Streit hinaus jedem Vertrauens- und Geschäftsverhältnis schwerer Schaden zugefügt.

Das Ziel ist es, die Parteien zu einem Vergleich zu bewegen. Es besteht für die Parteien die Pflicht dort zu erscheinen. Doch da das Verfahren fakultativ ist, kann ihre Durchsetzung aber nicht erzwungen werden.

Das Schlichtungsverfahren ist bei folgenden Streitigkeiten notwendig:

- vermögensrechtliche Streitigkeiten vor dem Amtsgericht über Ansprüche bis zu 750,- EUR,
- bestimmte Streitigkeiten über Ansprüche aus dem Nachbarrecht,
- Streitigkeiten über Ansprüche wegen Verletzung der persönlichen Ehre, die nicht in Presse oder Rundfunk begangen worden sind.

c) Ausschluss des Schiedsverfahrens

Bestimmte Privatklagen, insbesondere bei geringen Streitwerten, sind seit dem 01.01.2000 erst dann zulässig, wenn ein Schiedsverfahren gescheitert ist, § 15 a EG ZPO. Von dieser Ermächtigung habe bereits einige Bundesländer in unterschiedlicher Art und Weise Gebrauch gemacht.

Tipp

Vor Erhebung einer mietrechtlichen Klage sollten Sie sich darüber informieren, ob in Ihrem Bundesland inzwischen ebenfalls ein Ausführungsgesetz zu § 15 a EG ZPO gilt.

Konkrete Ausschlussgründe

Ausgeschlossen von einem Schieds- oder Schlichtungsverfahren sind arbeitsrechtliche Streitigkeiten sowie solche, die unter die Zuständigkeit der Verwaltungs-, Sozial- und Finanzgerichte fallen, ebenso der gesamte Bereich des Straf- und Ordnungswidrigkeitenrechts (siehe hierzu vorgenannte Ausführungen zum Schiedsamt). Das Schlichtungsverfahren findet also nur in Zivilsachen statt, insbesondere für den Bausektor, für gesellschaftsrechtliche oder erbrechtliche Streitigkeiten. So darf ein Schiedsgericht beispielsweise nicht darüber entscheiden, ob ein Mietvertrag besteht oder nicht. Ebenso wenig dürfen Ehen vor einem Schiedsgericht geschieden werden.

Die Schiedsgerichtbarkeit ist insbesondere im Handels- und Wirtschaftsverkehr – insbesondere auch im internationalen Rechtsverkehr – verbreitet. Die »Deutsche Institution für Schiedsgerichtsbarkeit e.V.« hält für alle Schiedsverfahren die DJS-Schiedsgerichtsordnung in der jeweils geltenden Fassung zur Verfügung.

d) Schiedsgerichtspersonen

Bei den Schiedspersonen handelt es sich um Frauen und Männer, die regelmäßig zwischen 30 und 70 Jahren alt und ihrer Persönlichkeit nach zur Streitschlichtung besonders befähigt sind und diese Tätigkeit ehrenhalber ausführen.

Sie nehmen staatliche Aufgaben wahr und werden aufgrund landesrechtlicher Regelungen berufen. Meist handelt es sich hierbei um pensionierte Richter oder Staatsanwälte. Ein Schiedsrichter kann aus denselben Gründen und unter denselben Voraussetzungen abgelehnt werden, die zur Ablehnung eines Richters berechtigen (siehe hierzu S. 33).

Erteilung von Auskünften

Jede Gemeindeverwaltung, Polizeistelle oder die Rechtsauskunftsstelle des zuständigen Amtsgerichts gibt Auskunft darüber, ob eine Schiedsperson bestellt ist und wie ein Antragsteller an sie herantreten kann. Im Streitfall ist immer die im Wohngebiet des Antragsgegners wohnende Schiedsperson zuständig.

Es gibt aber noch weitere von der jeweiligen Landesjustizverwaltung anerkannte Gütestellen, etwa die Bauschlichtungsstellen und die Kfz-Schlichtungsstellen bei den verschiedenen Industrie- und Handwerkskammern, die gemeinsame Mietschlichtungsstelle für NRW in Düsseldorf oder die Verbraucherzentrale NRW.

e) Ablauf des Schiedsverfahren

Das normale Schiedsverfahren wird eingeleitet durch einen entsprechenden Antrag in zweifacher Ausfertigung oder mündlich in der Sprechstunde der Schiedsperson.

Tipp

Bereits die Anbringung eines Schlichtungsantrages unterbricht die Verjährung.

Ahndung mit Ordnungsgeld

Zeugen werden nicht durch das Schiedsgericht geladen, können aber durch die Parteien auf eigene Kosten zum Termin mitgebracht werden. Der Streitfall wird dann in einer mündlichen, nicht-öffentlichen Verhandlung erörtert. Die Parteien haben persönlich zu erscheinen. Unentschuldigtes Fernbleiben kann mit einem Ordnungsgeld geahndet werden.

Nicht erforderlich ist die Teilnahme von Anwälten vor dem Schiedsgericht, es besteht kein Anwaltszwang. Allerdings dürfen Rechtsanwälte als Vertreter oder Beistände auch nicht zurückgewiesen werden.

Vergleichsvorschlag mit Vollstreckungsklausel

Kommt der Schiedsrichter zu einem Vergleichsvorschlag, kann dieser von den Parteien angenommen oder geändert werden. Der angenommene Vergleichsvorschlag wird dann unter Hinzuziehung eines Urkundsbeamten oder der Schiedsperson unterschrieben. Die Schiedsrichter sind zudem ermächtigt, für die vor dem Schiedsgericht geschlossenem Vergleich die Vollstreckungsklausel zu erteilen, mit der der Gläubiger nach Zustellung an den säumigen Schuldner die Zwangsvollstreckung betreiben kann.

Kommt ein Vergleich nicht zustande, etwa weil eine Einigung nicht erzielt werden konnte, ist das Schiedsgerichtsverfahren gescheitert. Die Parteien haben dann ein ordentliches Gericht anzurufen. Bei der anschließenden Klage muss der Kläger die Bescheinigung eines erfolglosen Schiedsverfahren vorlegen.

Aufhebungsklage des Vergleichs

Der Schiedsspruch kann aber auch durch eine sog. Aufhebungsklage unter den in § 1041 Abs. 1 ZPO aufgeführten Gründen aufgehoben werden.

f) Kosten

Vor dem Schiedsgerichtstermintermin müssen die Parteien allerdings einen geringfügigen Kostenbeitrag in Höhe von 15,- bis 50,- EUR an die Gerichtskasse zahlen, die später verrechnet werden. Jede Partei trägt die Hälfte des Kostenbeitrages sowie die ihr sonst entstehenden Kosten selbst. Bei einem Streitwert von 1.000,- EUR beläuft sich der Kostenbeitrag auf ca. 55,- EUR.

5. Mahnverfahren

Vor Klageerhebung ist auch zu überlegen, ob bei einer Geldforderung vielleicht ein Mahnverfahren in Betracht kommt. Hatte das private Mahnverfahren keinen Erfolg, kann das gerichtliche Mahnverfahren in Betracht kommen.

Gerichtliches Mahnverfahren

Das gerichtliche Mahnverfahren ist ein so genanntes abgekürztes Verfahren, das auf schnelle, einfache und billige Art die Erlangung eines Vollstreckungstitels, den Vollstrekkungsbescheid, für Zahlungsansprüche in denjenigen Fällen ermöglichen soll, in denen der Gläubiger mit Einwendungen des Schuldners gegen den geltend gemachten Anspruch nicht rechnet. Es findet also noch kein Verfahren vor dem Gericht statt.

Dann reicht der Antragsteller den Antrag auf Erlass eines Mahnbescheids beim Amtsgericht seines allgemeinen Gerichtsstands ein. Es besteht Vordruckzwang, d.h. der Antragsteller muss einen Vordruck entweder im Schreibwarengeschäft oder direkt beim Amtsgericht erwerben. Auf diesen Vordruck müssen (z.T. noch) Gebührenmarken geklebt werden.

Inhalt des Antrag

Auf die Höhe der Forderung kommt es nicht an. Zum Inhalt des Antrages bedarf es der Angabe der verlangten Zahlung und einer Individualisierung des geltend gemachten Anspruchs. Die Forderung sollte durch einen Vertrag, eine Rechnung oder vergleichbare Schriftstück beweisbar quantifiziert sein. Auch sollte der Aufenthaltsort des Schuldners bekannt sein, da sonst der Mahnbescheid nicht zugestellt werden kann.

Erstattungsfähige Kosten

Zu den erstattungsfähigen Kosten gehören auch Portokosten, Verzugszinsen, Kosten für den Rechtsanwalt, Gerichtskosten für den Mahnbescheid und die Kosten für Mahnschreiben nach Eintritt des Verzuges (gerichtlich anerkannt sind hier 2,50 EUR je Mahnung). Darüber hinaus können auch besondere Kosten für Auskünfte (z.B. Ermittlung des Wohnortes des Schuldners) und Kosten für Bankrücklasten neben der Hauptforderung gegenüber dem Schuldner geltend gemacht werden.

Tipp

Der Antragsteller braucht nur noch den mit Erklärungen versehenen vorgedruckten Antrag auf Erstellung eines Mahnbescheids auszufüllen.

Prüfung durch Rechtspfleger

Liegen die Voraussetzungen vor, erlässt der Rechtspfleger den Mahnbescheid, ohne zuvor den Antragsgegner zu hören. Der Mahnbescheid wird dem Antragsgegner von Amts wegen zugestellt. Der Rechtspfleger prüft, ob die Voraussetzungen für den Erlass des Mahnbescheids vorliegen. Dabei findet nur eine stark eingeschränkte Schlüssigkeitsprüfung statt, nämlich nur dahin, ob der Anspruch hinreichend individualisiert ist, überhaupt bestehen kann und nicht erkennbar ungerechtfertigt ist. Liegen diese Voraussetzungen nicht vor, wird der Antrag zurückgewiesen.

Stimmt der Antragsgegner dem in dem Mahnbescheid geltend gemachten Anspruch nicht zu, kann er dagegen Widerspruch einlegen. DieFrist beträgt ab Zustellung zwei Wochen; ein späterer Widerspruch ist aber noch rechtzeitig, solange der Vollstreckungsbescheid noch nicht verfügt ist.

Widerspruch des Gegners

Bei rechtzeitigem Widerspruch wird die Sache an das zuständige Gericht abgegeben, das im Mahnbescheid als für das streitige Verfahren als zuständig bezeichnet worden ist. Dadurch wird das Verfahren vor dem Gericht rechtshängig. Der Antragsteller heißt ab sofort Kläger und muss seinen Anspruch nunmehr in einer Klageschrift in entsprechender Form begründen. Das normale streitige Verfahren wird an einer nachfolgenden Stelle weiter erörtert.

Vollstreckungstitel

Wird allerdings nicht rechtzeitig Widerspruch erhoben, erlässt der Rechtspfleger auf Antrag den Vollstreckungsbescheid. Dieser steht einem für vorläufig vollstreckbar erklärten Versäumnisurteil gleich, d.h. er ist ein Vollstreckungstitel. Mit diesem Vollstreckungstitel kann der Antragsteller einen Gerichtsvollzieher mit dem Eintreiben seiner Forderung beauftragen.

Legt der Antragsgegner gegen den Vollstreckungsbescheid nicht innerhalb von zwei Wochen ab Zustellung keinen Einspruch ein, wird der Vollstreckungsbescheid rechtskräftig.

Einspruch gegen Vollstreckungsbescheid

Legt der Antragsgegner aber gegen den Vollstreckungsbescheid Einspruch ein, gibt der Rechtspfleger diese Angelegenheit an das im Mahnbescheid als für das streitige Verfahren zuständige Gericht ab. Dann muss der Antragsteller, bzw. Kläger zunächst wiederum die Klagebegründung nachholen. Sodann läuft das streitige Verfahren wie nach dem Erlass eines Versäumnisurteils ab. Der nicht rechtzeitige Einspruch kann durch Beschluss des Gerichts verworfen werden.

Mit dem Vollstreckungsbescheid können, sofern der Schuldner noch nicht an den Gläubiger geleistet hat, nunmehr Vollstreckungsmaßnahmen eingeleitet werden, um im Rahmen der Zwangsvollstreckung die ausstehenden Forderungen beizutreiben. Ist der Schuldner aber zahlungsunfähig, obwohl die Forderung des Gläubigers berechtigt ist, bleibt der Gläubiger auf dem Verzugschaden wie auch auf den Mahngebühren sitzen. Ein vom Gläubiger erwirkter Vollstreckungsbescheid ist einem Urteil gleich und gibt ihm die Möglichkeit 30 Jahre gegen den Schuldner vorzugehen, ansonsten verjährt sein Forderungsanspruch nach drei Jahren.

Beanstandungen durch langes Verfahren

Bereits 1996 hatten allein die deutschen Amtsgerichte in den alten Bundesländen etwa 6 Millionen Mahnbescheidanträge zu bearbeiten, Tendenz steigend. Dadurch vergingen in der Regel einige Monate (in einigen Fällen sogar bis zu sechs Monate) bis zum Erlass eines Vollstreckungsbescheids. Kommt es gar zu Beanstandungen oder muss der Mahnbescheid mehrfach zugestellt werden, treten weitere erhebliche Verzögerungen ein. Mandanten sind dazu geneigt in solchen Fällen Untätigkeit ihrer Rechtsanwälte anzunehmen, so dass einige Rechtsanwälte vom Mahnverfahren Abstand genommen haben und sofort Klage einreichen. Dieses hat allerdings für den Mandanten wiederum den Nachteil, dass die Klageerhebung die Einzahlung eines Gerichtskostenvorschusses in Höhe von drei Gerichtsgebühren erfordert, während für das Mahnverfahren lediglich ein Gerichtkostenvorschuss von einer Gerichtsgebühr anfällt.

Automatisiertes Mahnverfahren

Abhilfe schafft hier das sog. automatisierte Mahnverfahren innerhalb weniger Tage für die Zustellung des Mahnbescheids. Wo das automatisierte (elektronische) Mahnverfahren eingeführt ist, können bislang die Daten zwischen Gericht und Antragsteller per Formular oder mittels Datenträger (Diskette, Magnetband) ausgetauscht werden. Die Antragsteller reichen ihre Anträge nicht mehr bei den einzelnen örtlichen Amtsgerichten ein, sondern bei dem zuständigen zentralen Mahngericht. Die Einführung derartiger Mahngerichte hat dazu geführt, dass in einigen Bundesländern landesweit das automatisierte Mahnverfahren genutzt werden kann. In den alten Bundesländern werden auf diesem Wege mehr als 60 % aller Mahnverfahren bearbeitet. Einige Amtsgerichte haben das herkömmliche Mahnverfahren ganz abgeschafft. Nähere Informationen hierzu erhalten Sie über Ihren Rechtsanwalt oder direkt über die Amtsgerichte.

6. Güteverhandlung

Mit dem am 01.01.2002 in Kraft getretenen ZPO-Reformgesetz hat der Gesetzgeber für die 1. Instanz eine obligatorische Güteverhandlung eingeführt. Der folgende Beitrag fasst diese Neuregelung zusammen und gibt Hinweise für das richtige taktische Verhalten.

Beschränkung der Güteverhandlung

Die Güteverhandlung ist nur für die 1. Instanz vorgesehen und ordnet an, dass der mündlichen Verhandlung zum Zwecke der gütlichen Beilegung des Rechtsstreits eine Güteverhandlung vorausgehen muss. Wie sich aus der systematischen Stellung dieser Vorschrift ergibt, gilt die Einführung der Güteverhandlung zunächst nur für die 1. Instanz vor den AG und den LG. Für die Berufungs- und Revisionsinstanz sind jeweils andere Verfahrensabläufe vorgesehen. Auch hier muss das Gericht aber – wie bisher – auf eine gütliche Beilegung des Rechtsstreits hinwirken.

Die Güteverhandlung ist allerdings nicht in jedem Fall erforderlich, es gibt zwei Ausnahmen, unter denen die Güteverhandlung entfallen kann:

- Sie ist nicht erforderlich, wenn bereits ein Einigungsversuch vor einer außergerichtlichen Einigungsstelle stattgefunden hat.

In Betracht kommen zudem andere Formen der außergerichtlichen Schlichtung, wie die Mediation oder die Anrufung branchenbezogener Schlichtungsstellen. Die Güteverhandlung kann auch in diesen Fällen vom Gericht durchgeführt werden. Dies bietet sich an, wenn die Vermutung nahe liegt, dass es allein eines richterlichen Vermittlers bedarf.

Tipp

Hat ein außergerichtlicher Güteversuch stattgefunden, sollte dies dem Gericht unmittelbar mit der Klageschrift oder der Verteidigungsanzeige mitgeteilt werden. So wird ein »nutzloser« Termin vermieden, der gebührenrechtlich keine besondere Berücksichtigung fände. Das Gesamtverfahren wird beschleunigt.

Keine notwendige Güteverhandlung

- Eine Güteverhandlung kann auch unterbleiben, wenn sie erkennbar aussichtslos erscheint. Wann dies der Fall ist, wird nun die Rechtsprechung klären müssen. Es ist davon auszugehen, dass eine Güteverhandlung erkennbar aussichtslos ist, wenn:
  - es den Parteien offensichtlich darum geht, eine für sie grundsätzliche Rechtsfrage zu klären;
  - die Entscheidung des Rechtsstreits von der Einholung eines Sachverständigengutachtens abhängt und die Parteien deutlich machen, dass sie auf die technische Klärung nicht verzichten wollen;

    Tipp

    In diesem Fall sollte bei Gericht angeregt werden, zunächst auf die Güteverhandlung als »erkennbar aussichtslos« zu verzichten, um ein Sachverständigengutachten einzuholen. Soweit sich hieraus dann Anhaltspunkte für eine gütliche Beilegung des Rechtsstreits ergeben, kann dies im »normalen« Verhandlungstermin erörtert werden. Mit diesem Hinweis kann eine wesentliche Verfahrensbeschleunigung erreicht werden: ein erster »Durchlauftermin« wird vermieden.
  - die Parteien übereinstimmend erklären, dass Sie vor einem neutralen Richter eine einvernehmliche Lösung ablehnen. Allein das Scheitern eines außergerichtlichen Einigungsversuches wird allerdings nicht reichen. Das Einschalten eines neutralen Richters und dessen Hinweise können Anlass geben, bisherige Po-

sitionen zu überdenken und zu revidieren. So kann die richterliche Einschätzung der Haftungsquote bei einem Verkehrsunfall die weitere Durchführung des Verfahrens unwirtschaftlich erscheinen lassen.

Tipp

Auch hier sollte dargelegt werden, ob ein außergerichtlicher Einigungsversuch stattgefunden hat und warum er gescheitert ist. Hierdurch kann eine Güteverhandlung vermieden werden.

Unanfechtbare Entscheidung

Die Entscheidung des Gerichts zur Güteverhandlung ist unanfechtbar. Auch ist das persönliche Erscheinen der Parteien erforderlich. Danach soll für die Güteverhandlung und auch für jeden weiteren Versuch der gütlichen Einigung das persönliche Erscheinen der Parteien angeordnet werden.

Eine Partei kann sich aber umfassend vertreten lassen. Der Vertreter muss uneingeschränkt zum Vergleichsabschluss berechtigt sein und zur Sachaufklärung ebenso wie die Partei beitragen können. Erscheint der Rechtsanwalt als »wissender und umfassend bevollmächtigter Vertreter der Partei", so kann er im Zweifel ein Ordnungsgeld für diese nur vermeiden, wenn er »sich nicht erklären oder vergleichen will", auch wenn er tatsächlich sich nicht erklären kann, weil er von einer neu eingeführten Tatsache keine Kenntnis hat oder sich nicht vergleichen darf, weil er im Innenverhältnis doch gebunden ist.

Ordnungsgeld bei Nichterscheinen

Das Nichterscheinen in der Güteverhandlung hat Folgen. Wird das persönliche Erscheinen der Partei im Gütetermin angeordnet und bleibt diese gleichwohl aus, ohne ordnungsgemäß vertreten zu sein, muss sie mit der Festsetzung eines Ordnungsgelds gegen sie rechnen. Erscheint weder die geladene Partei noch ihr Prozessvertreter, wird damit die Güteverhandlung beendet. Der Rechtsstreit wird nun in das streitige Verfahren überführt.

In der Güteverhandlung kann kein Versäumnisurteil ergehen. Dies ist nur in der mündlichen Verhandlung möglich.

Die Güteverhandlung findet dagegen nur vor der mündlichen Verhandlung statt.

Tipp

Viele Gerichte werden aus prozess-ökonomischen Gründen die Güteverhandlung und unmittelbar im Anschluss daran die mündliche Verhandlung – also einen »Doppeltermin« – anordnen. In diesem Fall kann Versäumnisurteil nach dem Abschluss der Güteverhandlung ergehen. Die Art des Termins muss deshalb in der anwaltlichen Terminsverwaltung exakt festgehalten sein.

Erscheinen beide Parteien in der Güteverhandlung nicht, ist das Ruhen des Verfahrens anzuordnen. Allerdings hat dies keine wesentlichen Auswirkungen. Der Rechtsstreit kann unmittelbar fortgesetzt werden.

7. Klageerhebung

Anhängigkeit und Rechtshängigkeit

Die Erhebung der Klage erfolgt in zwei Akten, nämlich durch Einreichung der Klageschrift bei Gericht (dem Amtsgericht oder dem Landgericht) und die vom Gericht durchzuführende Zustellung der Klage an den Beklagten, also Anhängigkeit und Rechtshängigkeit. Mit dem Eingang der Klage bei Gericht wird der Rechtsstreit bei Gericht »anhängig«. »Rechtshängigkeit« bedeutet das Anhängigsein eines prozessualen Anspruchs in einem Urteilsverfahren. Sie setzt im Zivilprozess die Entstehung des Prozessrechtsverhältnisses zum Beklagten voraus und tritt daher erst mit der Zustellung der Klage an den Beklagten ein.

Tipp

Hilfe durch Rechtsantragstellen

Kostenlose Hilfe bei der Formulierung der Klage oder anderen Anträgen erhalten Sie bei den Rechtsantragsstellen, die bei jedem Gericht eingerichtet sind. Die dort tätigen Rechtspfleger helfen Ihnen bei der Abfassung von Schreiben an das Gericht. Eine Beratung in Rechtsangelegenheiten ist den Mitarbeitern der Rechtsantragsstelle allerdings untersagt.

Vor dem LG muss ein Rechtsanwalt als Prozessbevollmächtigter die Klage erheben (sog. Anwaltszwang). Sie muss beim LG schriftlich eingereicht, beim AG kann sie auch mündlich zu Protokoll der Geschäftsstelle angebracht werden.

Früher erster Termin oder schriftliches Vorverfahren

Nach dem Eingang der Klageschrift wird festgestellt, vor welchen Spruchkörper die Sache nach dem Geschäftsverteilungsplan des Gerichts gehört. Wegen des Grundsatzes der Mündlichkeit der Verhandlung muss zur Entscheidung über die Klage ein Verhandlungstermin durchgeführt werden. Der Vorsitzende kann entweder einen frühen ersten Termin oder ein schriftliches Vorverfahren veranlassen. Wählt der Vorsitzende einen frühen ersten Termin, so hat er diesen Termin unverzüglich festzusetzen, die Klage zuzustellen und die Parteien zu dem Termin zu laden. Die Parteien haben schließlich zur Vorbereitung des Termins vorbereitende Schriftsätze einzureichen, wegen des Anwaltszwangs vor dem Landgericht sind die jeweiligen Schriftsätze durch die Rechtsanwälte der Beteiligten einzureichen.

Mündliche Verhandlung

Grundsätzlich ist über den Rechtsstreit vor dem erkennenden Gericht mündlich zu verhandeln. Entscheidungsgrundlage können daher grundsätzlich nur diejenigen Tatsachen werden, die in mündlicher Verhandlung als Prozessstoff eingeführt worden sind.

Zwei-Wochen-Frist

Veranlasst der Vorsitzende ein schriftliches Vorverfahren, so wird dem Beklagten die Klageschrift mit der Aufforderung zugestellt, binnen einer Frist von zwei Wochen schriftlich anzuzeigen, ob er sich gegen die Klage verteidigen will; zugleich wird ihm eine weitere Frist zur Klageerhebung gesetzt. Erklärt der Beklagte nicht rechtzeitig seine Verteidigungsabsicht, kann gegen ihn ein Versäumnisurteil im schriftlichen Verfahren möglich sein, § 331 Abs. 3 ZPO.

Erwiderung auf Klageschrift

Das Gesetz legt Wert auf eine umfassende und rechtzeitige Vorbereitung des Termins durch Schriftsätze der Parteien. Auf die Klageschrift hat der Beklagte in bestimmter Frist schriftlich zu erwidern, späterer Vortrag ist grundsätzlich ausgeschlossen. Darüber ist der nicht anwaltlich vertretene Beklagte in verständlicher Sprache zu belehren. Für die Antwort des Klägers darauf kann das erkennende Gericht ebenfalls eine Frist festlegen, aber erst nach Eingang der Klageerwiderung. Bleibt ein Punkt klärungsbedürftig, kann der Partei eine Erklärungsfrist gesetzt werden. Wird eine der zahlreichen Fristen versäumt, so ist die Partei mit ihrem nachträglichen Vorbringen grundsätzlich ausgeschlossen, so genannte Präklusion. Damit der Gegner in der mündlichen Verhandlung Stellung nehmen kann, muss er rechtzeitig vor dem Termin von dem schriftsätzlichen Vorbringen erfahren.

8. Mündliche Verhandlung

Haupttermin

Das Kernstück des Zivilprozesses ist der umfassend vorbereitete Termin zur mündlichen Verhandlung, dem Haupttermin, in dem der Rechtsstreit erledigt werden soll. Erscheinen und verhandeln beide Parteien, so kommt es zur kontradiktorischen Verhandlung. Sie setzt die mündliche Verhandlung fort, wenn bereits ein früher erster Termin stattgefunden hat. Wenn ein schriftliches Verfahren stattgefunden hat, müssen die Parteien zu Beginn des Haupttermins ihre Anträge stellen.

Anschließend schildert das Gericht aus seiner Sicht den Sach- und Streitstand und hört hierzu die Parteien, wenn sie anwesend sind. Kommt es zu keiner gütlichen Einigung, etwa durch Vergleich, so wird zur Sache streitig verhandelt.

Das Gericht hat die Verpflichtung, durch umfassende rechtliche und tatsächliche Erörterung und Aufklärung des Streitstoffs die sachgerechte Entscheidung des Rechtsstreits zu fördern und herbeizuführen.

Hier soll aufgrund der umfassenden Vorbereitung klar sein, auf welche vom Kläger vorgetragenen Tatsachen es ankommt, welche Einwendungen des Beklagten erheblich sind, was zwischen den Parteien streitig und unstreitig ist, welche Beweismittel angeboten werden und verfügbar sind, welche Rechtsfragen beantwortet werden müssen.

Beweisaufnahme

Regelmäßig bleiben aber in der kontradiktorischen Verhandlung bestimmte Tatsachen bestritten, auf die es für die Entscheidung ankommt. Dann bedarf es einer Beweisaufnahme. Sie soll der streitigen Verhandlung unmittelbar folgen. Nach der Beweisaufnahme hat das Gericht den Sach- und Streitstand erneut mit den Parteien zu erörtern. Dabei wird vor allem das Ergebnis der Beweisaufnahme diskutiert. Die Erledigung des Rechtsstreits im Haupttermin wird nicht immer möglich sein, so dass es auch zu mehreren weiteren Terminen kommen kann.

Vergleich

Das Verfahren wird in erster Instanz mit einem Vergleich oder Urteil geschlossen. Ein Vergleich ist die einvernehmliche Lösung des Streits durch gegenseitiges Nachgeben beider Parteien. Das Gericht protokolliert den Vergleich und schließt das Verfahren damit ab.

Urteil

Ist der Rechtsstreit entscheidungsreif, so ergeht das Urteil, im Idealfall noch im Haupttermin selbst, in der Regel aber in einem späteren so genannten Verkündungstermin.

Beschluss

Schließlich gibt es noch eine dritte Möglichkeit: Wenn der Kläger seine Klage beispielsweise nach Erörterung der Sache in der mündlichen Verhandlung zurücknimmt, wird das Verfahren durch Beschluss eingestellt.

9. Sachverständigengutachten

So mancher Kläger hat zur Klärung eines beweispflichtigen Themas ein Sachverständigengutachten in Auftrag gegeben. Dabei kann der Kläger aber so manche Überraschung erleben, abgesehen von den meist immensen Kosten für das Gutachten. Man unterscheidet nämlich zwischen einem Privat-Gutachten und einem gerichtlich angeordneten Gutachten.

Privatgutachten

Ein Privatgutachten, d.h. ein Gutachten, das bei einem Sachverständigen durch den Kläger direkt in Auftrag gegeben wurde, kann als Sachverständigengutachten im Prozess (worauf es ja ankommt) nur mit Zustimmung beider Parteien verwertet werden. In den meisten Fällen passiert das aber gerade nicht. Auch wird das Ergebnis des Gutachtens in aller Regel von der Gegenpartei angezweifelt, da man unterstellt, der Sachverständige habe das Gutachten für den ausgestellt, der die Rechnung für ihn bezahlt (Vorwurf der Parteilichkeit). So kann es unter Umständen passieren, dass Sie ein teures Gutachten in Auftrag gegeben haben, dieses aber tatsächlich nichts wert ist. Dieses auch schon aus dem weiteren Grunde, da der Sachverständige nur die Fragen schriftlich und fotodokumentarisch bearbeitet, die ihm vom Kläger vorgegeben werden. Dabei muss es sich aber nicht um dieselben beweiserheblich Fragen handeln, die gerichtlich von Bedeutung und somit zu entscheiden sind. Hier kann es sehr viel hilfreicher sein, statt eines teuren Privatgutachtens ein selbständiges Beweissicherungsverfahren einzuleiten (siehe unten).

Sachverständige

Übrigens, die Bezeichnung »Sachverständiger« ist nicht geschützt, jeder kann sich als einen solchen bezeichnen, der zu einem bestimmten Thema den erforderlichen Sachverstand hat. Das liegt im Auge des Betrachters. Etwas anderes ist allerdings gegeben, wenn der Sachverständige ein »gerichtlich vereidigter Sachverständiger« ist. Diese Bezeichnung dürfen Sachverständige nämlich nur führen, wenn sie aufgrund ihrer Fachkompetenz durch die Gerichte anerkannt sind. Dieses hat einen ganz anderen Stellenwert und weist den Vorwurf der Parteilichkeit des Sachverständigen in seine Schranken.

Gerichtlich angeordnetes Gutachten

Das gerichtlich angeordnete Gutachten wird nicht von einer Partei in Auftrag gegeben, sondern, wie der Name schon sagt, durch das zuständige Gericht. Die Sachverständigen werden vom Gericht ausgewählt, es sei denn, die Parteien einigen sich auf eine bestimmte Person. Da von einer Partei einseitig vorgeschlagene Sachverständige vom Gegner regelmäßig abgelehnt werden (Vorwurf der Parteilichkeit) und auch das Gericht dann meistens von deren Bestellung absieht, empfiehlt es sich bei Gericht eine Antrag zu stellen, ein Sachverständigengutachten zu der beweiserheblichen Frage in Auftrag zu geben, und zwar regelmäßig durch den Anwalt. Zwar trägt auch hier der Antragsteller die (vorläufigen) Kosten der Beauftragung an den Sachverständigen, jedoch gibt das Gericht hier die entscheidenden Fragen zur Beantwortung vor. So ein Gutachten kann einige Monate in Anspruch nehmen, bevor das Ergebnis dem Gericht und den Parteien vorgelegt wird. Die Gerichte schließen sich dann in aller Regel den »überzeugenden und widerspruchsfreien Ausführungen des Sachverständigen« an. Viele Richter lesen wohl auch nur die Zusammenfassung am Schluss des Gutachtens.

Abweichende Überzeugung

Wollte das Gericht davon abweichen, so müsste es seine abweichende Überzeugung begründen und dabei erkennen lassen, dass die Beurteilung nicht von einem Mangel an Sachkunde geprägt ist. Hierzu sind die Gerichte in der Regel jedoch z.B. in schwierigen bautechnischen oder medizinischen Fragen gar nicht in der Lage. Dabei hängt das Ergebnis in manchen Fällen auch davon ab, welcher Sachverständige gerade gewählt wurde, vor allem im medizinischen Bereich. Hier fragen Sie am besten Ihren Anwalt nach seinen Erfahrungen mit den jeweiligen Sachverständigen.

Tipp

Freilich ist immer abzuklären, ob Sie als Mandant bei kleinen Streitwerten, bzw. bei nur noch geringem streitigem Rest der Klageforderung das durch ein Sachverständigengutachten (in der Regel wesentlich) erhöhte Kostenrisiko überhaupt in Kauf nehmen wollen. Manchmal kann sich ein Gutachten auch aufgrund der Schätzungsmöglichkeit des Gerichts erübrigen. Hierauf sollte der Anwalt in geeigneten Fällen hinweisen. Auch ist zu prüfen, ob für ein Erfolg versprechendes Gutachten ausreichende Anknüpfungstatsachen vorhanden sind. Ein (trotzdem) eingeholtes Gutachten würde sonst nur unnötige Kosten produzieren, die ohne weiteres schon mal 8.000,- EUR und mehr ausmachen können, je nach Arbeitsaufwand.

Zirka 6.000 Sachverständige aus 204 verschiedenen Sachgebieten sind aufgelistet unter:
→www.mego.de

z.B.

10. Selbstständiges Beweissicherungsverfahren

Das selbstständige Beweisverfahren dient der vorsorglichen Feststellung von Tatsachen, im Rahmen eines Prozesses oder auch unabhängig von einem Prozess, und zwar zur Sicherung von Beweismitteln, deren Verlust droht, zum anderen generell zur Feststellung von Tatsachen durch Sachverständigengutachten zur Vermeidung eines Rechtsstreits durch Vorwegklärung streitiger Fragen.

Dagegen bleibt die Klärung der Rechtslage dem Hauptverfahren vorbehalten.

Rechtliches Interesse an Beweissicherung

Die betroffene Partei muss also an der Feststellung ein rechtliches Interesse haben. Ein rechtliches Interesse ist anzunehmen, wenn die Feststellung der Vermeidung eines Rechtstreits dienen kann. Dabei ist der Begriff des »rechtlichen Interesses« weit auszulegen. Ein rechtliches Interesse ist jedenfalls dann zu bejahen, wenn auf diese Weise ein Rechtsstreit vermieden werden kann; daraus wird der Hauptzweck der Regelung ersichtlich.

Bei Mietrechtsstreitigkeiten oder grundsätzlich Mängel am Bauwerk, etwa Feuchtigkeit in der Wohnung, kommt dieses Verfahren häufig in Betracht, genauso, wenn der Mieter aus der Wohnung auszieht und der Vermieter unterlassene Schönheitsreparaturen behauptet. Selbst für die Feststellung der ortsüblichen Vergleichsmiete kann ein selbstständiges Beweisverfahren zulässig sein. Unzulässig ist dagegen ein solches Verfahren, wenn der Mieter nur wissen will, zu welchem Prozentsatz die bestehenden Mängel eine Mietminderung rechtfertigen. Hier bleibt dem Mieter nur der ordentliche Rechtsweg.

Verjährung

Bei drohender Verjährung dürfte die Zulässigkeit mit Rücksicht auf die verjährungsunterbrechende Wirkung des Antrages regelmäßig zu bejahen sein.

Unzulässig ist ein Beweissicherungsverfahren aber dann, wenn ein Kosten sparenderes Verfahren möglich ist.

Tipp

Für das Beweissicherungsverfahren kann auch Prozesskostenhilfe bewilligt werden.

11. Prozesstaktik

Das Verfahrensrecht bietet dem Rechtsanwalt eine Fülle von Gestaltungsmöglichkeiten und Einflussnahmen auf den Ablauf des Prozesses. Schon mit dem Klageantrag bestimmt er die Richtung. Später kann er bestreiten, zugestehen, die Sache für erledigt erklären, usw. Jede dieser Prozesshandlungen verändert den Verfahrensablauf. Die Parteien können von sich aus den Zivilprozess aufgrund eigener Handlungen beenden. Die Prozessführung, bzw. deren Beendigung will daher gut überlegt sein.

Daher nachfolgend einige taktische Hinweise, damit Sie Ihrem Anwalt bei seiner Arbeit »über die Schulter schauen können«.

a) Verhaltensmöglichkeiten des Klägers

Falls der Kläger von dem Prozess Abstand nehmen möchte, etwa deshalb, weil er in für aussichtslos hält, bestehen für ihn folgende in ihren Auswirkungen sehr unterschiedliche Verhaltensmöglichkeiten.

aa) Klagerücknahme

Die Klagerücknahme ist zulässig grundsätzlich ab Rechtshängigkeit, also ab Zustellung der Klage. Eine Rücknahme der Klage vor Zustellung ist keine Klagerücknahme im engen Sinne und löst deshalb auch nicht die dementsprechende Kostenfolge aus. Wenn der Kläger die Klage sogleich nach Einreichung zurücknimmt, wird die Klage nicht zugestellt, die Akte wird weggelegt.

Keine Klagerücknahme liegt vor, wenn die Klageerhebung von einer PKH-Bewilligung abhängig gemacht war, PKH versagt und der Kläger die Klage (noch vor Klageerhebung) zurücknimmt.

Die Klagerücknahme ist weiterhin zulässig auch noch nach Erlass des Urteils bis zum Eintritt der Rechtskraft, vor der Rechtsmitteleinlegung durch Erklärung an das Gericht, das das Urteil erlassen hat.

Nach Rechtskraft des Urteils ist eine Klagerücknahme jedoch nicht mehr möglich, da ein rechtskräftiges Urteil nicht mehr durch Parteivereinbarung beseitigt werden kann. Die Rücknahme der Klage in einem solchen Fall kann aber u.U. als Verzicht des Klägers auf Vollstreckung oder Anspruch auf die Vollstreckungsgegenklage begründet werden.

Form

Die Klagerücknahmeerklärung wird gegenüber dem Gericht ausdrücklich, etwa schriftlich oder im Verhandlungstermin abgegeben.

Rücknahme von Beschluss abhängig

Unter Umständen ist die Klagerücknahme aber noch von der Einwilligung des Beklagten abhängig. Die Einwilligung des Beklagten in die Klagerücknahme ist erforderlich ab Beginn der Verhandlung des Beklagten zur Hauptsache, d.h. zur Begründetheit der Klage, etwa durch Stellung des Antrags auf Sachabweisung. Mit der Erklärung der Einwilligung wird die Klagerücknahme dann wirksam. Wird die

Einwilligung versagt, wird der Rechtsstreit nach den allgemeinen Regeln weitergeführt, die Klagerücknahme ist sodann unwirksam.

Kostentragung Bei der wirksamen Klagerücknahme trägt der Kläger grundsätzlich alle entstandenen Kosten, und zwar ohne Rücksicht auf den Grund der Klagerücknahme. Eine Ausnahme hierzu stellt lediglich der Vergleich da.

Grundsätzlich ist aber auch eine teilweise Klagerücknahme möglich, etwa wenn ein Teil des Klageanspruchs abgrenzbar ist.

bb) Klageverzicht

Keine Sachprüfung Die Verzichtserklärung des Klägers ergeht gegenüber dem Gericht, und zwar ohne Sachprüfung. Der Klageverzicht bedarf nicht der Einwilligung des Beklagten. Die Kosten hierfür treffen den unterliegenden Kläger.

Das Verzichtsurteil erlangt als Sachentscheidung Rechtskraft in der Sache selbst, der eingeklagte Anspruch wird daher rechtskräftig aberkannt. Eine Berufung ist nur Erfolg versprechend, wenn der Verzicht beseitigt werden kann.

Jedoch ist dieser Fall in der Praxis relativ selten. Wenn der Kläger den Prozess nicht fortsetzen will, nimmt er in der Regel die Klage zurück oder lässt ein Versäumnisurteil gegen sich ergehen.

cc) Erledigungserklärung

Kläger trägt Kosten Die Regelung in § 91 a ZPO und die Grundsätze zur einseitigen Erledigungserklärung dienen in erster Linie dem Schutz des Klägers, unter Berücksichtigung aber auch der Interessen des Beklagten. Bei der Aufrechterhaltung des ursprünglichen Klageantrags somit zwingenden Klageabweisung hätte der Kläger die Kosten zu tragen, ebenfalls bei Rücknahme der erfolglos gewordenen Klage. Die Kostenfolge kann jedoch unbillig sein, etwa wenn die Klage zunächst begründet war und gerade erst und nur durch eine weitere Handlung unbegründet geworden ist, z.B. der Beklagte zahlt die eingeklagte Forderung. Hier schützt den Kläger die Möglichkeit der Erledigungserklärung. Mit ihr kann der Kläger den sonst eintretenden zwingenden nachteiligen Kostenfolgen ausweichen; er muss aber andererseits auch in Fällen dieser Art die Erledigung erklären, um eine Abweisung der Klage zu vermeiden.

Man unterscheidet bei der Erledigungserklärung zwischen der einseitigen und der übereinstimmenden Erledigungserklärung:

Übereinstimmende Erledigungserklärung

- Die wirksame Erledigungserklärung des Klägers liegt in jeder Erklärung, die bezweckt, dass der Rechtsstreit ohne Entscheidung über den Streitgegenstand und nur noch mit einer Kostenregelung beendet werden soll. In der Regel geschieht dies durch die Stellung eines Kostenantrages.
  Stimmt er Beklagte der Erledigungserklärung zu (übereinstimmende Erledigungserklärung), so wird nicht mehr über das Klagebegehren, sondern nur noch gemäß § 91 a ZPO durch Beschluss nach billigem Ermessen über die Kosten entschieden. Gegen den Beschluss gibt es die sofortige Beschwerde gemäß § 91 a Abs. 2 Satz 1 ZPO.

Einseitige Erledigungserklärung

- Widerspricht der Beklagte (einseitige Erledigungserklärung), so entsteht ein Streit um die Erledigung, in dem durch Urteil die Erledigung festgestellt oder – insbesondere bei ursprünglicher Unbegründetheit – die Klage abgewiesen wird, wobei den insoweit Unterliegenden die Kosten treffen gemäß § 91 ZPO. Der Beklagte kann so durch seinen Widerspruch eine streitige Entscheidung zu seinen Gunsten erreichen und damit verhindern, dass sich der Kläger bei einer von vornherein erfolglosen Klage durch eine Erledigungserklärung der Abweisung dieser Klage und der Kostenbeteiligung entziehen könnte. Die einseitige Erledigungserklärung des Klägers führt dann zu einer Klageänderung. Das ursprüngliche Klagebegehren wird geändert in einem Antrag auf Feststellung, dass der Rechtsstreit in der Hauptsache erledigt sei. Dieser neue Antrag wird dann durch Urteil beschieden. Als Rechtsmittel gibt es gegen die Kostenentscheidung gemäß § 91 a ZPO die sofortige Beschwerde, hinsichtlich der streitigen Entscheidung die Berufung.

dd) Faktisches Nichtbetreiben

Durch Nicht(mehr)stellen des Klageantrags ergeht dann auf Antrag des Beklagten klageabweisendes Versäumnisurteil.

ee) Ergebnis

Prozesstaktische Überlegungen

Im Resultat sind somit folgende prozesstaktische Überlegungen festzuhalten. Falls eine Chance besteht, dass bei einer Entscheidung dem Beklagten (auch nur zum Teil) die Kosten auferlegt werden, ist die Erledigungserklärung richtig. Im anderen Falle ist die Klagerücknahme die kostengünstigste Möglichkeit, aus einem als aussichtslos erkannten Prozess herauszukommen. Hierbei entsteht die Möglichkeit einer neuen Klageerhebung, etwa bei besserer Begründung, so dass sich der Kläger zur Sache nichts vergibt, wenn auch mit Übernahme aller bisher entstandenen Kosten. Es gilt allerdings zu beachten, dass diese Maßnahme nur bis zur Verhandlung zur Hauptsache ohne Einwilligung des Beklagten möglich ist. Falls aber die Klagerücknahme mangels erforderlicher Einwilligung des Beklagten nicht möglich ist, sollte entweder eine Erledigungserklärung trotz ihrer Risiken – falls die Auferlegung der Kosten sicher und das Einverständnis des Beklagten nicht zu erreichen ist – ergehen. Oder, um noch Kosten zu retten, nämlich zur Vermeidung weiterer Rechtsanwaltskosten, sollte der Kläger keinen Antrag stellen oder ein Versäumnisurteil gegen sich ergehen lassen. In der Regel ist dies taktisch sinnvoller als ein Verzicht. Zwar ist ein Verzichtsurteil grundsätzlich, da sich die Gerichtsgebühr ermäßigt, kostengünstiger als ein Versäumnisurteil. Allerdings bleibt nach dem Versäumnisurteil durch die Einspruchsmöglichkeit noch eine Überlegungsfrist, und außerdem begibt sich der Kläger durch die Säumnis nicht so deutlich in die Stellung des Unterliegenden wie beim Verzicht. Aber auch die Teilrücknahme, bzw. -verzicht können u.U. aber auch bei günstiger Prozesslage prozesstaktisch angebracht sein, um schnellere Gesamtentscheidungsreife herbeizuführen oder durch Verminderung der Beschwer für den Beklagten Rechtsmittel auszuschließen.

b) Verhaltensmöglichkeiten des Beklagten

Der Beklagte, bzw. sein Rechtsanwalt muss möglichst erreichen, dass der Rechtsstreit endgültig beigelegt wird, so dass keine neue Klage mehr erhoben werden kann und dass den Beklagten keine oder möglichst geringe Kosten treffen.

aa) Günstige Prozesslage

Risiken

Bei günstiger Prozesslage sollte der Beklagte entweder sein Einverständnis mit der Erledigungserklärung oder Klagerücknahme durch den Kläger versagen, um so eine günstige Sachentscheidung zu erzwingen. Dennoch bleibt in der Regel ein gewisses Risiko, nämlich dass die Sachentscheidung auch zu seinen Ungunsten ausgehen kann. Insofern muss berücksichtigt werden, ob dieses Risiko in Kauf genommen wird.

Alternativ, nämlich zur Absicherung einer erneuten Klageerhebung, kann der Beklagte in die Erledigungserklärung oder Klagerücknahme einwilligen unter den nachfolgenden Voraussetzungen:

- Der Kläger verzichtet auf eine erneute Klageerhebung. Damit wird die Klage unzulässig.
- Der Kläger verzichtet auf den materiellen Anspruch. Damit wird die Klage unbegründet.

bb) Ungünstige Prozesslage

Bei ungünstiger Prozesslage bieten sich dem Beklagten folgende Möglichkeiten:

Anerkenntnis

- Das Anerkenntnis bedeutet eine Unterwerfung des Beklagten. Dieses ist nicht gleichzusetzen mit einem Geständnis. Auf Antrag ergeht dann ein Anerkenntnisurteil. Die anerkannte Leistung darf aber nicht gegen ein gesetzliches Verbot verstoßen oder sittenwidrig sein. Nur in Ausnahmefällen ist ein Widerruf oder eine Anfechtung des Anerkenntnisses möglich. Gegen das Anerkenntnisurteil gibt es das Rechtsmittel der Berufung, gegen die Kostenentscheidung die sofortige Beschwerde.
  Es ist aber auch ein Teilanerkenntnis möglich hinsichtlich eines abgrenzbaren Teils des Klagebegehrens. Sodann ergeht ein Teilanerkenntnisurteil.

Erledigungserklärung

- Zustimmung zu einer Erledigungserklärung, um möglichst noch Kosten zu retten.

Klagerücknahme

- Immer Zustimmung zu einer Klagerücknahme, damit die Kostenpflicht beim Kläger bleibt.

c) Verhaltensmöglichkeiten von Beiden

Mit einer (begründeten) Ablehnung des Gerichts wegen Besorgnis der Befangenheit kann man erreichen, dass ein anderer Richter mit der Sache befasst wird (siehe hierzu S. 33).

Diese taktische Überlegung kann eine Chance bedeuten, wenn zu erkennen ist, dass der oder die derzeitigen Richter die Rechts- und Sachlage für die eigene Partei eher ungünstiger beurteilen. Jedenfalls erreicht man dadurch in aller Regel eine Verzögerung des Verfahrens und gewinnt damit Zeit für ergänzenden und unter Umständen verspäteten Vorbringen. Allerdings ist ein Befangenheitsantrag, der dazu dienen soll, missliebige Richter aus dem Verfahren zu drängen, rechtsmissbräuchlich und daher unbeachtlich.

Sinnvoll und zu empfehlen ist ein Befangenheitsantrag daher allenfalls nur in Ausnahmefällen, wenn das Gericht auch tatsächlich befangen zu sein, bzw. sich offensichtlich bereits in seiner Entscheidungsbildung nachteilig für den Mandanten festgelegt zu haben scheint.

Tipp

Der juristische Laie sollte sich aber vor solchen Anträgen in Acht nehmen, da ein völlig unbegründeter Befangenheitsantrag den Richter nur verärgern wird, was sich unter Umständen auch im Urteil widerspiegeln kann. Fragen Sie in solchen Situationen unbedingt Ihren Anwalt.

II. Gerichtsentscheidung

Unter einer gerichtlichen Entscheidung versteht man einen gerichtlichen Anspruch, der eine Rechtsfolge anordnet.

Wie ein Prozess ausgeht, ist in der Regel nicht abhängig von dem Anwalt, sondern vom Gericht. Viele meinen, der Anwalt sei schuld, wenn sie ihren Prozess verlieren. In gewisser Weise ein Ausgleich dafür, dass Anwälte es sich als Verdienst anrechnen, wenn ein Prozess gewonnen wird. Tatsächlich ist es so, dass beides mit dem Anwalt meist nicht viel zu tun hat. Man kann mit einem guten Anwalt Prozesse verlieren und mit einem schlechten Anwalt Prozesse gewinnen.

1. Urteil

Anfechtung mit Berufung oder Revision

Urteile werden vom Prozessgericht in bestimmter Form nach notwendiger mündlicher Verhandlung erlassen, nur ausnahmsweise im schriftlichen Verfahren. Für die Gerichte sind sie bindend und grundsätzlich nur mit Berufung oder Revision anfechtbar.

a) Allgemeines

Das Urteil bedarf der Verkündung, d.h. es wird erst mit der Verkündung existent. Vor der Verkündung ist das Urteil, auch wenn die beteiligten Richter das Urteil bereits unterschrieben haben, noch kein Urteil im Rechtssinne, sondern ein bloßer Entwurf, der auch noch geändert werden kann. Die Verkündung erfolgt grundsätzlich durch Vorlesung der Urteilsformel. Verkündungszeitpunkt ist entweder bei Abschluss des letzten Verhandlungstermins oder in einem besonderen Verkündungstermin.

Der Tenor (Urteilsformel) enthält die Entscheidung über die Klage.

Negative Bindungswirkung

Ein rechtskräftiges Urteil kann grundsätzlich nicht mehr aufgehoben werden, und zwar auch dann nicht, wenn es falsch ist. Das Gericht kann weder ändern noch widerrufen, auch wenn es dessen Unrichtigkeit erkannt hat (sog. negative Bindungswirkung). Es kann dann weder mit Rechtsmitteln noch mit dem Einspruch angefochten werden.

Abänderungsklage

Von dieser grundsätzlichen Unabänderbarkeit des rechtskräftigen Urteils gibt es jedoch Ausnahmen, etwa bei der sog. Abänderungsklage, nämlich immer dann, wenn bei einer Veränderung der Verhältnisse, die für eine Verurteilung zu wiederkehrenden Leistungen maßgebend waren. Die Abänderungsklage hat ihre besondere Bedeutung bei Unterhaltsurteilen.

Restitutionsklage

Eine Beseitigung des rechtskräftigen Urteils im Wege der Wiederaufnahme des Verfahrens gibt es zum einen bei besonders schweren prozessualen Mängeln über den Weg der Nichtigkeitsklage, zum anderen bei besonders schweren Mängeln in der Urteilsgrundlage über die Restitutionsklage. Die Wiederaufnahmegründe sind in den §§ 579, 580 ZPO erschöpfend aufgelistet.

Verfassungsbeschwerde

Eine Durchbrechung der Rechtskraft ist schließlich auch möglich mittels einer Verfassungsbeschwerde, falls der Betroffene durch das Urteil in seinen Grundrechten verletzt worden ist.

b) Tenor

Der Tenor (Urteilsformel) enthält die Entscheidung über die Klage. Er setzt sich aus nachfolgenden Positionen zusammen: Sachausspruch, Kostenentscheidung, Vollstreckbarkeit und Sicherheitsleistung.

Der Sachausspruch ist maßgeblich für die Rechtskraftwirkung des Urteils und stellt für die Durchsetzung eines der obsiegenden Partei zuerkannten Anspruchs die Vollstreckungsgrundlage dar. Auf ihre Formulierung wird daher besondere Sorgfalt gelegt, sie muss eindeutig sein.

»Der Beklagte wird verurteilt, an den Kläger 2.500,- EUR nebst 8 % Zinsen p.a., hieraus seit dem 13.05.2001 zu zahlen.« **z.B.**

Im Tenor mit enthalten ist die Entscheidung zu den Kosten, nämlich wer welche Kosten in welcher Höhe zu tragen hat.

»Die Kosten des Rechtsstreits werden dem Beklagten auferlegt.«

»Von den Kosten des Rechtsstreits tragen der Kläger 40 % und der Beklagte 60 %.«

Vorläufige Vollstreckbarkeit

Nach § 704 Abs. 1 ZPO findet die Zwangsvollstreckung aus Endurteilen nur statt, wenn sie rechtskräftig oder für vorläufig vollstreckbar erklärt worden ist. Daher muss grundsätzlich jedes Urteil für vorläufig vollstreckbar erklärt werden.

»Das Urteil ist vorläufig vollstreckbar.« **z.B.**

Sicherheitsleistung

Grundsätzlich ist jedes Urteil gegen Sicherheitsleistung für vorläufig vollstreckbar zu erklären. Eine Sicherheitsleistung hat nur in den Sonderfällen des § 708 ZPO sowie dann zu unterbleiben, wenn das Gericht dies auf Antrag des Gläubigers im Urteil anordnet.

Wird das Urteil gegen Sicherheitsleistung für vorläufig vollstreckbar erklärt, kann bis zum Eintritt der Rechtskraft eine Vollstreckung nur erfolgen, wenn die Sicherheitsleistung erbracht und die nachgewiesen worden ist.

Die Sicherheitsleistung dient dem Schutz des Vollstreckungsgläubigers. Er soll für den Fall, dass das für vorläufig erklärte Urteil keinen Bestand hat, vor einem Schaden bewahrt werden. Auch wenn die Höhe der Sicherheitsleistung im freien Ermesse des Gerichts steht, muss der Richter den gesetzgeberischen Zweck des § 108 Abs. 1 Satz 1 ZPO beachten. Daraus folgt, dass sich die Höhe der Sicherheitsleistung an einem möglichen Schadensersatzanspruch des Vollstreckungsschuldners zu orientieren hat.

z.B. »Dem Beklagten wird eingeräumt, die Vollstreckung gegen Sicherheitsleistung in Höhe von 950,- EUR abzuwenden, wenn ...«

c) Versäumnisurteil

Zwei-Wochen-Frist

Eine besondere Aufmerksamkeit ist dem Versäumnisurteil zu schenken. Ein Versäumnisurteil ergeht immer dann auf Antrag gegen eine Partei, die im mündlichen Termin nicht erschienen, bzw. die nicht vertreten ist oder nicht verhandelt. Gegen das Versäumnisurteil ist binnen zwei Wochen der Einspruch zulässig, der eine entsprechende Begründung haben muss.

Die Möglichkeit des Versäumnisurteils wird von manchem Anwalt aus prozesstaktischen Gründen für die eigene Partei genutzt. Dies geschieht in der Regel in solchen Fällen, in denen gegen ein streitiges Urteil nicht mehr möglich wäre oder wenn versehentlich zu einem bestimmten Punkt noch nicht ausreichend vorgetragen worden ist oder wenn ein erforderlicher Beweisantrag vergessen worden ist. Dann würde nämlich das zuständige Gericht ein neues Vorbringen als verspätet zurückweisen. Demnach ist das Versäumnisurteil oft die einzige Rettung aus dieser misslichen Lage. Im nächsten Termin kann dann die Beweisaufnahme durchgeführt werden, so dass am Ende des Verfahrens der Prozess doch noch gewonnen werden kann.

Auch wenn der Mandant den vom Anwalt verlangten Prozesskostenvorschuss nicht an ihn gezahlt hat, kann dieser gegen seine Partei ein Versäumnisurteil ergehen lassen.

2. Beschluss

Beschlüsse erlässt ebenfalls das Prozessgericht, aber nur ausnahmsweise aufgrund notwendiger mündlicher Verhandlung, in der Regel ohne oder nach freigestellter mündlicher Verhandlung. Beschlüsse binden das Gericht nur ausnahmsweise. Sie sind, wenn überhaupt, anfechtbar mit der Beschwerde.

Beschlüsse treffen zumeist prozessleitende Anordnungen, die sich nur im konkreten Verfahren auswirken, z.B. Beweisbeschlüsse.

3. Verfügung

Verfügungen erlässt nicht das Prozessgericht, sondern der Vorsitzende, der beauftragte oder der ersuchte Richter. In Betracht kommen hier Terminfestsetzungen oder Fristverlängerungen. Sie sind in der Regel unanfechtbar.

Einstweilige Verfügung

Zu unterscheiden von der Verfügung als Entscheidungsart ist die Einstweilige Verfügung, die in Beschluss- oder Urteilform ergeht. Die einstweilige Verfügung wird eingeleitet zur raschen und vorläufigen Regelung eines Streitverhältnisses. Mit ihr kann im Allgemeinen nur die Sicherung eines gefährdeten Anspruchs oder die Sicherung des Rechtsfriedens verlangt werden. Unter Umständen ist die einstweilige Verfügung auch zulässig, wen sie auf (vorläufige) Zahlung oder Unterlassung gerichtet ist.

4. Vergleich

Ein großer Teil der zivilrechtlichen Streitigkeiten wird heute durch Vergleich beseitigt. Davon erfasst werden sowohl gerichtliche als auch außergerichtliche Vergleiche.

Anwaltsvergleich

Ist eine Partei zwar anwaltlich vertreten, besteht aber noch kein Gerichtsverfahren, so spricht man von einem Anwaltsvergleich, wenn ein Vergleich mit der Gegenseite auf Initiative des Anwalts zustande kommt. Der Anwaltsvergleich muss unter Angabe des Tages seines Zustandekommens auf der Geschäftsstelle des zuständigen Gerichts niedergelegt werden. Dafür erhält er auch eine Vergleichsgebühr (siehe S. 189 und 194).

Häufig drängen Richter die Anwälte und somit die Parteien in einer penetranten Weise zu einem Vergleich. Das machen Richter gern, denn dann brauchen sie nicht weiter zu verhandeln, langwierige Beweisaufnahmen durchzuführen und – ganz entscheidend – keine lange Urteilsbegründung zu schreiben.

Tipp

Falls man einen Vergleichsabschluss als nicht tunlich erachtet, sollte man sich davon nicht beeinflussen und sich auch nicht unter Zeitdruck setzen lassen. Vergleichsbereitschaft ist nicht erzwingbar.

Der im Vergleich beteiligte Anwalt trägt dabei eine besondere Verantwortung. Das gilt vor allem, wenn er eine unerfahrene und geschäftsungewandte Partei vertritt, welche die Vor- und Nachteile des Vergleichs nicht überblicken kann. Der Anwalt ist insofern verpflichtet seinem Mandanten im Einzelnen darzulegen, welche Gesichtspunkte für und gegen den Abschluss des Vergleichs sprechen. Insbesondere muss er in diesem Rahmen die gegebenen Risiken realistisch erläutern. Vielfach wird der Anwalt diesbezüglich um Rat und seine Einschätzung gefragt. Hierbei hat er auf die subjektiven und wirtschaftlichen Aspekte des Vergleichsschlusses hinzuweisen. Letztere können darin liegen, dass eine mögliche Ablehnung des Vergleichs eine lange und kostspielige Prozessdauer mit entsprechender nervlicher Belastung mit sich bringt. Nicht ausgeschlossen ist auch die Möglichkeit der Vermögenslosigkeit des Gegners nach Ende des Prozesses, so dass der Mandant nicht nur auf seine Forderung sitzen bleibt, sondern unter Umständen auch noch für die Kosten des Gegners aufzukommen hat.

Vergleich ist keine Niederlage

Häufig besprechen Anwälte mit ihren Mandanten einen vom Richter vorgeschlagenen Vergleich außerhalb des Gerichtssaals auf dem Flur. Dort wird dann seitens des Mandanten geäußert, »ein Vergleich sei ein Eingeständnis von Unrecht«, also eine Niederlage. Schließlich sei man doch im Recht, wieso sollte man dann nachgeben?! Nun, bei juristischen Auseinandersetzungen liegt die Wahrheit oft in der Mitte, insbesondere bei persönlichen Streitigkeiten. Regelmäßig gibt der Richter bei Bekanntgabe seines Vergleichsvorschlages zu verstehen, wie er die Sache sieht und wie in etwa wohl die Sache ausgehen würde, sollte streitig weiterverhandelt werden. Dieses sollte als Maßstab zu sehen sein, was geht und was nicht. In aller Regel kann der Anwalt dies am Besten beurteilen. Aber nur wenn Sie als Mandant dem Vergleich auch zustimmen, wird ein Vergleich wirksam geschlossen.

Tipp

Zur Vergleichstrategie kann nur angemerkt werden, dass es unter Umständen nützlich sein kann, möglichst viel zu fordern bzw. Gegenforderungen geltend zu machen, sowie möglichst viele Beweismittel anzubieten.

Tipp

Manchmal kann die Bereitschaft des Gegners zum Vergleichsabschluss auch dadurch erhöht werden, wenn die Partei im Termin anbietet, den Vergleichsbetrag sogleich in bar zu zahlen.

Tipp

Vergleichsprotokoll

Sollten Sie aus einem Vergleich etwas bekommen, sollte in dem Vergleichsprotokoll genau festgelegt werden, wann und gegebenenfalls in welchen Raten die Zahlungen erfolgen. Unbedingt sollte auch schriftlich erwähnt werden, dass Sie Ihren ursprünglich eingeklagten Anspruch bekommen oder weiter geltend machen können, wenn der Vergleich von der anderen Seite nicht eingehalten wird.

Dabei trifft – bei aller Mitwirkung des Gerichts anlässlich der Vergleichsformulierung – allein den Anwalt die zusätzliche Pflicht, den Willen seines Mandanten in der schriftlichen Niederlegung richtig und vollständig zum Ausdruck zu bringen, damit Unklarheiten vermieden werden, die den Erfolg der Vereinbarung in Frage stelle können.

Tipp

Widerrufsvorbehalt bei Vergleichsabschluss

Gerichtliche Vergleiche sollten deshalb immer mit einem Widerrufsvorbehalt abgeschlossen werden. Ein Widerruf des Vergleichs wird in der Prozesspraxis sehr häufig als Vorbehalt vereinbart. Das geschieht insbesondere dann, wenn die vertretene Partei bei Abschluss durch den Prozessbevollmächtigten nicht anwesend ist. Dadurch erhält der Mandant Zeit und Gelegenheit, alle zu beachtenden Gesichtspunkte zu überprüfen und mit seinem Anwalt zu besprechen. Speziell bei Widerrufsvergleichen hat der Anwalt darauf zu achten, dass eine wirklich angemessene Frist sichergestellt wird zum Abklopfen der Vor- und Nachteile des Vergleichs mit dem Anwalt.

Es muss an dieser Stelle aber auch klar gestellt werden, dass ein Vergleich zwar dazu beiträgt, dass es keine Verlierer gibt, sondern zwei Parteien, die gegenseitig nachgegeben haben (wobei man sich auch nicht immer in der Mitte treffen muss), die sich auch danach noch in die Augen sehen können. Gerade wenn Sie mit Ihrem Gegner weiter zu tun haben (sei es als Chef, Vermieter oder Nachbar), bringt ein Vergleich auf lange Sicht mehr als ein Urteil, selbst wenn Sie gewonnen haben.

Andererseits trägt bei einem Vergleich regelmäßig jeder seine Kosten selbst. Hinsichtlich der Gerichtskosten gilt, dass diese zwischen den Parteien nach dem Grad des Nachgebens (in Prozent) ermittelt und auferlegt werden. Wenig später erhält der Mandant dann zwei Rechnungen, nämlich über die Gerichtskosten und über die Anwaltkosten. Von der ausbezahlten Vergleichssumme bleibt dann nach Bezahlung der beiden Rechungen meist nur noch ein Bruchteil übrig. So ist das nun einmal.

Kostentragung

III. Rechtsmittel

Nicht selten geht ein Urteil verloren, weil der Betroffene (oder dessen Anwalt) formale Fehler gemacht hat oder die erforderlichen Beweise für seine Ansprüche nicht dem Gericht vorlegen konnte.

So gibt es unter bestimmten Voraussetzungen die Möglichkeit, das Urteil in der nächst höheren Instanz durch Rechtsmittel überprüfen zu lassen.

Belehrung über Erfolgsaussichten

Bei für den Mandanten ungünstigen Entscheidungen hat der Anwalt die Aussichten eines Rechtsmittels sorgfältig zu bedenken und den Mandanten über Erfolgsaussichten und Risiken eines Rechtsmittels zu belehren. Diese Prüfung kann er aber auch einem anderen Anwalt übertragen, insbesondere dann, wenn er selbst bei dem Rechtsmittelgericht nicht zugelassen ist. Ob nun aber ein Rechtsmittel eingelegt werden soll, hat allein der Mandant, der auch insoweit weisungsbefugt ist, zu entscheiden.

Unter einem Rechtsmittel versteht man einen den Prozesparteien gewährten Behelf, um eine gerichtliche Entscheidung anzufechten und seine Nachprüfung durch ein höheres Gericht zu erreichen. Die Nachprüfung von gerichtlichen Entscheidungen ist in tatsächlicher und in rechtlicher Hinsicht möglich. Die Rechtsmittel sind hier verschieden gestaltet.

Rechtsmittel sind daher nur die Berufung, die Revision und die Beschwerde.

Der Rechtsmittelführer wird Berufungs-, Revisionskläger oder Beschwerdeführer genannt, sein Gegner dementsprechend Berufungs- oder Revisionsbeklagter.

Unzulässigkeit

Das Rechtsmittel hat nur Erfolg, wenn es zulässig und begründet ist. Ein unzulässiges Rechtsmittel wird als »unzulässig verworfen«. Ist ein Rechtsmittel zulässig, aber unbegründet, wird das Rechtsmittel »zurückgewiesen«.

Höhere Gerichts- und Anwaltskosten

Doch Vorsicht, damit steigen auch automatisch die Gerichts- und Anwaltskosten. Bereits durch die Prüfung der Erfolgsaussichten eines Rechtsmittels entstehen Anwaltsgebühren, insbesondere wenn sie durch einen zweiten Anwalt vorgenommen wird, selbst wenn Sie sich nachher gegen das Rechtsmittel entscheiden.

1. Berufung

Die Berufung leitet den Rechtsstreit in die zweite Instanz über. Sie richtet sich gegen das erstinstanzliche Urteil. Im Berufungsverfahren wird der Rechtsstreit in tatsächlicher und rechtlicher Hinsicht neu verhandelt. Dabei dürfen die Parteien auch neue Tatsachenbehauptungen und Beweismittel vortragen.

Voraussetzungen

Das Berufungsgericht hat zuerst von Amts wegen zu prüfen, ob die Berufung zulässig ist. Dabei muss die vermögensrechtliche Streitigkeit den Wert des Beschwerdegegenstandes 750,- EUR übersteigen.

Die Berufung ist statthaft gegen Urteile des Amtsgerichts und erstinstanzliche Urteile des Landgerichts, §§ 511 bis 544 ZPO.

Die Einlegung der Berufung hat innerhalb eines Monats nach Zustellung des Urteils durch Einreichung einer Berufungsschrift beim Berufungsgericht zu erfolgen. Sie ist weiterhin frist- und formgerecht zu begründen.

§§

Durch die ZPO-Reform (Zivilprozessordnung) im Jahre 2002 sind einige Neuerungen bzgl. der Zulassung von Berufungen in Kraft getreten. Bitte sprechen Sie hierauf Ihren Rechtsanwalt an.

Anschlussberufung

Wegen des zugunsten des Berufungsführers bestehenden Verschlechterungsverbots kann der Berufungsgegner eine Abänderung des Urteils zu seinen Gunsten nur erreichen, wenn er seinerseits das Urteil ebenfalls angreift, sog. Anschlussberufung.

2. Revision

Die Revision führt zu einer Überprüfung der Berufungsurteile der Oberlandesgerichte allein in rechtlicher Hinsicht durch den BGH. In Bayern gilt die Besonderheit, dass, soweit die Verletzung von Landesrechten gerügt wird, das Bayerische Oberste Landesgericht zuständig ist.

Das anzugreifende Urteil muss auf eine Rechtsverletzung beruhen, was in den Fällen der absoluten Revisionsgründe des § 551 ZPO unwiderlegbar vermutet wird.

Allerdings ist neues Tatsachenvorbringen in der Revisionsinstanz ausgeschlossen.

Voraussetzungen

In vermögensrechtlichen Streitigkeiten ist die Revision zulässig, wenn die Beschwer des Revisionsklägers 30.000,- EUR übersteigt, sog. Wertrevision.

In allen anderen Streitigkeiten, insbesondere in nichtvermögensrechtlichen, ist die Revision nur zulässig, wenn das OLG sie zugelassen hat, sog. Zulassungsrevision. Das OLG muss die Revision zulassen, wenn die Rechtssache grundsätzliche Bedeutung hat, oder wenn eine das Urteil von einer Entscheidung des BGH abweicht und darauf beruht.

3. Beschwerde

Die Beschwerde ist in den Fällen statthaft, in denen sie ausdrücklich zugelassen ist, und ferner grundsätzlich gegen Entscheidungen, durch die ein das Verfahren betreffendes Gesuch zurückgewiesen worden ist.

Beschwerdefähig können danach Zwischenurteile, Beschlüsse, Verfügungen und Kostenentscheidungen von Anerkenntnisurteilen sein.

Es entscheidet das im Rechtszug höhere Recht durch Beschluss.

Gegen die Entscheidung des Beschwerdegerichts kann eine weitere Beschwerde eingelegt werden, allerdings nur dann, wenn sie gesetzlich besonders zugelassen ist und die Beschwerdeentscheidung einen neuen selbstständigen Beschwerdegrund enthält.

4. Verfassungsbeschwerde

Besonderheit der Verfassungsbeschwerde

Dem in einem (Rechtsmittel-) Prozess Unterlegen steht unter Umständen eine weitere – letzte – Möglichkeit offen, doch noch zu seinem Recht zu gelangen, nämlich mittels einer Verfassungsbeschwerde (VB). Diese kommt insbesondere immer dann in Betracht, wenn der Unterlegene fest der Überzeugung ist, dass in den vorangegangenen Prozessen rechtliche Tatsachen falsch gewürdigt worden sind oder sonstige bedeutsame Umstände ein unrichtiges Urteil bewirkt haben.

Die Verfassungsbeschwerde ist ihrem Wesen nach kein Rechtsmittel, sondern ein spezieller Rechtsbehelf des Bürgers gegen den Staat mit dem Zweck, dass alle Akte der gesetzgebenden, vollziehenden und richterlichen Gewalt auf ihre »Grundrechtsmäßigkeit« hin nachprüfbar sein sollen. Verfahrensrechtlich ist sie subsidiär und nur unter wesentlichen engeren Voraussetzungen als die allgemeinen Rechtsmittel (siehe oben) zulässig. Subsidiär bedeutet, dass erst alle anderen zur Verfügung stehenden Rechtsmittel ausgeschöpft sein müssen.

Voraussetzungen

Die VB ist schriftlich einzureichen und zu begründen. Bevor es aber zu einem Termin bei dem Bundesverfassungsgericht (BVerfG) in Karlsruhe kommt, wird in einem so genannten Vorprüfungsverfahren über die Annahme der Beschwerde entschieden. Damit sollen offensichtlich unzulässige und unbegründete VB ausgesondert werden. Dieses Verfahren ist erforderlich, wenn man bedenkt, dass ca. 97 % der eingereichten VB von den Vorprüfungsausschüssen nicht angenommen werden, da sie oft mit querulatorischem oder verfassungsfremden Inhalt begründet werden. Die Erfolgquote der angenommenen VB liegt allerdings nur bei etwa 1 – 2 %.

IV. Zwangsvollstreckung

Geht man einmal davon aus, dass Anwaltsschreiben und sonstige vorgerichtliche Bemühungen seitens des zahlungsunwilligen Kunden nicht angenommen werden, so muss bei Gericht Klage eingereicht werden. Jeder gute Kaufmann weiß, je besser die Klage durch den Juristen vorbereitet ist, desto höher ist die Aussicht auf Erfolg und Zuteilung des »Rechts«.

In der Regel wird der mit der Prozessführung beauftragte Anwalt auch mit der Zwangsvollstreckung aus dem erstrittenen Urteil beauftragt.

Abgabe der Versicherung an Eides statt

Der hat die Aufgabe dafür zu sorgen, dass die entsprechenden Gelder oder sonstigen Güter rasch und zügig eingezogen werden, da eine zögerliche Zwangsvollstreckung den Anwalt regresspflichtig machen kann. Ist eine Zwangsvollstreckung in das bewegliche Vermögen fruchtlos ausgefallen, hat der Anwalt dafür zu sorgen, dass der Gegner schnellstens die eidesstattliche Versicherung (früher: Offenbarungseid) abgibt, da auch sonst die Gefahr der Haftung besteht. Gegebenenfalls hat der Anwalt seinen Mandanten auf andere Vollstreckungsmöglichkeiten aufmerksam zu machen und mittels eines Gerichtsvollziehers durchzuführen.

Nun kann der Anwalt aber auch auf Seiten des Vollstreckungsschuldners stehen, d.h. auf Seiten desjenigen, der zu leisten hat. So kann zu seinem Aufgabengebiet gehören, alle erforderlichen Vollstreckungsschutzmaßnahmen einzuleiten.

Tragung der notwendigen Kosten

Die notwendigen Kosten der Zwangsvollstreckung hat grundsätzlich der Schuldner zu zahlen. Die Zuziehung eines Anwalts (und somit die Anwaltskosten) gilt in Zwangsvollstreckungsangelegenheiten prinzipiell als notwendig.

Tipp

Dennoch müssen Sie die Kosten für die Vollstreckung (Gebühren für Anwalt und Gerichtsvollzieher) erst einmal selber verauslagen. Sollten Sie erfahren haben, dass bei Ihrem Gegner nichts zu holen ist, kann dies rausgeworfenes Geld sein.

Für die Vollstreckungsmaßnahmen gibt es Prozesskostenhilfe und gegebenenfalls trägt sogar eine Rechtsschutzversicherung diese. Besprechen Sie die sinnvollste Vorgehensweise mit Ihrem Rechtsanwalt.

Tipp

Einschaltung von Inkasso-Büros

Hat der Gläubiger keine Lust, sich lange mit der Forderung herumzuärgern, kann er sich an ein Inkasso-Unternehmen wenden. Deutschlandweit stehen insgesamt rund 15 Milliarden EUR von Privatpersonen zur Forderung offen, mehr als die Hälfte davon wird von sog. Inkasso-Unternehmen eingetrieben.

Diese treiben dann die Forderung ein, wahlweise kann der Gläubiger seine Forderung eventuell an ein Inkasso-Unternehmen für ca. 10 bis 15 % der ausstehenden Summe verkaufen.

Die Kosten, die dem Gläubiger bei einem Antrag an ein Inkassobüro entstehen, müssen vom Gläubiger grundsätzlich mit übernommen werden. Der Gläubiger muss die Kosten nach dem Grundsatz der Schadensminderungspflicht gering halten, d.h. nicht alle Kosten des Inkassobüros müssen auch vom Schuldner getragen werden.

Die Verbraucherzentralen bemängeln zuweilen rüde Methoden der Inkasso-Unternehmen und gewerblichen Schuldnerberatern, um an die Forderungen zu gelangen, etwa durch Drohung mit Gewalt oder sogar durch Gewaltanwendung. In diesen Fällen droht dem ausführenden Mitarbeiter des Inkassobüros schnell eine Anzeige wegen Körperverletzung gemäß § 223 StGB, aber auch dem Gläubiger und Auftraggeber kann eine Strafanzeige wegen Anstiftung zur Körperverletzung, §§ 223, 26 StGB drohen.

Sie finden Inkasso-Unternehmen in Branchenbüchern. Oder Sie wenden sich direkt an den Bundesverband Deutscher Inkasso-Unternehmen (BDIU). Dort sind mittlerweile mehr als 420 Unternehmen zusammengeschlossen. Bei Bedarf nennt man Ihnen Adressen von seriösen Inkasso-Unternehmen in der Nähe des Schuldners. **Tipp**

Die Verbraucherzentrale NRW hat hierzu einen Ratgeber herausgegeben mit dem Titel »Inkassokosten«, den Sie dort anfordern können. Adresse im Anhang.

F. Die Prozesskosten

Wer sein Recht sucht, muss erst einmal bereit sein, Geld zu investieren. Gerichte und Rechtsanwälte werden nicht unentgeltlich tätig, es entstehen dabei nämlich nicht unbedeutende Kosten. Diese setzen sich aus Gebühren und Auslagen zusammen. Der Unterschied besteht darin, dass Gebühren gesetzlich festgelegt sind, während Auslagen – sofern es sich nicht um Pauschalen handelt – immer anhand der konkret entstehenden Aufwendungen ermittelt werden.

Die Prozesskosten richten sich in aller Regel nach dem Streitwert.

I. Streitwert

Im gerichtlichen Verfahren bestimmt sich der Gegenstandswert nach den für die Gerichtsgebühren geltenden Wertvorschriften.

Die Grundlage einer Kostenberechnung ist der Gegenstand-, bzw. Streitwert, sofern es sich nicht um feste Betragsgebühren handelt. Dieser stellt den Wert einer (rechtlichen) Angelegenheit in Geld dar, der aber nicht immer in Zahlen, bzw. Beträgen zu ermitteln ist.

Unproblematisch ist die Ermittlung bei einer bestimmten geltend gemachten Geldforderung, etwa bei ausstehender Miete.

Bezifferung des Streitwerts

Probleme bei der Bezifferung des Streitwerts ergeben sich, wenn aufgrund der speziellen Klage, die keine Zahlungsklage ist, der Streitwert nicht genau bezifferbar ist, etwa bei immateriellen Schäden (Schmerzensgeld oder Rufschädigung). Solche Streitwerte richten sich vielfach nach Gesetz, nach Tabellen oder nach dem freien Ermessen des zuständigen Gerichts.

Einige Gebührenberechnungen sollen dies veranschaulichen:

z.B.

- Bei Streit über Unterhaltszahlungen sieht das Gesetz vor, dass der Streitwert sich nach der Höhe der Leistung für ein Jahr berechnet.
- Wird z.B. um die Höhe der Miete gestritten, so stellt der Differenzbetrag zwischen bisher gezahlter und streitiger Miete für ein Jahr, d.h. 12 Monate, den Streitwert dar.
- Bei einer Scheidung gilt als Streitwert ein dreimonatiges Nettoeinkommen beider Eheleute abzgl. Beträge je Kind und Monat zzgl. 5 bis 10 % des Vermögens, soweit bestimmte Freibeträge nicht überschritten werden.
- Bei Streitigkeiten über das Bestehen oder die Beendigung eines Arbeitsverhältnisses entspricht der Streitwert dem vierteljährlichen Arbeitsentgelt (brutto).
- Das Verfahren vor den Sozialgerichten ist grundsätzlich für den Bürger kostenfrei.
- Beim Streitwert im vorläufigen Rechtsschutz wird das Regelungsinteresse als Bezugsgröße gewählt, d.h. in den meisten Fällen ¼ bis ½ des Hauptsachewertes. Der vorläufige Rechtsschutz soll nur einen vorübergehenden Status sichern.
- Liegen allerdings nicht genügende Anhaltspunkte für den Streitwert vor, so nimmt das Gericht regelmäßig eine Festsetzung von 4.000,- EUR vor.

II. Anwaltskosten

Es ist für den Mandanten insofern oft nicht nachvollziehbar, wofür der Anwalt überhaupt seine Gebühren berechnet. Der juristische Laie denkt zu Unrecht, der Anwalt werde nach der Anzahl seiner Schreiben oder sonstigen Tätigkeiten bezahlt und ist nach Erhalt der Rechnung missgestimmt. Tatsächlich spielt es aber keine Rolle, wie viele Schreiben der Rechtsanwalt verschickt hat, er wird nach dem Streitwert der beauftragten Angelegenheit abgerechnet. Das Deutsche Rechtssystem ist mittlerweile so undurchschaubar geworden, dass der Normalbürger ohne die kompetente Hilfe eines Anwalts sein Recht nur selten durchsetzen kann. Deshalb ist die Nachfrage nach guten Rechtsanwälten sehr groß. Viele Mandanten suchen zu Recht den »besten« Anwalt. Wer seinen Gegner aber damit unter Druck setzen will, dass sein Rechtsanwalt nicht nur der Beste, sondern auch der Teuerste ist, womöglich auch noch glaubt, dass die Teuersten die Besten sind, sollte sich eines besseren belehren lassen. Selbst bei einem gewonnenen Prozess ist nicht immer sicher, dass der Gegner das Honorar für den eigenen Anwalt zahlen muss.

1. Allgemeines

Die Gebührenabrechnung ist für den Rechtsanwalt unter verschiedenen Aspekten ein schwieriges Gebiet. Das Gebührenrecht ist unübersichtlich und wird in der Ausbildung vollkommen vernachlässigt. Die zuverlässige Gebührenabrechnung des Rechtsanwalts sichert dessen Existenz und ist nicht zuletzt ein bleibender Eindruck, der beim Mandanten hinterlassen wird.

Reiche Anwälte?

Das Bild des sehr gut verdienenden Anwalts, wie man es aus dem Fernsehen kennt, ist darüber hinaus in der Bevölkerung auch falsch. Dies betrifft nämlich nur einen kleinen Teil, etwa 8 % der Anwaltschaft. Eine Vielzahl der kleineren und mittleren Kanzleien steht mittlerweile vor finanziellen Problemen, da die Umsätze in den vergangenen Jahren gesunken sind. Die Betriebs- und Personalkosten in den Kanzleien sind hingegen mit der allgemeinen Preisentwicklung gestiegen. Darüber hinaus wird die Anzahl der Anwälte, die sich schon um den Kuchen streiten, immer größer.

Die nachfolgenden Erörterungen sollen dem interessierten Leser die durch das Tätigwerden des Rechtsanwalts entstehenden Kosten näher bringen.

Eine vollständige Erläuterung sämtlicher Gebührentatbestände kann leider nicht ausführlich erfolgen, da dann dieses Kapitel immense Ausmaße erreichen würde und die Verständlichkeit verloren ginge.

a) Bundesrechtsanwaltsgebührenordnung

Die Rechtsanwaltskosten sind in der Bundesrechtsanwaltsgebührenordnung (BRAGO) geregelt. Wenn es zum Prozess kommt, dann stellt das Honorar nach der BRAGO den Mindestlohn dar.

Durch das KostREuroUG wurden mit Wirkung zum 01.01.2002 sämtliche Kostengesetze einschließlich der BRAGO auf Euro umgestellt.

§§

Euro-Umstellung

Für die Übergangsregelung ist auf § 134 BRAGO sowohl für die gerichtliche als auch außergerichtliche Tätigkeit des Rechtsanwaltes zu verweisen. § 134 BRAGO stellt auf die unbedingte Auftragserteilung ab. Es ist mithin zu prüfen, ob selbige vor dem Stichtag 01.01.02 oder danach erfolgte.

Fand eine Mandatierung vor dem Stichtag 01.01.02, so gilt die Anwendung der alten Gebührentabelle. Danach ergibt sich eine Umrechnungsverpflichtung DM/EUR entsprechend dem Faktor 1 EUR = 1,95583 DM, bzw. 1,- DM = 0,511292 EUR.

Kaufmännisches Runden auf zwei Stellen nach dem Komma erst nach der Umrechnung auf die neue Währung EUR.

Bei einer Mandatierung nach dem Stichtag 01.01.02 gilt die Anwendung der geänderten Euro-Gebührentabellen 2002.

b) Grundlage für die anrechenbaren Tatbestände

Die Gebühren und Auslagen sind die Gegenleistung für die vertraglich geschuldete Leistung. Ausgangspunkt für die Berechnung der Vergütung ist daher die Frage, mit welcher Tätigkeit der Rechtsanwalt beauftragt wurde. Der vom

Mandanten erteilte Auftrag bestimmt, was abgerechnet werden kann. Es kommt nicht darauf an, welche Tätigkeit außerhalb des Auftrages erbracht hat.

Tipp

Für den Fall einer Auseinandersetzung um die Vergütung muss der Rechtsanwalt nachweisen können, welcher Auftrag ihm erteilt wurde. Es kann daher empfehlenswert sein, sich den erteilten Auftrag bestätigen oder vom Rechtsanwalt gegenzeichnen zu lassen. Dieses gilt insbesondere dann, wenn mehrere Aufträge erteilt werden sollen. Die Vollmacht ist nur ein Indiz für den erteilten Auftrag, jedoch kein Beweis. Sie dokumentiert nur das rechtliche Können im Außenverhältnis.

c) Arten der Gebühren

Bei den Rechtsanwaltskosten unterscheidet man zwischen vier Gebührenarten, nämlich die Wertgebühren, die Rahmengebühren, die angemessene Gebühr und die Festgebühr. Allerdings sind nur die Festgebühren und die Rahmengebühren von wesentlicher Bedeutung.

aa) Wertgebühren

Auftrag ist maßgebend

Diese Gebühren werden so benannt, weil sie sich nach dem Wert berechnen, den der Gegenstand der anwaltlichen Tätigkeit hat. Dabei ist der Gegenstand der anwaltlichen Tätigkeit das Recht oder Rechtsverhältnis, auf das sich die Tätigkeit eines Rechtsanwalts bezieht. Der Gegenstand wird also durch den Auftrag des Auftraggebers bestimmt. Ist dieser Wert hinreichend bestimmt, kann der Rechtsanwalt die ihm zustehende Gebühr aus der BRAGO-Tabelle ablesen.

bb) Rahmengebühren

Bei Rahmengebühren handelt es sich um solche Gebühren, die nicht fest nach dem Gegenstandswert berechnet werden können. Hierfür hat das Gesetz einen Gebührenrahmen geschaffen, der nur in seiner oberen und unteren Grenze bestimmt ist.

cc) Angemessene Gebühren

Gutachten

Die angemessene Gebühr ist in der BRAGO lediglich nur einmal enthalten, nämlich für die Ausarbeitung eines schriftlichen Gutachtens mit juristischer Begründung. Darin ist ein Mindest- oder Höchstbetrag für die Anwaltsgebühr nicht vorgeschrieben, sie wird aber unter Berücksichtigung aller Umstände nach bestimmt.

dd) Festgebühren

Festgebühren erhält der Anwalt vor allem in zivilrechtlichen Auseinandersetzungen, die nach dem Wert des Streitgegenstandes berechnet werden. Der Gebührenbetrag ist zahlenmäßig festgelegt, z.B. im Rahmen der Beratungshilfe.

d) Berechnung der Gebühren

Anwälte können – entgegen der weit verbreiteten Meinung in der Öffentlichkeit – sehr wohl, insbesondere bei außergerichtlichen Fällen, verschieden hohe Gebühren in Rechnung stellen.

Der daraus entstehende Gebührensatz nach der BRAGO wird in Zehntelbruchteilen der vollen Gebühr ausgedrückt, z.B. 1/10; 3/10; 7,5/10; usw.).

Bei den Rahmengebühren ist § 12 Abs. 1 BRAGO zu beachten. Für die Festlegung des Gebührensatzes besagt § 12 Abs. 1 Satz 1 BRAGO, dass dieser vom Rechtsanwalt im Einzelfall unter Berücksichtigung aller Umstände, insbesondere

- der Bedeutung der Angelegenheit,

- des Umfangs und der Schwierigkeit der anwaltlichen Tätigkeit sowie
- der Vermögens- und Einkommensverhältnisse des Auftraggebers

nach billigem Ermessen zu bestimmen ist.

Das Gesetz schreibt daher die Berücksichtigung aller Umstände vor, und nennt nur einige wenige ausdrücklich. Die Kriterien stehen gleichwertig nebeneinander. Für durchschnittliche Angelegenheiten ist die Mittelgebühr anzusetzen. Die Mittelgebühr berechnet sich folgendermaßen:

$$\frac{\text{Mindestbetrag} + \text{Höchstbetrag}}{2} = \text{Mittelgebühr}$$

Für unterdurchschnittliche Angelegenheiten ist eine Gebühr unter der Mittelgebühr anzusetzen. Um die Höchstgebühr anzusetzen müssen nicht sämtliche Kriterien nach § 12 BRAGO überdurchschnittlich erfüllt sein. Auch ein erheblich überdurchschnittlicher Umfang oder eine überdurchschnittliche Schwierigkeit der Sache reichen für den Ansatz der Höchstgebühr aus.

z.B.

Konkrete Berechnung in Zehntelanteilen

Generell hat sich herausgebildet:

- einfacher Rat 1/10 - 3/10
- durchschnittlicher Rat 5,5/10
- mittelschwerer oder umfangreicher Rat 4/10 - 9/10
- sehr umfangreicher oder sehr schwieriger Rat 10/10

Würdigung der Auswirkungen

Bei der Bedeutung der Sache sind die Auswirkungen der Angelegenheit zu würdigen (die Auswirkungen der Angelegenheit auf die wirtschaftliche, berufliche oder familiäre Stellung des Mandanten).

Beim Umfang der Sache kommt es auf den zeitlichen Arbeitsaufwand des Rechtsanwalts an (Lesen und Anfertigen von Schriftsätzen, Verhandlungen mit dem Gegner). Dieser lässt sich am besten nachweisen, wenn nach einer Bearbeitung der Akte das Datum, der Anlass und die Dauer der Tätigkeit notiert werden.

Für die Schwierigkeit der Sache kommt es z.B. darauf an, ob schwierige juristische Fragen beantwortet werden müssen oder ausländisches Recht anzuwenden ist oder Fremdsprachen benutzt werden müssen.

Festsetzung im Ermessen des Anwalts

Nicht jede von den beiderseitigen Vorstellungen abweichende Festsetzung der Gebühr ist jedoch unbillig. In einem Rechtsstreit hat das Gericht ein Gutachten des Vorstands der Rechtsanwaltskammer einzuholen. Die Gerichte legen vielmehr einen unterschiedlichen Maßstab an. Einige Gerichte prüfen nur, ob ein Ermessensmissbrauch vorliegt. Andere Gerichte prüfen dagegen, ob das in anderen Fällen Angemessene deutlich überschritten wurde. Manche Gerichte wiederum halten Abweichungen nur dann für unbillig, wenn, wenn sie die von ihnen angemessene Gebühr um mehr als 20 % überschreitet.

Zwischen Mandant und Anwalt lässt sich allerdings vereinbaren, um die Kosten geringer zu halten, dass nach einem niedrigeren Gegenstandwert abgerechnet wird. Streiten sich zwei Geschäftspartner um einen Betrag von 100.000,- EUR, so kann mit dem Anwalt / den Anwälten eine Vereinbarung getroffen werden, dass lediglich auf der Grundlage eines Gegenstandswerts von 40.000,- EUR abgerechnet wird.

Es kann zwischen Anwalt und Mandant auch vereinbart werden, dass nur ein bestimmter Prozentsatz der gesetzlich vorgeschriebenen Gebühren zu zahlen ist. Dieses kommt in Betracht, wenn etwa der Anwalt eine Bedürftigkeit des Mandanten erkennt und der Anwalt bereit ist, auf einen Teil seiner Gebühren zu verzichten.

Auf der anderen Seite ist der Anwalt genauso berechtigt mit dem Mandanten höhere Gebühren zu vereinbaren, etwa durch Honorarvereinbarung (siehe S. 111 ff.).

Tipp

Die neuen Bundesländer sind da besser dran, denn von den Anwaltsgebühren dort werden 10 % abgezogen.

z.B.

Es gibt aber andere Fälle, in denen sich die Anwaltsgebühren erhöhen:

- Beauftragen mehrere Personen einen Anwalt in der gleichen Sache, erhöhen sich die Prozess- und die Geschäftsgebühr jeweils für den Auftraggeber um 3/10, maximal jedoch 20/10. Dieses kommt z.B. in Betracht, wenn mehrere Mieter gegen den Vermieter wegen einer Mieterhöhung vorgehen.
- Werden mehrere Einzelanwälte beauftragt, so erhält jeder von ihnen seine volle Vergütung. Anders ist es nur, wenn eine Sozietät oder Partnerschaft beauftragt wurde, denn in diesen Fällen spielt es keine Rolle, wie viele Anwälte sich dann mit der Angelegenheit des Mandanten befassen; die Gebühren fallen dann nur einmal an.

e) Auslagen

Der Anwalt hat auch Anspruch auf Ersatz seiner Auslagen aufgrund seiner gerichtlichen oder außergerichtlichen Tätigkeit. Dabei kann der Anwalt entweder bei einem entsprechenden Nachweis die tatsächlich entstandenen Auslagen oder einen Pauschalsatz verlangen, der 16 % der gesetzlichen Gebühren, höchstens jedoch 20,- EUR beträgt.

Keine Erstattung der allgemeinen Gerichtskosten

Der Rechtsanwalt darf aber nicht die Erstattung der allgemeinen Geschäftskosten nicht neben den Gebühren verlangen. Hierzu zählen Kosten, etwa die Miete für Büroräume, Gehälter für Angestellte oder Aufwendungen für Literatur.

Bei den Kopien gilt zu beachten, dass der Anwalt pro Seite 0,50 EUR verlangen darf, ab der 50sten Seite nur noch 0,15 EUR.

Kosten der Telekommunikation

Zu den Auslagen des Rechtsanwalts gehören die sog. Postgebühren. Hierunter fallen auch die Kosten der Telekommunikation (Telefon, Fax). Der Rechtsanwalt kann entweder bei einem entsprechenden Nachweis die tatsächlich entstandenen Auslagen oder einen Pauschsatz verlangen, der 16 % der gesetzlichen Gebühren, höchstens jedoch 20,- EUR beträgt (sog. Kostenpauschale).

Notwendige Reisekosten

Tätigt der Anwalt notwendige Reisen, so hat er gegenüber dem Mandanten einen Anspruch auf Ersatz dieser Reisekosten. Für den eigenen PKW des Anwalts gilt: pro gefahrenen km 0,27 EUR zzgl. anfallender Parkgebühren. Darüber hinaus kann der Anwalt auch ein Tage- bzw. Abwesenheitsgeld erstattet verlangen (bis 4 Stunden 15,- EUR, bis 8 Stunden 31,- EUR, über 8 Stunden 56,- EUR) zzgl. eventueller Übernachtungen im Hotel in angemessener Höhe.

§§

Sonstige Aufwendungen

Macht der Rechtsanwalt aber Aufwendungen, die nicht zu den allgemeinen Geschäftskosten oder zu den Auslagen gehören, kann er von dem Auftraggeber die Erstattung dieser Aufwendungen gemäß § 675, 670 BGB fordern. Hierzu zählen Vorschüsse auf Gerichtskosten, Gebühren für Auskünfte, Detektivkosten, usw.

f) Mehrwertsteuer

Der Rechtsanwalt hat einen Anspruch auf Ersatz der auf seine Vergütung entfallenden Umsatzsteuer (Mehrwertsteuer), zurzeit 16 %.

g) Parteikosten

Parteikosten sind Kosten, die der Partei durch ihre eigene Tätigkeit oder die ihrer Organe und leitenden Angestellten, welche an ihrer Stelle handeln, infolge eines Rechtsstreits erwachsen, insbesondere Reisekosten und Entschädigung für die versäumte Zeit. Sie sind in aller Regel nicht erstattungsfähig, gegebenenfalls aber nach dem Zeugen- und Sachverständigen-Entschädigungsgesetz (ZuSEG).

2. Außergerichtliche Tätigkeit

Die außergerichtliche Rechtsberatung hat wichtige Aufgaben: Sie kann die Durchsetzung von Rechten fördern, unberechtigte Forderungen abwehren und nicht zuletzt Prozesse verhüten. Zirka 70 % der anwaltlichen Tätigkeit finden außergerichtlich statt.

Doch auch diese Tätigkeit des Rechtsanwalts ist nicht kostenlos, ganz im Gegenteil, wie die nachfolgenden Erörterungen zeigen. Im Bereich der außergerichtlichen Gebühren unterscheidet man zwischen verschiedenen Arten.

a) Beratungsgebühr

Die meisten Mandate beginnen mit einer mündlichen oder schriftlichen Beratung durch den Anwalt. Hierbei unterscheidet man zwischen der Erstberatung und der Folgeberatung.

Erstberatung Unter die Erstberatung fällt das Beratungsgespräch mit dem Rechtsanwalt, bei dem der juristisch relevante Sachverhalt erörtert wird und verschiedene Lösungswege für das weitere Vorgehen geklärt werden.

Vorsicht ist aber geboten, wenn Sie mit dem Rechtsanwalt über verschiedene Dinge reden. Diese könnte der Rechtsanwalt als jeweils selbstständige Rechtsangelegenheit auffassen.

Tipp Manche Rechtsanwälte nehmen ein solches Beratungspaket zum Anlass, für jede Angelegenheit eine eigene Akte und somit eine eigene Abrechnung zu erstellen. Klären Sie daher im Vorfeld, ob solche Fragen kostenlos im Beratungsgespräch inbegriffen sind oder nicht.

Nicht davon erfasst sind weitere Maßnahmen, etwa Verhandlungen mit dem Gegner oder entsprechende Schriftsätze.

Erstberatungsgebühr

Bleibt es bei einer einmaligen Beratung, so fällt eine Erstberatungsgebühr an, § 20 Abs. 1 Satz 2 BRAGO. Sie kann 15,- EUR und darf als Obergrenze höchstens 180,- EUR betragen, und zwar unabhängig vom Streitwert, zzgl. Mehrwertsteuer. Mit dieser Regelung ist kein neuer Gebührentatbestand, sondern eine Obergrenze einer ersten Beratung geschaffen worden. Nach überwiegender Auffassung ist jedoch zunächst der Gegenstandswert zu ermitteln und die angemessene Gebühr aus dem Gebührenrahmen von 1/10 bis 10/10 der vollen Gebühr anzusetzen. Die angemessene Gebühr wird dabei wie üblich nach den Kriterien des § 12 BRAGO bestimmt, und zwar unter Berücksichtigung aller Umstände, insbesondere der Bedeutung der Angelegenheit, des Umfangs und der Schwierigkeit der anwaltlichen Tätigkeit sowie der Vermögens- und Einkommensverhältnisse des Mandanten. Liegt die Gebühr hierfür über 180,- EUR und handelt es sich um eine erste Beratung, so können trotzdem nur 180,- EUR zzgl. Auslagen und Umsatzsteuer berechnet werden.

Tipp

Hinsichtlich der Auslagen ist jedoch zu prüfen, ob diese überhaupt anfallen.

Wird ein Rechtsanwalt, der mit der Angelegenheit noch nicht befasst gewesen ist, beauftragt, zu prüfen, ob eine Berufung oder Revision Aussicht auf Erfolg hat, so erhält er gemäß § 20 Abs. 2 BRAGO eine halbe Gebühr nach § 11 Abs. 1 Nr. 4 BRAGO (13/10), wenn er von der Einlegung eines Rechtsmittels abrät und ein Rechtsmittel durch ihn nicht eingelegt wird. Der Rechtsanwalt darf mit dieser Angelegenheit aber noch nicht vertraut gewesen sein. Das Rechtsmittel darf aber auch nicht durch den mit der Prüfung der Erfolgsaussicht beauftragten Rechtsanwalt eingelegt werden.

Die Obergrenze verpflichtet den Rechtsanwalt aber nicht, den Mandanten im ersten Gespräch umfassend zu beraten. Sie verschafft diesem daher kein Anrecht, eine Leistung zu einem bestimmten Zeitpunkt zu erhalten.

Tipp

Wichtig ist aber, dass der Rechtsanwalt dem Mandanten das Ende der ersten Beratung deutlich macht. Der Mandant kann dann entscheiden, ob er eine weitere Beratung in Anspruch nehmen möchte. Er sollte dann auch nach den weiteren Kosten fragen.

Wird die Tätigkeit des Rechtsanwalts auf Grund der Gebührenbegrenzung nicht angemessen vergütet, wird er den Mandanten von sich aus auf eine Honorarvereinbarung ansprechen.

Überschreitung der Obergrenze

Die Obergrenze der Gebühr für die Folgeberatung von 180,- EUR kann aber dennoch überschritten werden. Diese Obergrenze greift nämlich nicht ein, wenn der Mandant den Anwalt mit einer anderen Tätigkeit als Rat oder Auskunft beauftragt, z.B. bei einer außergerichtlichen Tätigkeit oder einer Prozessvertretung, die sich dann vor Einreichen eines Antrages erledigt.

Erstreckt sich die Beratung aber über mehrere Termine oder erstellt der Anwalt auf Wunsch des Mandanten nach der Erstberatung eine schriftliche Beurteilung der Rechtslage, sog. Rechtsgutachten, dann fällt eine Beratungsgebühr an. Sie richtet sich nach dem Gegenstandswert und liegt zwischen 1/10 und 10/10. Im Allgemeinen wird der Anwalt hier eine Mittelgebühr bilden.

Folgeberatung

Die Obergrenze greift ebenfalls nicht ein, wenn es sich um eine zweite oder sonstige folgende Beratung oder Tätigkeit in dieser Angelegenheit handelt. Die setzt aber zwingend voraus, dass die erste Beratung beendet gewesen sein muss. Als Anhaltspunkte hierfür gelten:

- Der Rechtsanwalt muss sich sachkundig machen.
- Der Rechtsanwalt soll zunächst mit der Rechtsschutzversicherung korrespondieren.
- Der Mandant benötigt Bedenkzeit.
- Der Mandant hat nicht alle erforderlichen Unterlagen zum Termin mitgebracht.

b) Einfaches Schreiben

§ 120 Abs. 1 BRAGO ermäßigt die Gebühren, wenn sich die Tätigkeit des Rechtsanwalts auf Mahnungen, Kündigungen oder Schreiben einfacher Art, die weder schwierige rechtliche Ausführungen noch größere sachliche Auseinandersetzungen enthalten, beschränkt. In Betracht kommen hier in aller Regel Mahnungen oder Kündigungen. In diesem Fall erhält der Rechtsanwalt nur eine 2/10 der vollen Gebühr. Schreiben, die einen Rat, eine Auskunft oder ein Gutachten enthalten, werden durch die Gebühren der §§ 20, 21 BRAGO abgegolten.

Rechtliche Überlegungen sind maßgeblich

§ 120 BRAGO greift aber nur ein, wenn der Rechtsanwalt ausschließlich mit der Anfertigung eines einfachen Schreibens beauftragt ist. Ob ein einfaches Schreiben vorliegt oder nicht, richtet sich nicht allein nach dem Umfang und dem Inhalt des Schreibens. Maßgebend ist vielmehr auch, welche rechtlichen Überlegungen angestellt werden müssen, um den Inhalt des Schreibens abzusetzen. So kann z.B. das schlichte Wort »Verjährung« eine Vielzahl von Überlegungen notwendig machen.

Ist er jedoch mit einer weitergehenden Tätigkeit beauftragt, greift § 118 BRAGO ein. Diese ist der Fall, wenn die Tätigkeit des Rechtsanwalts nicht bereits im Dritten bis Elften Abschnitt der BRAGO geregelt ist und es sich auch nicht um eine Beratung i.S.d. § 20 BRAGO handelt.

Beschränkt sich die Tätigkeit des Rechtsanwalts auf ein Schreiben, das nur dem äußeren Betreiben eines Verfahrens dient, insbesondere eine Benachrichtigung, ein Beschleunigungsgesuch, ein Gesuch um Erteilung von Ausfertigungen oder Abschriften, so erhält der Rechtsanwalt gemäß § 120 Abs. 2 BRAGO nur die Mindestgebühr von 10,- EUR.

c) Schriftliches Gutachten

Voraussetzungen

Für die Ausarbeitung eines Gutachtens erhält der Rechtsanwalt eine angemessene Gebühr. Das Gutachten sollte die rechtlichen Erwägungen klarlegen und muss daher schriftlich begründet werden. Das Gutachten beinhaltet eine geordnete Darstellung des zu beurteilenden Sachverhalts, die Herausstellung der rechtlichen Probleme, die Stellungnahme von Rechtsprechung und Schrifttum zu diesen Problemen und schließlich das eigene Urteil des Rechtsanwalts. Fehlt die eigene Stellungnahme, so soll nur eine Auskunft nach § 20 BRAGO vorliegen. Schließt das Gutachten dagegen mit einem Rat ab, liegt dennoch § 21 BRAGO.

Angemessenheit der Gebühr

Die Gebühr muss angemessen sein. Die Gebühr ist also unter Berücksichtigung aller Umstände, vor allem die Bedeutung der Angelegenheit, des Umfangs und der Schwierigkeit der anwaltlichen Tätigkeit sowie der Vermögens- und Einkommensverhältnisse des Auftraggebers nach billigem Ermessen festzustellen. Bei der Berechnung ist auch der Gegenstandswert zu beachten, auf den sich das Gutachten bezieht.

Beauftragt der Mandant den Rechtsanwalt mit der Erstellung eines schriftlichen Gutachtens über die Erfolgsaussichten eines Rechtsmittels (Berufung oder Revision), so erhält er eine volle Gebühr gemäß § 21 a Satz 1 BRAGO.

d) Geschäftsgebühr

Die Geschäftsgebühr (§ 118 Abs. 1 Ziffer 1 BRAGO) fällt an für das Betreiben des Geschäfts einschließlich der Information, des Einreichens, Fertigens oder Unterzeichnens von Schriftsätzen oder Schreiben oder des Entwerfens von Urkunden. Damit ist eine Vielzahl von Tätigkeiten aufgezählt. Sie vergütet mithin die gesamte Tätigkeit des Rechtsanwalts bei der Informationsaufnahme und gegebenenfalls Informationsbeschaffung, für die gesamten Schreibarbeiten, usw.

Die Geschäftsgebühr ist daher eine Betriebsgebühr, die quasi bei jedem Auftrag zu einer außergerichtlichen Tätigkeit anfällt. Da sie bereits mit der Informationsaufnahme entsteht, kommt es nicht darauf an, ob der Rechtsanwalt jemals etwas geschrieben hat oder nicht. Der Umfang seiner Tätigkeit ist kein Kriterium für die Entstehung der Geschäftsgebühr. Er wird vielmehr erst bei der Frage berücksichtigen, welcher Gebührensatz zwischen 5/10 und 10/10 für die konkrete Tätigkeit angemessen ist. Dies ist eine Frage, die unter Berücksichtigung der Kriterien des § 12 BRAGO zu bestimmen ist.

Umfang der Tätigkeit

Wird eine Geschäftsgebühr erhoben, so ist darin die Beratungsgebühr enthalten mit der Folge, dass nur eine Geschäftsgebühr berechnet wird.

e) Besprechungsgebühr

Die Besprechungsgebühr entsteht für das Mitwirken bei mündlichen Verhandlungen oder Besprechungen über tatsächliche oder rechtliche Fragen, die von einem Gericht oder einer Behörde angeordnet oder im Einverständnis mit dem Auftraggeber vor einem Gericht oder einer Behörde, mit dem Gegner oder einem Dritten geführt werden.

Der Rechtsanwalt erhält diese Gebühr aber nicht für eine mündliche oder fernmündliche Nachfrage.

Die Besprechungsgebühr vergütet mithin den Aufwand des Rechtsanwalts, der für Besprechungen mit dem Gegner oder mit Dritten oder für mündliche Verhandlungen, z.B. im FGG-Verfahren (Verfahren der Freiwilligen Gerichtsbarkeit).

Die Besprechung kann tatsächliche oder rechtliche Fragen betreffen. Sie kann auch fernmündlich geführt werden.

Die Besprechung oder Verhandlung kann entweder auf eine gerichtliche oder behördliche Anordnung zurückzuführen sein. Behörden i.S.d. Bestimmung sind dabei alle Organe des öffentlichen Rechts. Als Anordnung ist daher auch die Bitte der Behörde um Rücksprache zu sehen.

Die Besprechung kann auch im Einverständnis mit dem Auftraggeber geführt werden. Dieses Einverständnis kann sich auch aus den Umständen ergeben. In der Rechtsprechung wird davon ausgegangen, dass das Einverständnis unterstellt werden kann, wenn die Besprechung zur sachgemäßen Erledigung des Auftrages objektiv erforderlich war. Diese Satzrahmengebühr beträgt zwischen 5/10 und 10/10.

Die Besprechungsgebühr fällt aber nicht an, wenn sich der Rechtsanwalt nur nach dem Sachstand erkundigt, ohne dass zugleich eine sachbezogene Erörterung stattfindet. Auch die bloße Nachfrage nach dem Fortgang des Verfahrens oder dem erwarteten Termin einer Entscheidung reichen nicht aus.

f) Beweisaufnahmegebühr

Mitwirkung bei Beweisaufnahmen

Die Beweisgebühr entsteht für die Mitwirkung bei Beweisaufnahmen, die vor einem Gericht oder einer Behörde angeordnet worden sind. Voraussetzung für das Entstehen dieser Gebühr ist zum einen die Mitwirkung des Rechtsanwalts an der Beweisaufnahme. Dieser muss dabei keine besonderen Aktivitäten entfalten. Seine Anwesenheit bei der Beweiserhebung oder die Überprüfung eines von ihm beantragten, von der Behörde eingeholten Sachverständigengutachtens reicht aus.

Die Beweisanordnungen sind nicht formgebunden. So reichen auch mündliche Anordnungen aus. Es reicht ferner aus, wenn sich der Wille der Gegenseite, Beweis erheben zu wollen, aus anderen Gründen ergibt.

g) Außergerichtliche Vergleichsgebühr

Unterwerfung in die sofortige Zwangsvollstreckung

Der außergerichtliche Vergleich wird auch als Anwaltsvergleich bezeichnet. Ein Schuldner kann sich einem außergerichtlichen, privat-schriftlichen Vergleich der sofortigen Zwangsvollstreckung unterwerfen. Wird ein solcher Vergleich zwischen den Parteien geschlossen, erhält der Anwalt neben den bereits entstandenen Gebühren als Festgebühr eine Vergleichsgebühr in Höhe von 15/10.

Auch beim Anwaltsvergleich wird durch die Vergleichsgebühr nur die Mitwirkung bei einem Vergleichsabschluss abgegolten, sie ist eine reine Erfolgsgebühr, die nie allein entstehen kann.

Bei Mitwirken fällt Vergleichsgebühr an

Haben die Parteien zwar keinen Prozessvergleich geschlossen, sich aber unter Mitwirkung ihrer Bevollmächtigten dahin geeignet, dass für den Fall des Anerkenntnisses die Klage teilweise zurückgenommen wird und der Beklagte die vollen Kosten übernimmt, ist die Vergleichsgebühr angefallen.

Tipp

Ein guter Anwalt lohnt sich für den Mandanten selbst dann finanziell, wenn er wegen des Risikos von der Klage abrät.

Ausschluss der Vergleichsgebühr

Eine Vergleichsgebühr kann aber nicht entstehen, wenn der Rechtsanwalt von dem Abschluss des Vergleichs abrät und der Vergleich trotzdem geschlossen wird. Die Vergleichsgebühr fällt auch nicht an, wenn der Vergleich widerrufen wird.

Führt das außergerichtliche Verfahren nicht zu einer Lösung und wird der Anspruch klageweise geltend gemacht, so gehen die außergerichtlichen Anwaltskosten in den gerichtlichen Kosten auf.

h) Hebegebühr

Ausschluss der Hebegebühr

Der Rechtsanwalt erhält eine Hebegebühr (Inkassogebühr) als Entschädigung für die verantwortungsvolle und aus dem Rahmen seiner sonstigen Tätigkeit herausfallende Auszahlung oder Rückzahlung und die damit verbundene Verwaltung von Geldern. Wird aber die Tätigkeit, die zu der Hingabe der Gelder an den Rechtsanwalt geführt hat, nicht nach der BRAGO vergütet, kann der Rechtsanwalt auch nicht die Hebegebühr erhalten.

Eine Hebegebühr entsteht ebenfalls nicht, wenn der Rechtsanwalt Kosten an ein Gericht oder eine Behörde oder eingezogene Kosten an den Auftraggeber weiterleitet oder eingezogene Beträge auf seine Vergütung verrechnet, etwa Gerichtkostenvorschüsse des Mandanten, die der Rechtsanwalt an das Gericht weiterleitet.

Erstattung der Auslagen

Neben der Hebegebühr kann der Rechtsanwalt auch die Erstattung seiner Auslagen von dem Mandanten ersetzt verlangen, die durch diese bezeichneten Tätigkeiten entstanden sind, z.B. Post-, Depot- und Verwaltungsgebühren.

Nach § 22 Abs. 2 BRAGO kann die Hebegebühr von jedem Betrag gesondert erhoben werden, wenn das Geld in mehreren Beträgen gesondert ausgezahlt wird. Dies bedeutet, dass jeder Auszahlungsvorgang eine neue selbständige Angelegenheit darstellt und § 13 Abs. 2 BRAGO keine Anwendung findet. Somit kann in derselben Angelegenheit die Hebegebühr mehrmals entstehen.

Entgegennahme von Geldern

Die Hebegebühr kann auch dann entstehen, wenn der Rechtsanwalt Gelder entgegennimmt und diese später wieder an den Einzahler zurückgezahlt. In diesem Fall kann er die Hebegebühr zweimal berechnen. Verspricht sich der Rechtsanwalt Folgemandate, so sollte er notfalls auf die Geltendmachung dieser Gebühr verzichten.

3. Gerichtliche Tätigkeit

Im Gegensatz zu den außergerichtlichen Gebühren sind die Gebühren im gerichtlichen Verfahren vom Gesetzgeber festgelegt und können vom Anwalt nicht pauschaliert werden. Alle Gebühren betragen in der Regel 10/10, also eine volle Gebühr.

Die Vergütung eines Rechtsanwalts (= Gebühren und Auslagen) bestimmt sich nach § 7 BRAGO. Die Gebühren werden nach dem Gegenstandswert, der grundsätzlich mit dem gerichtlich festgesetzten Streitwert identisch ist, berechnet und in der Regel nicht nach dem Aufwand seiner Tätigkeit, es sei denn, eine solche Vereinbarung wurde zwischen Anwalt und seinem Mandanten getroffen.

Sonderregelung bei Gebührenabrechnung

§ 31 BRAGO enthält vier verschiedene Gebührentatbestände, es handelt sich dabei um die Prozessgebühr, die Verhandlungsgebühr, die Beweisgebühr und die Erörterungsgebühr. Nach § 31 Abs. 2 BRAGO werden jedoch Erörterungsgebühren und Verhandlungsgebühren, die denselben Gegenstand betreffen und in demselben Rechtszug entstehen, aufeinander angerechnet. Es werden daher also nur maximal drei von den vier bezeichneten Gebühren berechnet.

z.B.

Beträgt der Streitwert in einem Rechtsstreit 2.500,- EUR, entsteht an Kosten:

10/10 Prozessgebühren	161,-- EUR
10/10 Verhandlungsgebühren	161,-- EUR
10/10 Beweisgebühren	161,-- EUR
Auslagenpauschale	20,-- EUR
zzgl. 16 % MWST	80,48 EUR

Dann belaufen sich die Kosten auf 583,48 EUR.

Ist die Gegenseite ebenfalls durch einen Rechtsanwalt vertreten, hat der Verlierer die gleichen Kosten nochmals zu tragen, somit also 1.166,96 EUR als Anwaltskosten.

Die Gerichtskosten belaufen sich bei einem Streitwert von 2.500,- EUR auf 243,- EUR zzgl. der Zustellungskosten, die ebenfalls noch hinzuaddiert werden müssen.

Einen speziellen Gebührenrechner für Ihre persönlichen Daten finden Sie im Internet unter:

z.B.

→ www.webjus.de
→ www. justiz.bayern.de/olgn/kosten-dimbeck.htm
→ www.rechtsanwaltsgebuehren.de

Folgende Gebühren kommen daher in Betracht:

a) Prozessgebühr

Nach § 31 Abs. 1 Ziffer 1 BRAGO entsteht die Prozessgebühr für das Betreiben des Geschäfts einschließlich der Information. Die Prozessgebühr erhält der Anwalt für die Einreichung einer Klage-, bzw. Antragsschrift. Diese Gebühr, die grundsätzlich anfällt, beträgt 10/10 (= volle Gebühr). Im Fall einer Klage kommt es daher darauf an, ob diese bei Gericht eingereicht wurde. Es kommt aber nicht darauf an, ob die Klage auch an den Gegner zugestellt wurde.

b) Verhandlungsgebühr

Nach § 31 Abs. 1 Ziffer 2 BRAGO entsteht die Verhandlungsgebühr für die mündliche Verhandlung. In bürgerlichen Rechtsstreitigkeiten beginnt die mündliche Verhandlung mit dem Stellen der Anträge zur Hauptsache. Allein die physische Anwesenheit des Rechtsanwalts in der Verhandlung genügt nicht für das Entstehen der Verhandlungsgebühr.

Besonderheit

Unter den Voraussetzungen des § 35 BRAGO erhält ein Rechtsanwalt aber auch dann eine Verhandlungsgebühr, wenn keine Verhandlung stattgefunden hat. Voraussetzung dafür ist, dass es sich um ein Verfahren handelt, in dem eine mündliche Verhandlung vorgeschrieben ist. Dies ist in einem Klageverfahren der ZPO grundsätzlich der Fall.

c) Beweisgebühr

Nach § 31 Abs. 1 Ziffer 3 BRAGO entsteht die Beweisgebühr für die Vertretung in Beweisaufnahmeverfahren oder bei der Anhörung oder Vernehmung einer Partei. Zur Beweisgebühr ist eine kaum noch zu überblickende Vielzahl von Entscheidungen ergangen. Nachfolgend können daher nur die Leitlinien dargestellt werden.

Beweiserhebung durch das Gericht

Die Beweisgebühr entsteht immer dann, wenn ein Gericht Beweis erhebt. Beweis wird erhoben, wenn das Gericht mit dem Ziel tätig wird, eine als beweisdürftig angenommene Tatsache mit den zugelassenen Beweismitteln zu klären. Die Beweisaufnahme erstreckt sich daher i.d.R. auf die Klärung umstrittener Tatsachen. Sie kann sich aber auch auf die Klärung ausländischer Rechtsnormen oder auch auf reine Formalien (z.B. die Rechtszeitigkeit einer Verfahrenshandlung) beschränken. Im letzteren Fall wird jedoch bereits in aller Regel um die Klärung von Tatsachen gehen, nämlich um die Frage, wann de Prozesshandlung vorgenommen worden ist.

Förmlicher Beweisbeschluss als Voraussetzung

Die Beweisgebühr entsteht, wenn die Prozesshandlung beginnt. Dies ist zum einen der Fall, wenn das Gericht einen förmlichen Beweisbeschluss erlässt. Dies gilt auch für den Beweisbeschluss vor mündlicher Verhandlung. Im Übrigen entsteht die Beweisgebühr spätestens, wenn das Gericht mit der Beweisaufnahme beginnt, z.B. die geladenen Zeugen vernimmt. Eine Beweisaufnahme liegt aber auch ohne jedwede förmliche Anordnung des Gerichts vor, wenn das Gericht tatsächlich Beweis erhebt, z.B. bei der Befragung durch den Berichterstatter. Auch hier fällt wieder eine volle Gebühr (10/10) an.

Nach § 34 Abs. 1 BRAGO erhält der Rechtsanwalt die Beweisgebühr nicht, wenn die Beweisaufnahme lediglich in der Vorlage der in den Händen des Beweisführers oder des Gegners befindlichen Urkunden besteht.

d) Erörterungsgebühr

Nach § 31 Abs. 1 Ziffer 4 BRAGO entsteht die Erörterungsgebühr für die Erörterung rechtshängiger Ansprüche, auch im Rahmen eines Versuchs zur gütlichen Beilegung. Eine Erörterung findet vor Gericht in Anwesenheit des Gerichts statt. Unter einer Erörterung wird eine streitige Auseinandersetzung mit unterschiedlichen Punkten verstanden. Hierfür ist es nicht erforderlich, dass der Rechtsanwalt sich mit Worten äußert. Es reicht aus, wenn er den Ausführungen der übrigen Beteiligten zuhört und prüft, ob er hierauf für seinen Mandaten erwidern muss.

Alternative Anwendung

Für die Erörterungsgebühr fällt wieder eine volle Gebühr an. Allerdings kann sie nur alternativ zur Verhandlungsgebühr anfallen, nicht aber zusätzlich.

e) Gerichtliche Vergleichsgebühr

Die Tätigkeit des Rechtsanwalts zum Vergleichsschluss bezieht sich auf die Beratung des Mandanten, auf die Verhandlung mit Prozessgegner und Gericht und auf die Mitwirkung bei der Vergleichsformulierung. Die Prozessvollmacht deckt zwar im Außenverhältnis auch den Abschluss eines Vergleichs, er darf aber im Innenverhältnis zum Mandanten einen Vergleich nur mit seiner Zustimmung abschließen, was eine entsprechende Abstimmung und Beratung voraussetzt. Hierunter fallen die Beratung über die Vor- und Nachteile eines Vergleichsabschlusses, Aufklärung über die Risiken und die Einschätzung der Erfolgsaussichten einer streitigen Prozessfortführung unter Beachtung auch der Vorstellungen des Gerichts und der Möglichkeit von Rechtsmitteln. Insbesondere ist der Rechtsanwalt verpflichtet, seinen Mandanten dahin gehend zu informieren, welcher Kostenbetrag konkret auf ihn zukommt. Ein Vergleichsabschluss löst nämlich eine Vergleichsgebühr aus.

Wird im gerichtlichen Verfahren zwischen den Parteien ein Vergleich gemäß § 23 BRAGO erzielt, so wird der Anwalt seinem Mandanten eine so genannte Vergleichsgebühr berechnen, die 10/10 oder 15/10 beträgt. Sie fällt nicht an, wenn der Vergleich widerrufen wird.

Mitursächlichkeit

Sie wird nur dann fällig, wenn der Rechtsanwalt daran mitgewirkt hat, Mitursächlichkeit reicht aus.

f) Exkurs: Güteverhandlung

Neben der Prozessgebühr erhält der Anwalt für die Durchführung der Güteverhandlung die Erörterungsgebühr. Wird der Rechtsstreit in der Güteverhandlung abschließend vergleichsweise beendet, erhält er eine 10/10 Vergleichsgebühr. Wird ein Teil der Forderung anerkannt und im Übrigen die Klage zurückgenommen, fällt nach überwiegender Meinung ebenfalls die Vergleichsgebühr an.

Bleibt die Güteverhandlung erfolglos und wird der Rechtsstreit ins streitige Verfahren übergeleitet, handelt es sich gebührentechnisch um die gleiche Angelegenheit. Auf die im streitigen Verfahren anfallende Verhandlungsgebühr muss die Erörterungsgebühr aus dem Güteverfahren angerechnet werden.

Tipp

Die Güteverhandlung stellt somit für den Anwalt einen zusätzlichen Termin ohne gesonderte Vergütung dar. Daher sollte versucht werden, den Rechtsstreit dort zu beenden.

4. Gebührenforderung des Anwalts

Gelegentlich kommt es vor, dass der Mandant seine Gebühren bei dem von ihm beauftragten Rechtsanwalt nicht begleicht, so dass dieser seine Forderung letztlich gerichtlich geltend machen muss.

Tipp

Ist er Mandant mit der Abrechnung nicht zufrieden, insbesondere weil er glaubt durch den verlorenen Prozess schon genug zu bezahlen, so sollte er die Bezahlung der Rechnung trotzdem nicht verweigern. Mit einem Kostenfestsetzungsgesuch und ggf. anschließender Pfändung holt sich der Rechtsanwalt letztlich doch sein Honorar.

Vergütungsfestsetzungsverfahren oder Erkenntnisverfahren

Dafür stehen dem Rechtsanwalt zwei verschiedene Möglichkeiten zur Verfügung, nämlich das sog. Vergütungsfestsetzungsverfahren nach § 19 BRAGO und das so genannte Erkenntnisverfahren (Mahnverfahren und Honorarklage).

Die gesetzliche Vergütung des Rechtsanwalts wird auf seinen Antrag hin durch den Urkundsbeamten der Geschäftsstelle festgesetzt. Da für die Festsetzung der Vergütung die Vorschriften über das Kostenfestsetzungsverfahren und den Kostenfestsetzungsbeschluss gelten, hat dies für den Rechtsanwalt den Vorteil, dass mit diesem Beschluss ein vollstreckbarer Titel vorliegt. Sind die Kosten erst einmal gerichtlich festgesetzt und ist dem Mandanten der Kostenfestsetzungsbeschluss zugegangen, müssen die Gebühren an den Anwalt unverzüglich gezahlt werden. Tut der Mandant dies nämlich nicht, so kann der Anwalt aufgrund des gegen den Mandanten wirksamen Titels seine Gebühren beim Mandanten durch einen Gerichtsvollzieher vollstrecken lassen.

Einwendungen oder Einreden des Mandanten

Erhebt allerdings der Antragsgegner (Mandant) diesbezüglich Einwendungen oder Einreden, die nicht im Gebührenrecht ihren Grund haben, so ist die Festsetzung abzulehnen. Sobald sich also der Mandant über eine Schlechterfüllung der anwaltlichen Pflichten beklagt, scheidet dieses Verfahren aus. Das Vergütungsfestsetzungsverfahren gilt aber nicht bei Rahmengebühren.

Mahnbescheid oder Klage?

Der Rechtsanwalt kann aber auch wegen seines Honoraranspruchs sogleich den Mahnbescheid oder die Klage geltend machen, allerdings muss er dann für eine nötige Vollstreckung gegen den Mandanten das wirksame Urteil, bzw. Vollstreckungsbescheid abwarten. Muss der Rechtsanwalt mit einem Widerspruch auf seinen Mahnbescheid rechnen, so wird er sogleich Klage erheben, da sie ihm sonst nur eine zeitliche Verzögerung bringt. Auf diese Weise kann der Mandant sicher sein, dass die Kostenrechnung des Anwalts gerichtlich überprüft wird. Im Zweifel wird das Gericht sogar ein Gutachten der Rechtsanwaltskammer über die Angemessenheit der Gebühren einholen, wodurch für den Mandanten weitere Kosten entstehen.

Für Streitigkeiten aus einem Vertragsverhältnis ist das Gericht des Ortes zuständig, an dem die streitige Leistung zu erfüllen ist. Dieses wird regelmäßig der Sitz der Anwaltskanzlei sein.

Zuständig für die Klage des Rechtsanwalts wegen Gebühren und Auslagen ist nach § 34 ZPO das Gericht des Hauptprozesses. Unter einem Hauptprozess versteht man alle in der ZPO geregelten Verfahren.

z.B.

Wohnt der Mandant in Köln, hat der Rechtsanwalt seinen Kanzleisitz in Essen und wurde in der Hauptsache (Räumungsprozess in einem Haus des Mandanten in Bochum) vor dem AG Bochum verhandelt, so ist das hier zuständige Gericht wegen nichtgezahlter Gebühren und Auslagen das AG Bochum.

Der Vortrag des Rechtsanwalts muss schlüssig sein. Dazu gehört, dass der Anspruch gegen den Beklagten (Mandanten) fällig ist, eine Berechnung erstellt und ihm auch mitgeteilt wurde.

Im Übrigen reicht es völlig aus, wenn der Rechtsanwalt als Kläger seine Honoraransprüche aus einem gerichtlichen Verfahren geltend macht, den Kläger also vor Gericht vertreten und somit seine Gebühren und Auslagen laut beigefügter Kostenberechnung verdient hat.

Vorlage der Handakten

Klagt der Rechtsanwalt Rahmengebühren ein, so muss er vor Gericht darlegen, für welche Angelegenheit und nach welchem Gegenstandwert er Gebühren fordert. Als Beweis wird der Rechtsanwalt in aller Regel seine ordnungsgemäß geführten Handakten vorlegen. Eine bloße Bezugnahme auf die Handakten reicht für seine Forderung nicht aus.

Klagt der Rechtsanwalt seine Gebühren und Auslagen beim Mandanten ein, entstehen die normalen Prozessgebühren aus den §§ 31 ff BRAGO. Eine Mehrwertsteuer fällt hier aber nicht an.

III. Gerichtskosten

Bei Gerichtsverfahren müssen Sie nicht nur die Gebühren für Ihren Anwalt bezahlen, sondern zusätzlich auch noch Gerichtsgebühren. Diese sind niedriger als die Anwaltsgebühren, sofern nicht noch weitere Gebühren für die Einvernahme von Zeugen oder Sachverständigen hinzukommen.

1. Allgemeines

In welcher Höhe die Gerichtskosten, zu denen die Gebühren und die Auslagen zählen, richtet sich nach dem Gerichtskostengesetz (GKG), siehe auch Tabelle zuvor und unten.

Gebühren und Auslagen

Aus der Anlage 1 zum GKG ergeben sich die Anzahl der zu erhebenden Gebühren und die Höhe der Auslagen. Der Unterschied zwischen Gebühren und Auslagen besteht darin, dass Gebühren gesetzlich festgelegt sind, während Auslagen, außer es handelt sich um Pauschalen, immer anhand der konkret entstehenden Aufwendungen ermittelt werden.

Soweit sich im GKG keine Grundlage für die Erhebung von Kosten findet, können sie nicht in Ansatz gebracht werden.

2. Gebühren

Die Höhe der Gebühren ergibt sich oft nicht unmittelbar aus dem Gesetz, denn dort finden sich nur die Gebührensätze, die die Anzahl der Gebühren bestimmen. Die Höhe der Gebühren ist sowohl vom Rechtsgebiet als auch vom Verlauf des Verfahrens abhängig. Der konkrete Betrag einer Gebühr richtet sich nach dem Streitwert und wird dann mit dem Gebührensatz multipliziert.

z.B.

Bei einem Streitwert von 2.500,- EUR sind das also 243,- EUR (3 x 81,- EUR) zu zahlen. Mit dieser Gebühr sind alle Tätigkeiten des Gerichts abgegolten. Dies gilt auch für das Urteil selbst. Bei einer Klagerücknahme oder bei einem Anerkenntnis- und Verzichtsurteil ermäßigt sich die Gebühr auf den einfachen Satz. In bürgerlich-rechtlichen Streitigkeiten erster Instanz fällt für das Verfahren im Allgemeinen eine Gebühr mit dem dreifachen Gebührensatz an. Sie teilen sich wie folgt auf: für das Verfahren in jeder Instanz eine volle Gebühr, für ein Urteil eine doppelte Gebühr.

Fälligkeit

Die Gebühr wird mit der Erhebung der Klage, d.h. Einreichung der Klageschrift bei Gericht, fällig. Es handelt sich somit um einen Vorschuss. Wird das Verfahren nicht durch Urteil beendet, werden die Urteilsgebühren zurückerstattet.

Solange der Kläger diese Gebühr nicht entrichtet, wird die Klage nicht zugestellt.

Tipp

In jedem Fall muss der Anwalt den Mandanten ernsthaft anhalten, Gerichtskosten sofort nach Anforderung unter größtmöglicher Beschleunigung zu zahlen. Er muss ihm dabei alle Rechtsnachteile eindringlich klarmachen, die eine unpünktliche Zahlung mit sich bringt.

Die Gebührentabelle ist immer nach oben zu lesen, da die Werte »... bis zu EUR ...« angegeben sind. Der prozentuale Anteil der Gebühr am Streitwert wird von Stufe zu Stufe geringer, er entwickelt sich somit degressiv.

Gebührentabelle

Streitwert bis EUR	Gebühr in EUR
300	25
600	35
900	45
1.200	55
1.500	65
2.000	73
2.500	81
3.000	89
3.500	97
4.000	105
4.500	113
5.000	121
6.000	136
7.000	151
8.000	166
9.000	181
10.000	196
13.000	219
16.000	242
19.000	265
22.000	288
25.000	311
30.000	340
35.000	369
40.000	398
45.000	427
50.000	456
65.000	556
80.000	656
95.000	756
110.000	856
125.000	956
140.000	1.056

155.000	1.156
170.000	1.256
185.000	1.356
200.000	1.456
230.000	1.606
260.000	1.756
290.000	1.906
320.000	2.056
350.000	2.206
380.000	2.356
410.000	2.506
440.000	2.656
470.000	2.806
500.000	2.956

3. Auslagen

Kosten der Beweisaufnahme

Die Auslagen der Gerichte bestehen hauptsächlich aus den Kosten für Beweisaufnahme für Zeugen, Sachverständige, Dolmetscher oder schriftliche Gutachten, aber auch aus Porto- und Telefongebühren sowie Kosten für die Telekommunikation. Insbesondere sind folgende Auslagen zu erwähnen:

a) Zeuge und Dolmetscher

Angesichts der anhaltenden Globalisierung der internationalen Kultur- und Wirtschafträume kommt der sprachlichen Kommunikation in der heutigen Zeit eine immer bedeutendere Rolle zu. Bei dieser Kommunikation über die Sprachgrenzen hinweg erfüllen Dolmetscher und Übersetzer eine entscheidende Aufgabe als Sprachmittler.

Übersetzer übertragen Textdokumente schriftlich in eine Zielsprache, während Dolmetscher für die mündliche Übertragung eines gesprochenen Originals in eine Zielsprache zuständig sind.

z.B. Übersetzungen finden Sie unter:
→http://itranslator-mendez.com

Vorschuss an Gerichtskasse

Werden Zeugen und Dolmetscher vom Gericht geladen, gehören die für den Zeugen und Dolmetscher aufgewendeten Kosten zu den Gerichtskosten. Für Zeugen und Dolmetscher fordert das Gericht von jeder Partei, die sich auf sie beruft (also die sog. Beweislast hat) einen entsprechenden Vorschuss an. Üblich ist ein Vorschuss in Höhe von 65,- EUR bis 80,- EUR pro Person. Wenn eine Partei einen Vorschuss bezahlen muss, bekommt sie den Betrag, der dann doch nicht gebraucht wird, nach Abschluss des Verfahrens von der Justizkasse zurück. Gewinnt eine Partei den Prozess, so kann sie die verbleibenden Kosten von ihrem Gegner verlangen.

b) Sachverständiger

Für verschiedene Gerichtsverfahren, aber auch zur Vorbereitung oder Vermeidung von Prozessen benötigt man das Gutachten eines Sachverständigen.

Waren die Ergebnisse der Beweiserhebung nutzlos, trägt sie der Antragsteller.

Vorschussleistung als Voraussetzung

Soll im Zivilprozess von Amts wegen ein Sachverständigengutachten eingeholt werden, so kann dies davon abhängig gemacht werden, dass die Partei, die den diesbezüglichen Antrag (zum Beweisthema) gestellt hat, innerhalb einer vom Gericht gesetzten Frist einen Vorschuss leistet. Dieser ist meist im vierstelligen Bereich. Wird dieser Vorschuss nicht fristgerecht eingezahlt, so wird dieses Beweisthema zu Lasten des Antragstellers gehen mit der Folge, dass der Beweis nicht erbracht wurde. Das Gericht wird dann auf dieses Beweisthema auch nicht mehr eingehen.

z.B. Diese Links stellen Ihnen ein Verzeichnis all jener Sachverständigen zur Verfügung, welche in die Sachverständi-

gen-Liste der regional zuständigen Handelskammern oder Regierungsbezirke eingetragen sind:
→www.rechtsfinder.de/experten/
→www.jusline.de/jussacheinfN.html

c) Eigenleistungen des Gerichts

Sonstige erstattbare Kosten können die Kosten für Zustellungen, Ausfertigungen, Ablichtungen, Detektivkosten, Übersetzerkosten, Fotos, usw. sein.

IV. Kostenlast

Interessanter als die Frage, wie hoch die Kosten sind, ist oft, wer sie zu erstatten hat. Denn für den Laien ist es oft unverständlich, wer für die Kosten des gerichtlichen und außergerichtlichen Verfahrens aufzukommen hat. Die nachfolgenden Erörterungen sollen anschaulich darstellen, welche Möglichkeiten der Kostentragung in Betracht kommen.

1. Die Beratungshilfe

Wenn das Einkommen für die Bezahlung einer Beratung bei einem Rechtsanwalt nicht ausreicht, hilft der Staat weiter nach dem Beratungshilfegesetz (BerHG).

Antrag

Auf Antrag kann für die Wahrnehmung außerhalb eines gerichtlichen Verfahrens Beratungshilfe gewährt werden, wenn der Rechtsuchende nach seinen persönlichen oder wirtschaftlichen Verhältnissen die zur Rechtsberatung erforderlichen Mittel nicht aufbringen kann, keine anderen Möglichkeiten für eine Hilfe zur Verfügung stehen, deren Inanspruchnahme zumutbar und die Wahrnehmung der Rechte nicht mutwillig erscheint.

Beratungshilfe wird in Angelegenheiten des Zivilrechts, des Verwaltungsrechts, des Verfassungsrechts, des Arbeitsrechts, des Sozialrechts und auch in Angelegenheiten des Strafrechts und des Ordnungswidrigkeitenrechts gewährt. Ausgenommen bleibt weiterhin das Steuerrecht, weil es insoweit schon genügend andere Institutionen gibt, die kostenlos rechtliche Beratung gewähren.

Strafbare Handlungen

Ist man in den Verdacht geraten, eine strafbare Handlung oder eine Ordnungswidrigkeit begangen zu haben, so kann man sich zwar im Rahmen der Beratungshilfe zwar beraten, aber nicht vertreten lassen. Beratungshilfe wird nicht gewährt in Angelegenheiten, in denen das Recht anderer Staaten anzuwenden ist, es sei denn, der Sachverhalt weist eine Beziehung zum Inland auf.

Versagung

§ 1 Abs. 2 Nr. 2 BerHG versagt die kostenlose Beratungshilfe, wenn der Antragsteller sonstige Möglichkeiten hat, kostenlose Beratung in Anspruch zu nehmen. Dies wären in Arbeitrechtssachen beispielsweise die Gewerkschaften, in Mietsachen die Mietervereine, sofern man Mitglied ist.

Bewilligungsverfahren

Für das Bewilligungsverfahren ist das Amtsgericht, die Rechtsantragsstelle, sachlich zuständig. Die örtliche Zuständigkeit folgt dem allgemeinen Gerichtsstand des Rechtsuchenden, bzw. dessen Wohnort. Wird zuerst der Rechtsanwalt aufgesucht, kann dieser auch nachträglich einen schriftlichen Antrag auf Bewilligung der Beratungshilfe durch das Amtsgericht stellen.

In Hamburg, Bremen und Berlin leisten diesen Service die »Öffentlichen Rechtsauskunfts- und Vergleichsstellen« (ÖRA).

Beraten, d.h. im konkreten Fall Verhaltensweisen empfehlen, darf hiernach nur der Rechtsanwalt, während sich der Rechtspfleger darauf beschränken muss, den Rechtsuchenden auf Rechtsmittel und Rechtsbehelfe, Fristen usw. hinzuweisen, des zudem nur dann, wenn das sofort und in verhältnismäßig kurzer Zeit möglich ist.

Tipp

Es ist daher empfehlenswert, den Rechtsuchenden zu empfehlen, in der Regel beim Rechtspfleger darauf zu bestehen, einen Berechtigungsschein zu erhalten.

Bewilligungsantrag

Im Bewilligungsantrag ist die Angelegenheit, für die Beratungshilfe begehrt wird, kurz zu bezeichnen, die persönlichen und wirtschaftlichen Verhältnisse sind glaubhaft zu machen. Notwendig sind der aktuelle Einkommensnachweis (Lohnbescheinigung, Rentenbescheid, Sozialhilfebescheid, etc) sowie alle Belege über die laufenden Kosten.

Berechtigungsschein bei sozial Bedürftigen

Sozial Bedürftige können sich daher beim Amtsgericht einen Berechtigungsschein ausstellen lassen.

Mit diesem Berechtigungsschein kann dann ein Anwalt eigener Wahl aufgesucht werden. Ist Ihnen kein Anwalt bekannt, so teilt Ihnen die Rechtsanwaltskammer eine Anzahl von Anwälten in Ihrer Wohnumgebung mit. Das AG wird dem Anwalt auf den von ihm für den Mandanten gestellten Antrag hin, direkt den Berechtigungsschein übersenden.

Tipp

Für den Antrag auf Bewilligung von Beratungshilfe sind die amtlichen Vordrucke zu verwenden.

Gemäß § 49 a BRAO ist der Anwalt gesetzlich verpflichtet, die Beratung und die außergerichtlichen Vertretung, soweit sie erforderlich ist, im Rahmen der Beratungshilfe zu gewähren. Er darf sie lediglich im Einzelfall aus wichtigem Grund ablehnen. Beratungshilfemandate sind mit derselben Sorgfalt zu bearbeiten, die bei der Erledigung sonstiger Aufträge anzuwenden sind.

Kosten der Beratungshilfe

Dem Rechtsanwalt steht gegen den Rechtsuchenden, dem er Beratungshilfe gewährt, eine Gebühr von 10,- EUR zu, die er ermäßigen oder erlassen kann. Dies wird er in der Regel dann tun, wenn die Vermögensverhältnisse des Rechtsuchenden so schlecht sind, dass auch die nur geringe Gebühr nicht ohne weiteres aufgebracht werden kann, etwa bei Sozialhilfeempfängern, Wehr- und Zivildienstleistenden, Kleinrentnern, u.a.

Gegen die Ablehnung des Bewilligungsantrages ist die Erinnerung zulässig.

Tipp Weitere Informationen zur Beratungshilfe (und Prozesskostenhilfe) bietet die Broschüre »Guter Rat ist nicht teuer – das Beratungshilfegesetz und das Gesetz über die Prozesskostenhilfe«, die kostenlos beim Bundesministerium für Justiz angefordert werden kann, Adresse im Anhang.

z.B. Näheres zur Beratungshilfe finden Sie unter:
→http://212.172.17.8/bz/rat/sozial/soz19.htm
→www.anwalt-hts.de/berat.htm

2. Die Prozesskostenhilfe

Alle Menschen sind vor dem Gesetz gleich. So bestimmt es Artikel 3 unseres Grundgesetzes. Niemand soll deshalb aus finanziellen Gründen gezwungen sein, auf die Wahrnehmung seiner Rechte zu verzichten.

Allerdings ist nicht jeder in der Lage, die Kosten eines gerichtlichen Verfahrens, insbesondere die Kosten für die Inanspruchnahme eines Rechtsanwalts, zu tragen. Unter bestimmten Voraussetzungen hilft der Staat. Wer nach seinen persönlichen und wirtschaftlichen Verhältnissen die Kosten der Prozessführung nicht oder nur teilweise aufbringen kann, hat einen Anspruch auf Prozesskostenhilfe (PKH) nach dem Prozesskostenhilfegesetz. Früher nannte man das »Armenrecht«.

Die staatliche PKH ist eine Form der Sozialhilfe im Bereich der Rechtspflege. Das gesamte PKH-Verfahren ist ein eigenständiges gerichtliches Verfahren und kein Zivilprozess, auch wenn der Antrag auf PKH oft mit der Klage selbst verbunden wird. PKH gibt es nicht nur für Klage und Verteidigung, sondern auch für alle Instanzen und andere Prozessarten mit Ausnahme des PKH-Verfahren selbst. PKH kann auch im Mahnverfahren gewährt werden.

Die PKH betrifft die Prozessführung, also ein gerichtliches Verfahren. Außerhalb des gerichtlichen Verfahrens gilt allein das Beratungshilfegesetz.

Tipp

Weitere Informationen zur Beratungshilfe und zur Prozesskostenhilfe bietet die Broschüre »Guter Rat ist nicht teuer – das Beratungshilfegesetz und das Gesetz über die Prozesskostenhilfe«, die kostenlos beim Bundesministerium für Justiz angefordert werden kann, Adresse im Anhang.

Beschränkung auf Personenkreise

PKH können folgende Personenkreise erhalten:

- natürliche Personen (auch Mitglieder von Gesamthandgemeinschaften)
- Parteien kraft Amtes, juristische Personen, eingetragene Vereine,
- parteifähige Vereinigungen wie OHG und KG

Die Stellung im Prozess ist unerheblich, so dass auch Streithelfer, Nebenintervenient, oder der Nebenkläger im Strafverfahren PKH erhalten.

In Grenzfällen kann dem Kläger und dem Beklagten PKH in demselben Prozess gewährt werden, wenn für beide Parteien Erfolgsaussichten bestehen. Dies ist denkbar, wenn beiderseits schlüssige Ausführungen mit entsprechenden Beweisanträgen gestützt werden.

Hauseigentümer können grundsätzlich keine PKH verlangen, da ihnen zuzumuten ist, ihre Immobilie als Sicherheit für einen Kredit einzusetzen, um so die Kosten des Prozesses zu finanzieren.

PKH wird gewährt, wenn der Antragsteller nicht leistungsfähig ist und die beabsichtigte Klage Erfolg verspricht.

Bei der Bewilligung von Prozesskostenhilfe dürfen die deutschen Gerichte keine zu strengen Maßstäbe anlegen, so ein Beschluss des BGH.

Beurteilung der Notwendigkeit

Ausgangspunkt für die Beurteilung der Armut, bzw. der Leistungsfähigkeit des Antragstellers ist grundsätzlich das Einkommen des Antragstellers. Zum Einkommen zählen dabei alle Einkünfte in Geld oder Geldeswert. Neben dem Einkommen ist aber auch das Vermögen des Antragstellers zu berücksichtigen. Von dem Nettoeinkommen und dem sonstigen Vermögen hängt es ab, ob die Partei überhaupt PKH bekommt, ob sie Monatsraten an die Staatskasse zahlen muss und wie hoch gegebenenfalls die Monatsraten sind.

Die Berücksichtigung der Einkommens- und Vermögensverhältnisse der Partei findet nach den Grundsätzen des Bundessozialhilfegesetzes (BSHG) und einer amtlichen Tabelle zu § 115 Abs. 1 Satz 1 ZPO statt, die einem etwaigen steigenden Bedarf angepasst werden kann.

z.B.

Einen PKH-Berechner als download finden Sie unter:
→www.praetor.online.de

Andernfalls muss die Partei die Mittel für ihre Prozessführung kurzfristig anderweitig beschaffen, etwa durch Kreditaufnahme.

Die beabsichtigte Klage verspricht Erfolg, wenn sie zulässig und schlüssig ist und die rechtsbegründenden Tatsachen unter Beweis stellt. Erfolgsaussicht bedeutet insoweit nicht Erfolgsgewissheit.

Der Standpunkt des Antragstellers muss zumindest vertretbar sein, die Voraussetzungen dürfen unter dem grundrechtlichen Aspekt der Rechtsschutzgleichheit nicht überspannt werden. Maßgebend ist der Zeitpunkt der Entscheidung über das Prozesskostenhilfegesuch.

Keine Vorwegnahme der Hauptsache bei Prüfung

Das Klageverfahren soll im PKH-Verfahren nicht vorweggenommen werden. Daher werden Zeugen und Sachverständige im PKH-Verfahren regelmäßig noch nicht gehört. Eine vorweggenommene Beweiswürdigung ist unzulässig. Es muss genügen, dass der Antragsteller einen zulässigen und tauglichen Beweis anbietet. Im Übrigen ist aber eine saubere Schlüssigkeitsprüfung unerlässlich. Eine rein summarische Wertung genügt insoweit nicht.

Mutwilligkeit

Zu den positiven Feststellungen hinreichender Erfolgsaussicht muss als Bewilligungsvoraussetzung weiterhin noch die negative Feststellung fehlender Mutwilligkeit der Rechtsverfolgung hinzukommen.

Eine Rechtsverfolgung ist dann nicht mutwillig, wenn eine verständige Partei auch ohne PKH ihr Recht in gleicher Weise verfolgt würde. Der Begriff der Mutwilligkeit ist zwangsläufig mit Wertungen verbunden, so dass die Abgrenzung gerade von der Rechtsprechung oft nicht eingehalten wird.

Der Antrag ist von der Partei an das zuständige Prozessgericht gemäß § 127 Abs. 1 Satz 2 ZPO zu richten. In dem Antrag, der schriftlich oder zu Protokoll der Geschäftsstelle beim Prozessgericht zu stellen ist. Der Antragsteller hat insbesondere einen bestimmten Anspruch geltend zu machen, den beabsichtigten Klageantrag zu formulieren und eine tatsächliche Begründung beizufügen.

Die Bewilligung erfolgt nur für eine Instanz, d.h. für ein Berufungs- oder Revisionsverfahren muss in jedem Fall ein neuer Antrag gestellt werden.

Anhörung des Gegeners zum Antrag auf PKH

Das Gesetz sieht zwar vor, dass das Gericht den Prozessgegner grundsätzlich anhört, es ist aber nicht verpflichtet, dem Antragsteller eine etwaige gegnerische Stellungnahme zu einer Gegenerklärung vorzulegen.

Die Justiz fragt in jährlichen Abständen nach, ob sich die finanziellen Verhältnisse geändert haben. Dann muss der Antrag neu ausgefüllt und neue, aktuelle Belege müssen eingereicht werden. Danach werden die Raten neu festgelegt. Kommt man dieser Pflicht nicht nach, wird die PKH widerrufen mit der Folge, dass die dann noch offenen Kosten sofort fällig und auch eingetrieben werden können. Allerdings ist nach vier Jahren Schluss mit der behördlichen Anfrage.

Viele, die PKH erfolgreich in Anspruch genommen haben und somit über kein nennenswertes Vermögen verfügen, wundern sich, wenn sie den Fall vor Gericht verloren haben, dass sie trotzdem die ganzen Kosten zahlen müssen. Der Sozialstaat übernimmt die Kosten nicht, er schießt sie in der Regel nur vor!

PKH möglich ab Gerichtskostenvorschuss

Die Gewährung von PKH befreit in der Regel nämlich nicht vollständig und endgültig von der Kostenlast. Jedoch muss die »arme« Partei weder Gerichtkostenvorschüsse noch Anwaltshonorare bezahlen. Stattdessen zahlt sie die fälligen Prozesskosten in höchstens 48 Monatsraten an die Staatskasse ab.

Eine Ausnahme davon besteht aber, wenn die antragstellende Partei nur ein ganz geringes Einkommen hat. Dann wird ein kostenfreier Prozess ermöglicht.

Allerdings wird die Partei nicht von einer Verpflichtung zur Erstattung von Kosten befreit, d.h. wenn oder soweit die Partei den Prozess verliert, muss sie die Kosten des Gegners tragen, insbesondere dessen Kosten für einen Rechtsanwalt.

Vorsatz und Fahrlässigkeit

Die mittellose Vermögenslage darf nicht durch vorsätzliche oder grob fahrlässige Vermögensminderung herbeigeführt worden sein.

PKH wird nicht bewilligt, wenn die Kosten der Prozessführung der Partei vier Monatsraten voraussichtlich nicht übersteigen werden.

Kein Anspruch auf PKH besteht auch, wenn eine Rechtsschutzversicherung oder eine andere Stelle die Kosten übernimmt.

§§

Nach § 1360 a Abs. 4 BGB ist ein Ehegatte dem bedürftigen anderen gegenüber verpflichtet, die Kosten eines Rechtsstreits vorzuschießen. Dieser Prozesskostenvorschuss hat Vorrang vor der PKH, dieses auch innerhalb des Scheidungsverfahrens (siehe hierzu den nächsten Punkt »Der Prozesskostenvorschuss«).

Fall

Ein Minderjähriger hat keinen Anspruch auf PKH, wenn seine Großeltern den Streit finanzieren können. Die Eltern des Minderjährigen waren im konkreten Fall finanziell nicht in der Lage den Prozess des Sohnes zu bezahlen. Das Gericht bestand aber darauf, auch die Vermögensverhältnisse der anderen Verwandten zu überprüfen. Danach müssen Groß- und Urgroßeltern einspringen und einen so genannten Prozesskostenvorschuss leisten.

3. Der Prozesskostenvorschuss

Ist ein Ehegatte nicht in der Lage, die Kosten eines Rechtsstreits zu tragen, der eine persönliche Angelegenheit betrifft, so ist der andere Ehegatte verpflichtet, ihm diese Kosten vorzuschießen, soweit dies der Billigkeit entspricht, § 1360 a Abs. 4 BGB.

Gegenständlich gilt Abs. 4 sowohl bei Streitigkeiten der Ehegatten untereinander, insbesondere auch für das Scheidungsverfahren, wie auch für einen Prozess eines Ehegatten gegenüber einem Dritten.

Gläubiger des Prozesskostenvorschusses (PKV) ist der Ehegatte. Mangels Gesamtschuldnerschaft besteht keine Haftung der Gerichtskasse gegenüber.

Vorrang von PKH

Der PKV hat nach dem zwischen Staat und Familie geltendem Subsidiaritätsprinzip Vorrang vor der Prozesskostenhilfe (PKH). Soweit also ein Anspruch auf PKV besteht, gibt es keine PKH. Besteht der PKV-Anspruch nur ratenweise, kann PKH gegen Auferlegung von Ratenzahlung gewährt werden.

Voraussetzungen der PKV

Voraussetzung der Vorschusspflicht ist zunächst eine wirksam geschlossene Ehe, sie gilt auch unter getrennt lebenden Ehegatten. Nach der Ehescheidung besteht allerdings kein Anspruch mehr auf PKV.

Der PKV hängt weiterhin davon ab, dass der berechtigte Ehegatte außerstande ist, die Kosten des Rechtsstreits selbst zu tragen. Der in Anspruch genommene Ehegatte braucht sich nicht auf den notwendigen Unterhalt beschränken zu lassen, um auf Güte des gehobenen Bedarfs zu verzichten. Gegenüber der Tilgung von Darlehensverbindlichkeiten hat der PKV als Unterhalt Vorrang. Dagegen gehen Unterhaltspflichten der PKV vor. PKV kommt auch nicht in Betracht, wenn der Unterhaltsschuldner selbst einen Anspruch auf PKH hat oder bei einem entsprechenden Prozess hätte. Gerichtsstreit ist dabei jedes Gerichtsverfahren.

Die PKV-Pflicht besteht nur gegenüber Rechtsstreitigkeiten über persönliche Angelegenheiten. Der Rechtsstreit braucht nicht lebenswichtig zu sein, muss aber eine genügend enge Verbindung zur Person und den persönlichen Bedürfnissen des Ehegatten haben, wofür bei Streit mit einem Dritten die Beeinflussung der wirtschaftlichen oder sozialen Stellung des Ehegatten für sich genommen noch nicht ausrecht. Auch auf vermögenswerte Leistungen gerichtete Ansprüche können persönliche Angelegenheit sein, sofern sie ihre Wurzel in der Lebensgemeinschaft der Ehegatten haben.

Der PKV umfasst die notwendigen gerichtlichen und außergerichtlichen Kosten, also die Gebühren und Auslagen, nicht dagegen die Kosten einer Rechtsberatung. Nicht verwertbar ist u.a. das Vermögen, das unter den Katalog in § 88 Abs. 2 Nr. 1 bis 8 BSHG fällt.

Sachdienliche Prozessführung

Der PKV muss eine sachdienliche Prozessführung ermöglichen. Deshalb ist bei entsprechender Schwierigkeit oder wirtschaftlicher Bedeutung ein Vorschuss auch für die Rechtsanwaltskosten, selbst wenn kein Anwaltszwang besteht, und für den Verkehrsanwalt zahlbar. Die beabsichtigte Rechtsverfolgung darf aber nicht mutwillig, um dem anderen Ehegatten zu schaden, oder offensichtlich aussichtslos sein.

Eine Vorschusspflicht für den jeweiligen Rechtszug besteht nicht mehr, wenn dieser abgeschlossen oder wenn der ganze Rechtsstreit vor Zahlung beendet ist.

Zuständigkeit

Zuständig für das PKV-Verfahren ist das Familiengericht, nicht aber das Gericht der Hauptsache.

Vorläufige Kostenübernahme

Der PKV ist eine vorläufige Kostenübernahme. Der endgültige Verbleib des PKV ist unterhaltsrechtlich zu entscheiden.

Er kann aber zurückgefordert werden, wenn die gesetzlichen Voraussetzungen dafür von vornherein nicht vorlagen; ferner, wenn sich die wirtschaftlichen Verhältnisse des Vorschussempfängers wesentlich gebessert haben, bzw. die Rückzahlung aus anderen Gründen der Billigkeit entspricht.

Die Rückzahlung ist durch eine selbständige Erstattungsklage vor dem Familiengericht durchzusetzen. Nicht aber kann zurückgegriffen werden auf den Kostenfestsetzungsbescheid.

Der Anspruch auf PKV ist zweckgebunden und deswegen weder abtretbar, noch verpfändbar oder pfändbar. Gegen ihn ist auch keine Aufrechnung möglich.

4. Die Rechtsschutzversicherung

Guter Rat ist teuer. Gutes Recht erst recht.

Jeder kann von heute auf morgen auch ohne eigenes Zutun in rechtliche Auseinandersetzungen verwickelt werden. Stellen Sie sich vor, Sie sind an einem Verkehrsunfall beteiligt – unverschuldet nach Ihrer Meinung. Sie fordern Schadenersatz für den Schaden an Ihrem Fahrzeug, doch die Haftpflichtversicherung des Unfallgegners lehnt die Regulierung ab. Sie müssen den Sachschaden einklagen und das kann teuer werden.
Wir leben zwar in einem Rechtsstaat, aber Recht haben und Recht bekommen ist zweierlei. Das liegt zum einen an dem gerade für einen »Rechtslaien« immer undurchschaubarer werdenden Gesetzesdschungel und zum anderen an der Unsicherheit, was Zeugen und Sachverständige aussagen werden. Auch die Bewertung der Beweislage und die Beurteilung der Rechtslage durch das Gericht sind ungewiss. Juristische Hilfe ist hier oft unerlässlich, und die kann sehr teuer werden.

Vorlage von Kosten

In Abhängigkeit vom Streitwert sind hierfür Kosten vorzulegen und unter Umständen kostspielige Sachverständigengutachten zu finanzieren. Deshalb schrecken Mandanten immer wieder vor einer gerichtlichen Geltendmachung ihrer Ansprüche zurück und lassen berechtigte Forderungen auf sich beruhen.

Was ein Zivil- oder Strafverfahren heute so kosten kann, ist den meisten kaum bekannt. In der unten aufgeführten Tabelle können Sie sich einen Überblick verschaffen. Über die genannten Kosten hinaus können zusätzlich noch Sachverständigenkosten, Zeugenauslagen, Nebenklägerkosten, Gebühren von Verwaltungsbehörden, Korrespondenzanwaltsgebühren, Schiedsgerichtskosten oder Vollstreckungskosten anfallen.

z.B.

Kosten von Zivilprozessen (eigene und gegnerische Rechtsanwaltskosten und Gerichtskosten, ohne anwaltliche Nebenkosten und Mehrwertsteuer)

Streitwert in EUR	1. Instanz Klage vor Amts- oder Landgerichten				2. Instanz Gesamtkosten	1. und 2. Instanz Gesamtkosten
	Eigener Anwalt in EUR	Gegnerischer Anwalt in EUR	Gerichtskosten in EUR	Gesamtkosten in EUR	beide Anwälte und Gerichtskosten in EUR	beide Anwälte und Gerichtskosten in EUR
	3 Gebühren	3 Gebühren	3 Gebühren			
600	135	135	105	375	456	831
1.500	315	315	195	825	1.014	1.839
2.500	483	483	243	1.209	1.499	2.708
5.000	903	903	363	2.169	2.711	4.880
10.000	1.458	1.458	588	3.504	4.379	7.833
25.000	2.058	2.058	933	5.049	6.284	11.333
50.000	3.138	3.138	1.368	7.644	9.527	17.171
155.000	4.755	4.755	3.468	12.978	15.831	28.809
260.000	6.156	6.156	5.268	17.580	21.274	38.854
500.000	8.988	8.988	8.868	26.844	32.237	59.083

Vermögensverfall des Gegners

Aber auch, wenn Sie vor Gericht Ihren Prozess gewinnen, kann es sein, dass Sie Ihr Geld nicht bekommen, sondern leer ausgehen. Dieses ist z.B. immer dann der Fall, wenn Ihr Gegenüber nämlich zwischenzeitlich in Vermögensverfall gerät. Vermögensverfall bedeutet soviel wie, dass Ihr Gegner pleite ist. Die Folge ist, dass Sie auf den Kosten komplett sitzen bleiben. Sogar für die Gerichtskosten und die Kosten des Anwalts haften Sie dann als Zweitschuldner (siehe hierzu S. 226 ff.).

Die Rechtsschutzversicherung nimmt dem Versicherungsnehmer das Kostenrisiko eines Rechtsstreits ab und sorgt dafür, dass er Versicherungsnehmer seine rechtlichen Interessen wahrnimmt. Wenn Sie rechtsschutzversichert sind, brauchen Sie also vor den Kosten eines gerichtlichen

Verfahrens (also Rechtsanwaltshonorare, Gerichtskosten, Entschädigung von Zeugen, Gerichtsvollzieherkosten und Verwaltungskosten) nicht zurückzuschrecken, weil diese Kosten und die Kosten für den Anwalt Ihre Versicherung trägt. Auch die Kosten für die Gegenseite, zu deren Erstattung der Versicherungsnehmer im Gerichtsurteil verpflichtet worden ist, werden von der Rechtsschutzversicherung getragen.

Mehr als die Hälfte aller bundesdeutschen Haushalte hat eine Rechtsschutzversicherung.

Rechtsschutzmöglichkeiten

Der Katalog, für den Rechtsschutzversicherungen in Betracht kommen, ist beachtlich: Rechtsschutz im Straßenverkehr, Fahrer-Rechtsschutz, Privat-, bzw. Berufsrechtsschutz, Rechtsschutz für Selbständige, Rechtsschutz im Mietrecht, um nur einige zu nennen.

Einholung der Deckungszusage

Die Übernahme durch die Rechtsschutzversicherung geschieht in aller Regel durch die sog. Deckungszusage der Versicherung. Allerdings trägt die Rechtsschutzversicherung diese Kosten nur bis zu der in dem Versicherungsschein genannten Versicherungssumme.

Tipp

In den überwiegenden Fällen übernimmt der Anwalt die Einholung der Deckungszusage von Versicherung für die entsprechende Leistung. Der Anwalt kann jedoch ein gesondertes Honorar verlangen; insofern sollte der Mandant diese Frage im Vorfeld klären.

Lehnt die Versicherung die Deckung ab, kommt es auf die Art des Vertrages an. Entscheidend ist, ob der Versicherungsnehmer einen Vertrag abgeschlossen hat, dem die Rechtsschutzbedingungen ARB 94 oder die ARB 75 zugrunde liegen. Die Versicherungsnehmer mit einem Vertrag nach den neuen Rechtsschutzbedingungen (ARB 94) kann ein Schiedsverfahren beantragen. Über die Erfolgsaussichten entscheidet dann ein von der Rechtsanwaltskammer benannter unabhängiger Gutachter. Kommt der Gutachter aber zu dem Ergebnis, dass de Versicherung Recht hat, muss der Versicherte die Kosten für dieses Schiedsgerichtsverfahren, de sich je nach Streitwert auf 100,- bis 500,- EUR belaufen, selbst tragen. Wer aber noch einen Vertrag nach den alten allgemeinen Rechtsschutzbedingungen (ARB 75) hat, ist da besser dran. Hier prüft nämlich der eigene Anwalt die Erfolgsaussichten des Falles. Die Kosten für die Stellungsnahme trägt dann in jedem Fall die Rechtsschutzversicherung.

Direkte Abrechnung

Wurde allerdings eine Deckungszusage erteilt, so wird der Anwalt seine Gebühren direkt und ausschließlich mit der Versicherung abrechnen, so dass für den Mandanten insoweit keine zusätzliche Bürokratie entsteht.

Für jede neue Angelegenheit ist eine neue Deckungszusage erforderlich. Gegebenenfalls sollte der Rechtsanwalt mit dem Mandanten durchsprechen, ob durch die Anzahl der gemeldeten Versicherungsfälle die Gefahr der Kündigung des Versicherungsvertrages droht.

Freie Anwaltswahl bei Deckungszusage

Der Versicherte ist nicht verpflichtet, einen von der Rechtsschutzversicherung benannten Rechtsanwalt zu beauftragen, vielmehr kann er sich seinen Rechtsanwalt selbst auswählen. Der Versicherer wählt den Rechtsanwalt aus, wenn entweder der Versicherungsnehmer dies verlangt oder wenn der Versicherungsnehmer keinen Rechtsanwalt benennt und dem Versicherer die alsbaldige Beauftragung eines Rechtsanwalts notwendig erscheint.

Selbstverständlich helfen die Rechtsschutzversicherungen bei der Suche nach dem geeigneten Anwalt.

Tipp

Es ist deshalb auf jeden Fall wichtig, vor dem Abschluss eines Rechtsschutzvertrages genaue Informationen über den Leistungsinhalt des Vertrages einzuholen. Was die Rechtsschutzversicherung leistet, ist in den Allgemeinen Rechtsschutzbedingungen (ARB) verbindlich festgelegt.

Darin sind auch die Rechte und Pflichten beider Vertragspartner geregelt.

Es ist aber genauso wichtig, die Entscheidung nicht auf die lange Bank zu schieben. Denn ist der Konflikt erst einmal eingetreten, ist es für den Abschluss eines schützenden Vertrages zu spät.

Tipp

Dreimonatige Wartefrist

Denken Sie daran, dass nach Abschluss eines Versicherungsvertrages regelmäßig zunächst eine dreimonatige Wartefrist (bei manchen Versicherungen sogar eine sechsmonatige Wartefrist) läuft, während der noch kein Rechtsschutz besteht. Schließen Sie daher Ihre Rechtsschutzversicherung rechtzeitig ab.

Dreiecksverhältnis

Ein vertragliches Verhältnis besteht nur zwischen dem Mandanten und seiner Rechtsschutzversicherung einerseits und dem Mandanten und seinem Rechtsanwalt andererseits. Die Rechtsschutzversicherung ist in das Mandatsverhältnis nicht einbezogen. Sie ist daher Dritte (sog. Dreiecksverhältnis). Auch im Verhältnis zur Rechtsschutzversicherung ist der Rechtsanwalt zur Verschwiegenheit verpflichtet.

Beauftragt der Rechtsschutzversicherte den Anwalt, so ist zweierlei zu beachten, nämlich:

Beschränkte Kostenerstattung

- Der Versicherungsnehmer hat zwar grundsätzlich die freie Anwaltswahl, jedoch trägt der Rechtsschutzversicherer die entstehenden Anwaltskosten bei Inlandsschadenfällen nur bis zur Höhe der gesetzlichen Vergütung eines am Ort des zuständigen Gerichts ansässigen Rechtsanwalts, also insbesondere keine Reisekosten. Wohnt der Versicherte mehr als 100 km vom zuständigen Gericht entfernt, werden zusätzlich Korrespondenzkosten übernommen. Bei Auslandsschadenfällen werden entweder die Kosten eines am Ort des zuständigen Gerichts ansässigen Anwalts oder eines im Innland zugelassenen Anwalts übernommen. Ist ein Anwalt im Ausland beauftragt, werden zusätzlich auch Kosten ei-

nes deutschen Korrespondenzanwalts gezahlt. Diese Regelung sollte der Anwalt erforderlichenfalls mit seinem Mandanten erörtern.
Der Mandant hat den mit der Wahrnehmung seiner Interessen beauftragten Anwalts vollständig und wahrheitsgemäß über die Sachlage zu unterrichten, im die Beweismittel anzugeben, die möglichen Auskünfte zu erteilen und die notwendigen Unterlagen zu beschaffen.

- Der Versicherungsnehmer muss seine Rechtsschutzersicherung unverzüglich von der Beauftragung des Anwalts unterrichten und ihm sämtliche Umstände des Rechtsschutzfalles – nebst Beweismitteln – angeben. Des Weiteren hat er dem Versicherer auf Verlangen Auskunft über den Stand der Angelegenheit zu geben.

Unverzügliche Unterrichtung

Ist die Deckungszusage positiv geklärt, zieht sich die Rechtsschutzversicherung nahezu völlig aus der Angelegenheit zurück. In der Praxis übernimmt dann üblicherweise der Anwalt die Erfüllung dieser Obliegenheiten des Versicherungsnehmers. Er trägt dann dem Versicherungsnehmer gegenüber die Verantwortung für die Durchführung seines Auftrages. Der Versicherer ist für die Tätigkeit des Anwalts nicht verantwortlich.

Einschränkung der Kostentragung

Allerdings gibt es Einschränkungen. Die anwaltliche Beratung, die Arbeitnehmer häufig bei Aufhebungsverträgen benötigen, wird von vielen Rechtsschutzversicherungen nicht bezahlt. Auch bei finanziellen Risiken in familien- und erbrechtlichen Angelegenheiten hält die Rechtsschutzversicherung nicht immer das was man sich als Versicherer von ihr verspricht. Kosten für einen Prozess erstatten die Versicherer gar nicht (siehe unten Prozesskostenfinanzierer). Kommt es aufgrund einer Beratung zu einem Prozess, entfällt die Kostenerstattung für die Beratung aber wieder rückwirkend, so dass der Kunde das von der Versicherung erstattete Geld für die Beratung wieder zurückbezahlen muss.

Wer sich nur rein vorsorglich von einem Anwalt beraten lässt, beispielsweise wie er sein Testament erreichten soll, sieht von der Versicherung ohnehin keinen müden Euro. Streitigkeiten, die im Zusammenhang mit dem Hausbau oder dem Kauf von Baugrundstücken stehen, sind ebenfalls nicht versichert.

Begrenzte Ingebrauchnahme der Versicherung

Ein Kunde kann aber auch nicht grenzenlos oft prozessieren. Die Versicherungen behalten sich das Recht vor, nach dem Auftreten von zwei Rechtsschutzfällen in zwölf Monaten außerordentlich zu kündigen. Wer also zu oft Kosten verursacht, riskiert die Kündigung. In der Regel übernehmen Rechtsschutzversicherungen nur für zwei Rechtsberatungen, bzw. Rechtsverfahren pro Jahr die Anwaltskosten.

Da die Versicherungsdaten auch an andere Versicherer, bzw. an den Gesamtverband der Versicherungswirtschaft weitergegeben werden können, kann es sein, dass ein Kunde, dem gekündigt wurde, auch von keiner anderen Versicherung mehr aufgenommen wird.

Kündigung

Außerdem können sie (wie auch der Kunde) fristgerecht drei Monate vor Ende der Vertragslaufzeit (also bei einjähriger Laufzeit jährlich) ohne weitere Begründung kündigen.

Vergleichsbereitschaft

Mittlerweile nimmt die Vergleichsgeneigtheit immer dann zu, wenn eine großzügige Kostenregelung in Aussicht gestellt wird. Gemäß § 5 Abs. 3 b ARB trägt der Versicherer die Kosten des Vergleichs nicht, die nicht dem Verhältnis des vom Versicherungsnehmer angestrebten Ergebnisses zum erzielten Ergebnis entsprechen oder die der Versicherungsnehmer ohne Rechtspflicht übernommen hat. Um jede Haftungsgefahr auszuschließen, sollte der Anwalt Vergleichsabschlüsse, die diesen Anforderungen nicht genügen, vorher mit dem Mandanten erörtern.

Der Anwalt sollte seinen Mandanten gegebenenfalls vor einer missbräuchlichen Inanspruchnahme seiner Rechtsschutzversicherung warnen. Der Mandant läuft nämlich in solchen Fällen Gefahr, dass die Rechtsschutzversicherung zum nächstzulässigen Zeitpunkt oder auch aus Anlass des Versicherungsfalles mit einer Frist von einem Monat kündigt.

Tipp

Vorsicht bei Honorarvereinbarung

Wird eine Honorarvereinbarung mit dem Rechtsschutzversicherten Mandanten getroffen, sollte der Anwalt zur Vermeidung von Haftungsgefahren darauf hinweisen, dass die Rechtsschutzversicherung diese nur bis zur Höhe der gesetzlichen Vergütung des Anwalts trägt.

Zu beachten gilt weiterhin, dass der Versicherer seine Leistung verweigern kann, wenn die Sache nicht hinreichende Aussicht auf Erfolg verspricht oder mutwillig erscheint, ähnlich wie im Prozesskostenhilfeverfahren.

5. Die Prozesskostenfinanzierung

Immer häufiger treten sog. Prozesskostenfinanzierer in den Alltag von Anwalt und Mandant. Prozessfinanzierer sind meist große Gesellschaften, die aus Rechtsanwälten und Kaufleuten bestehen, die eine Lücke im Rechtsschutz gefunden haben und diesem Bedarf nun nachkommen. Seit etwa vier Jahren gibt es diese Unternehmen, die die Finanzierung sämtlicher Rechtsverfolgungskosten eines Anspruchs gegen prozentuale Beteiligung am Prozesserlös anbieten.

Es ist ihnen allerdings nicht gestattet Rechtsberatung zu erteilen, vielmehr beauftragen sie dafür Rechtsanwälte.

Hohe Anwalts- und Gerichtskosten, teure Sachverständigengutachten und eine langwierige Verfahrensdauer, oft durch mehrere Instanzen (die Verfahrensdauer beträgt i.d.R. zweieinhalb Jahre, wenn der Prozess durch ein oder zwei Instanzen läuft), halten Firmen und Privatpersonen häufig davon ab, ihr gutes Recht auch tatsächlich zu verfolgen. Dieses ist auch verständlich, denn auch bei einer positiven Prognose kann niemand die Garantie für den gerichtlichen Erfolg geben. Der Kläger geht also ein hohes Risiko ein, denn nach deutschem Zivilprozessrecht zahlt der Verlierer in der Regel alles.

Auf die Überlegung, ob der Kläger wirklich die zuvor genannten ruinösen Beträge riskieren will, nicht selten sogar verbunden mit der offenen Drohung, der Gegner werde den Prozess bis zur letzten Instanz durchziehen, baut der Gegner. Der Mandant ist häufig dann nicht mehr bereit dieses Risiko zu tragen und verfolgt seine Forderung nicht weiter, obwohl sie ihm zusteht.

Rund 18.000 Prozesse mit einem Streitwert von mehr als 50.000,- EUR werden pro Jahr nicht geführt, weil den Klägern das Geld fehlt.

z.B.

Darüber hinaus bestehen häufig noch andere Probleme, wie z.B.:

- Die Rechtsschutzversicherung gibt keine Deckungszusage, wenn die Deckungshöhe überschritten ist oder das Risiko nicht versichert ist.
- Die Kosten lassen sich bei notwendig werdenden Sachverständigen-Gutachten und Zeugenauslagen nur ungenau im Vorfeld beziffern.
- Der Kläger muss durch mehrere Instanzen, in denen zunächst auch sein Kapital für die Prozessführung gebunden ist.
- Banken finanzieren keine streitigen Forderungen.
- Der Staat hilft auch nicht, insbesondere die Prozesskostenhilfe wird nur unter besonderen Auflagen gewährt, oftmals sogar nur als Darlehen.
- Anwälte dürfen und können keine Garantie für einen Prozessgewinn geben, Erfolgshonorare sind in Deutschland auch verboten.

Der Prozesskostenfinanzierer (im Folgenden: Finanzierer) finanziert Prozesse, die der Kläger selbst nicht durchführen kann oder will und deren Risiken weder durch Prozesskostenhilfe noch durch eine Rechtsschutzversicherung gedeckt sind.

Der Finanzierer trägt demnach alle Prozesskosten und damit das komplette Risiko. Das heißt auch dann, wenn ein Prozess verloren wird, muss der Kläger keinen Pfennig zahlen.

Erlösbeteiligung

Anhand der Struktur »Kostenübernahme gegen Erlösbeteiligung« wird aber deutlich, dass anders als beispielsweise bei der Prozesskostenhilfe ausschließlich die klagende Partei in den Genuss einer Finanzierung kommen kann. Auf Seiten des Beklagten gibt es nämlich regelmäßig keinen Erlös, an dem ein Finanzierer partizipieren kann.

Vorteile bei Finanzierung

Die Prozessfinanzierung birgt für den Kläger große Vorteile:

- Der Mandant (Kläger) kann nur gewinnen, da er kein Kostenrisiko mehr trägt. Er braucht also auf sein Recht nicht mehr zu verzichten.
- Der Mandant kann seine Forderung in voller Höhe geltend machen, aufgrund des Kostenrisikos sind Teilklagen nicht mehr nötig. Dadurch erhält der Mandant eine bessere Ausgangssituation für einen Vergleich.
- Der Mandant kann durch zusätzliche finanzielle Unterstützung erforderliche Sachverständigengutachten erhalten.
- Der Anwalt erhält für seinen Mandanten die Gebühren sofort und sicher.
- Der Mandant kann sich an einen Anwalt seines Vertrauens wenden, er unterliegt keinen Einschränkungen seitens des Prozessfinanzierers.
- Beim gewonnenen Prozess erhält der Mandant die Möglichkeit, sofort eine Vollstreckungsbürgschaft zu stellen und damit seine Ansprüche zu sichern.

Im Allgemeinen sind Prozesskostenfinanzierungen für kleinere und größere Unternehmen interessant, denn selten verfügen sie über eine dicke Finanzdecke und können sich umfangreiche Kapitalbindungen über den Zeitraum eines Rechtsstreits nicht leisten. Auch bekommen sie als Unternehmen nur unter stark erschwerten Bedingungen staatliche Prozesskostenhilfe. Aber auch Privatpersonen können die Vorteile der Prozesskostenfinanzierung nutzen, insbesondere entgehen sie dem finanziell nicht unerheblichen Risiko, nämlich im Falle der Niederlage trotz Prozesskostenhilfe die gegnerischen Kosten tragen zu müssen.

Tipp

Was nun die Auswahl des Finanzierers betrifft stellt sich die Lage schon schwieriger dar. Vielfach umfassen die Verträge der Finanzierer mehr als zehn Seiten. Hier bedarf es dem genauen Studieren der Vertragslektüre.

Im Anhang finden Sie die Adressen einiger Prozesskostenfinanzierer.

Es werden auch nicht alle Prozesse finanziert, sondern nur solche, die auf einen Geldbetrag gerichtet sind. In aller Regel werden Prozesse erst ab einem Streitwert von 10.000 EUR bis 50.000 EUR finanziert.

Lukrative Prozesse

Doch die meisten dieser Finanzierer geben nur Geld bei lukrativen Prozessen wie Erbschaftsauseinandersetzungen, Forderungseinzug, Inkasso, medizinischen Kunstfehlerklagen oder Streit zwischen Bauherrn und Handwerkern.

Einziges Risiko: Geht der Finanzierer während des Verfahrens pleite, muss der Kunde den Prozess allein weiterführen. Insofern ist das finanzielle Polster eines Finanzierers von Bedeutung. Man sollte sich deshalb nicht scheuen, sich nach der finanziellen Lage des Finanzierers zu erkundigen. So kann im Zweifel durch die Bildung von Rücklagen auf einem Treuhandkonto sowie die sofortige Begleichung angefallener Rechtsanwaltskosten vorgebeugt werden.

Verfahren der Begutachtung des Falles

Der Mandant (bzw. sein Anwalt) nimmt Kontakt mit einem Prozessfinanzierer auf. Daraufhin erhält er Informationsmaterial zusammen mit einem kurzen Fragebogen zum Sachverhalt.

Er hat sodann eine wahrheitsgemäße, kurze, aber präzise Schilderung des Sachverhaltes in schriftlicher Form zu erbringen und diese mit dem Klageentwurf sowie alle Schriftsätze, die die Einwendungen der Gegenseite erhalten, an den Finanzierer zu senden. Aufgrund dieser Information ist der Finanzierer in der Lage, innerhalb von wenigen Tagen zu entscheiden, ob der Fall angenommen wird, bzw. in die nächste Prüfungsinstanz geht.

Derzeit führt nur etwa jede zwanzigste Finanzierungsanfrage zu einem Vertragsabschluß. Die Darlegungen des Mandanten werden bezüglich ihrer Erfolgsaussichten nun eingehend beleuchtet. Geprüft wird dabei auch die Bonität des Anspruchgegners, die zur Finanzierung zwingend notwendig ist. Die Prüfungen sind für den Mandanten alle unentgeltlich.

Tipp

Die Aufbereitung von Prozessunterlagen und Anfertigung eines vorab geforderten Klageentwurfs sind in offensichtlich hoffnungslosen Fällen daher sinnloser Zeit- und Arbeitsaufwand.

Freie Anwaltswahl

Teilt der Finanzierer die Ansicht zur Erfolgsaussicht, kann der Prozess geführt werden. Hierfür nimmt sich der Mandant einen Anwalt seines Vertrauens. Ein vertragliches Verhältnis besteht nur zwischen dem Mandanten und dem Finanzierer, nicht aber mit dem ihm vertretenen Anwalt. Der Finanzierer muss der Mandant zur Sicherung der vertraglichen Ansprüche seine Forderung gegen den Gegner abtreten. Zudem verpflichtet er sich, den Abschluss eines Finanzierungsvertrages sowie über sämtliche in diesem Zusammenhang überlassenen Unterlagen Geheimhaltung zu bewahren, ebenso über den Umstand, dass der Prozess finanziert wird.

Der Finanzierer ist stets der aktuelle Verfahrensverlauf in Form von Kopien sämtlicher Schriftsätze zu berichten.

Zustimmungspflicht

Der Mandant ist aber verpflichtet, einem angemessenen Vergleichsvorschlag zuzustimmen. Bei Meinungsverschiedenheiten wird auf die Vertragsbedingungen zurückgegriffen, in aller Regel besteht ein sog. Schiedsvertrag.

Erlös des Finanzierers

Im Erfolgsfall erhält der Finanzierer dann zwischen 20 % (ab einem Streitwert von 500.000 EUR) und 30 % vom verbleibenden Betrag, bzw. Erlös, abhängig von dem Finanzierer und dem Streitwert.

Tipp

Bei lukrativen Fällen lassen die Finanzierer mit sich handeln. Je besser die Aussichten, umso eher stehen einzelne Klauseln zur Disposition.

6. Die Kostenerstattung

Für den Mandanten ist schließlich neben der Höhe der jeweiligen Kosten genauso wichtig zu wissen, wer für die entstehenden Kosten aufkommt, insbesondere wenn er selber den Prozess finanziert hat.

Rund zwei Drittel (62,3 %) aller Prozesse gewinnen die Kläger. Zur Anschauung dient nachfolgendes Diagramm.

Die Gerichtskosten trägt in Prozent: (siehe Tabelle 1 unten)

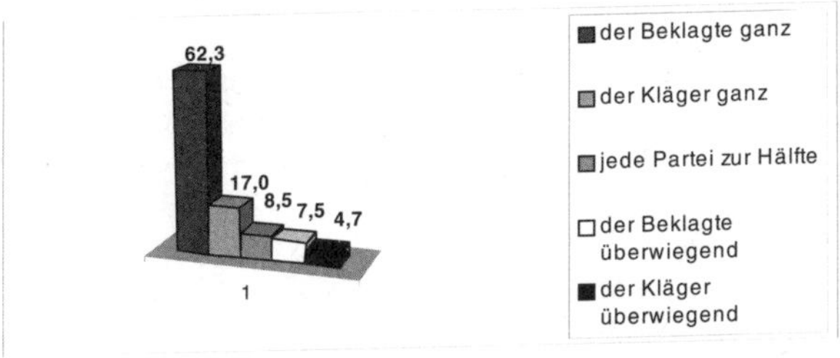

Zu den Kosten des Rechtsstreits gehören die Gerichtskosten und die außergerichtlichen Kosten, also die Anwaltskosten.

Entscheidung von Amts wegen

Über die Kosten des Rechtsstreits hat das Gericht von Amts wegen zu entscheiden, so dass ein Antrag der Parteien nicht erforderlich ist.

Der Richter entscheidet nur über den Kostengrund, d.h. er bestimmt, welche Partei die Kosten des Rechtsstreits zu tragen hat. Die Kostengrundentscheidung betrifft primär nur die Erstattungspflicht unter den Parteien.

Kostenfestsetzungsbeschluss

Der Rechtspfleger entscheidet dann über die Höhe der zu erstattenden Kosten auf der Grundlage der richterlichen Kostengrundentscheidung in einem sog. Kostenfestsetzungsbeschluss, der einen Vollstreckungstitel darstellt.

Je nachdem, wie der Prozess ausgegangen ist, kann die Kostenlast für den Mandanten unterschiedlich ausfallen:

- Wird dem Klageantrag in vollem Umfang entsprochen oder wird die Klage in vollem Umfang abgewiesen, ist grundsätzlich eine Kostenentscheidung zu treffen. Es gilt dann vor den Zivilgerichten der Grundsatz, dass die obsiegende Partei keine Kosten trägt, der Verlierer hingegen alle.
  Das gilt auch für Detektivkosten, soweit sie notwendig und geeignet sind, die prozessuale Lage zu verbessern. Auch gemäß § 823 BGB können die Detektivkosten im

Rahmen einer Schadensersatzklage eingefordert werden, soweit diese zur Aufklärung eines Schadensereignisses beigetragen haben.

- Bei teilweisem Obsiegen und Unterliegen der Parteien ist eine Kostenentscheidung nach § 92 ZPO zu treffen. Dies gilt selbst bei einem ganz geringfügigen Unterliegen.

  Dieser Paragraph bestimmt, dass bei einem teilweise Obsiegen und teilweise Unterliegen beider Parteien die Kosten gegeneinander aufzuheben oder verhältnismäßig zu teilen sind. Dem liegt der Grundsatz zugrunde, dass eine Partei nämlich die Kosten des Rechtsstreits zu tragen hat, in dem sie unterlegen ist. Daher können die Kosten gegeneinander aufgehoben werden, wenn die Parteien etwa im selben Umfang obsiegen und unterliegen.

  Ermittlung einer Kostenquote

  Häufig wird eine Kostenquote ermittelt, die annähernd dem Verhältnis von Obsiegen und Unterliegen entspricht. Ausgedrückt wird die Kostenquote durch Brüche (1/3) oder Prozentzahlen (40 %).

  z.B.

  Eingeklagt sind 10.000,- EUR. Der Beklagte wird verurteilt, an den Kläger 6.000,- EUR zu zahlen, im Übrigen wird die Klage abgewiesen. Die Verlustquote beträgt daher 4.000,- EUR, die des Beklagten 6.000,- EUR.

  Kläger und Beklagter haben daher die Kosten wie folgt zu tragen:

Kläger:	4.000 : 10.000 =	2/5 oder 40 %
Beklagter:	6.000 : 10.000 =	3/5 oder 60 %

- Werden die Kosten gegeneinander aufgehoben, so hat jede Partei ihre außergerichtlichen Kosten selbst zu tragen, während die Gerichtskosten jeder Partei zur Hälfte zur Last fallen. Die außergerichtlichen Kosten der Parteien sind manchmal verschieden hoch, wenn etwa auf einer Seite noch zusätzlich ein Korrespondenzanwalt eingeschaltet wurde. Das Ergebnis kann daher wesentlich anders sein als bei der Halbierung der Verfahrenskosten zwischen den Parteien.
- Nach § 93 ZPO können dem Kläger bei vollem Obsiegen abweichend von § 91 Abs. 1 Satz 1 ZPO die Kosten des

Rechtsstreits auferlegt werden, wenn der Beklagte den Anspruch sofort anerkennt und keine Veranlassung zur Klageerhebung gegeben hat.
Grundsätzlich muss das Anerkenntnis ohne Bedingungen und Einschränkungen spätestens in der ersten mündlichen Verhandlung oder – soweit ein schriftliches Verfahren angeordnet wurde – im ersten Schriftsatz abgegeben werden.
Schwierigkeiten kann die Beurteilung der Frage bereiten, ob der Beklagte Anlass zur Klage gegeben hat. Immer dann, wenn der Kläger annehmen durfte, sein Ziel nur durch die Klage erreichen zu können, ist diese Voraussetzung zu bejahen. Der Beklagte hat mithin in der Regel dann Anlass zur Klage gegeben, wenn er in Verzug geraten ist, den Anspruch bestritten oder die Leistung unberechtigterweise verweigert oder unberechtigterweise nur zum Teil angeboten hat.

- Macht der Kläger einen auf ihn übergegangenen Anspruch geltend, ohne dass er vor Erhebung der Klage dem Beklagten den Anspruchsübergang mitgeteilt und ihm auf Verlangen nachgewiesen hat, so fallen ihm die Prozesskosten zur Last, die infolge des von ihm selbst verschuldeten Bestreitens des Beklagten entstehen. Diese Bestimmung ist u.a. von Bedeutung bei einer Forderungsabtretung.
- Wenn ein Kläger die Klage zurücknimmt, werden ihm die Kosten des Verfahrens auferlegt.

Beauftragung eines Gerichtsvollziehers

- Zahlt der Unterlegene die festgesetzten Kosten nicht, so kann der Obsiegende einen Gerichtsvollzieher mit der Vollstreckung dieser Kosten aus dem Kostenfestsetzungsbeschluss als vollstreckbaren Titel beauftragen und eintreiben lassen. Die notwendigen Kosten im Zwangsvollstreckungsverfahren hat grundsätzlich der Schuldner zu tragen. Die Zuziehung eines Anwalts gilt grundsätzlich als notwendig.
Ist beim Schuldner allerdings nichts zu holen, trägt der Kläger seine Anwaltskosten und die entstandenen Gerichtskosten in voller Höhe, er hat damit lediglich einen Erstattungsanspruch gegen den Schuldner, dessen Rea-

lisierung unter Umständen schwierig sein kann. Der Anwalt hat keinen direkten Anspruch gegen den Gegner, außer der Anspruch wird an ihn abgetreten. Ansonsten wird der Anwalt sich immer an seinen Mandanten halten. Mehrere Auftraggeber haften dem Anwalt als Gesamtschuldner.

Ist ein Dritter zur Erstattung der Anwaltskosten verpflichtet worden, so gilt das nur in Höhe der gesetzlichen Gebühren, nicht aber auch in Höhe des vereinbarten Honorars.

Gemeinsamer Kostenschuldner

Für die Gerichtkosten gegenüber der Staatskasse haften unter Umständen mehrere Kostenschuldner. Gegenüber der Staatskasse ist stets derjenige Kostenschuldner, der das Verfahren der Instanz beantragt hat, der also die Hilfe des Gerichts in Anspruch genommen hat, somit der jeweilige Antragsteller. Der Kostenbeamte wird bei mehreren Kostenschuldnern zunächst denjenigen in Anspruch nehmen, der durch die gerichtliche Entscheidung die Kosten zu tragen hat. Gegen die andere Partei soll die Haftung nur geltend gemacht werden, wenn die Zwangsvollstreckung in das bewegliche Vermögen des Erstschuldners erfolglos geblieben ist oder aussichtslos erscheint. Wird der Zweitschuldner auf Zahlung der Kosten in Anspruch genommen, so kann er bei dem Erstschuldner Rückgriff nehmen, weil dieser letztlich die Kosten zu tragen hat.

G. Die Haftung des Anwalts

Die Haftung eines Anwalts ist ein ebenso interessantes wie schwieriges Thema. Wie bereits dargelegt, hat der Anwalt seinem Mandanten nicht unbedingt den Erfolg in seiner Sache zu garantieren, er ist aber verpflichtet, den Rechtsstreit ordnungsgemäß und nach gerichtlichen Vorgaben zu führen. Gleichwohl kann er natürlich nicht tun und lassen was er will. Rechtsgrundlage für Schadensersatzansprüche ist der Vertrag mit dem Anwalt. Wer der Meinung ist, sein Anwalt hätte »Mist gebaut« und gegen seine Pflichten aus der Übernahme des Mandats verstoßen, muss sich sehr detailliert mit § 280 Abs. 1 BGB (Schadensersatz wegen Pflichtverletzung) auseinandersetzen (früher: positive Forderungsverletzung).

§§

Die Haftung des Rechtsanwalts ist sehr weitläufig, viele Problemkreise sind davon erfasst. So sind bereits bei Mandatsbeginn und erst Recht bei Mandatsende bestimmte Berufspflichten einzuhalten.

Haftung durch Unterlassung

In den allermeisten Fällen liegen aber anwaltliche Pflichtverletzungen nicht bei einem »positiven Tun« des Anwalts, sondern bei »Unterlassung« vor, wenngleich beides sich oft überlappt. Eine der Anwaltspflicht zuzuordnende Unterlassung ist nur dann gegeben, wenn eine erkennbare Rechtspflicht zum Handeln verletzt und die Möglichkeit für den Anwalt gegeben ist, durch sein Handeln Einfluss auf die tatsächliche Gestaltung zu nehmen.

Gewissenhaftigkeit

§ 43 BRAO gebietet dem Rechtsanwalt, seinen Beruf gewissenhaft auszuüben. Gewissenhaftigkeit erfordert, dass Fristen, Termine und Wiedervorlagen zuverlässig notiert und überwacht werden, der Posteingang und -ausgang fehlerfrei funktioniert, die Routinearbeit ganz allgemein glatt und fehlerfrei abläuft.

Die Urteile von Gerichten sind oft anwaltsfeindlich. Kleinste Fehler können zu hohen Schadensersatzforderungen führen. Die Gerichte verlangen vom Anwalt, dass er juristisch allwissend und allgegenwärtig ist. Eine solche Haftung mit so hohen Anforderungen gibt es in keinem anderen Beruf. Deshalb hört man auch bei uns Anwälten häufig den Satz, der Mandant von heute sei der Gegner von morgen.

I. Hinweispflichten

Ich kann an dieser Stell nur knapp umschreiben, worum es dabei geht: Die Vertragsparteien müssen sich so verhalten, dass sie den vereinbarten Vertragszweck nicht durch schuldhaftes Verhalten gefährden und ihre Aufgaben mit der im Geschäftsverkehr üblichen Sorgfalt erledigen.

Bewahrung vor Nachteilen

Der um Rat gebetene Anwalt ist seinem Auftraggeber zu einer umfassenden und erschöpfenden Belehrung verpflichtet. Der Anwalt muss den ihm vorgetragenen Sachverhalt dahin prüfen, ob er geeignet ist, den vom Auftraggeber erstrebten Erfolg herbeizuführen. Dem Mandanten hat er diejenigen Schritte zu empfehlen, die zu dem erstrebten Erfolg führen können. Er muss den Auftraggeber vor Nachteilen bewahren, soweit solche voraussehbar und vermeidbar sind (siehe hierzu S. 87).

Anwalt ist an früheren Vortrag nicht gebunden

Wird der Anwalt in Regress genommen, so ist er an sein früheres Vorbringen, das naturgemäß zugunsten seines Mandanten erfolgte, nicht gebunden. Der Sachverhalt ist jetzt vielmehr objektiv zu überprüfen. Der Anwalt kann, ohne sich dem Einwand der Arglist auseinanderzusetzen und ohne Verletzung anwaltlichen Berufsrechts, von seinem früheren Rechtsstandpunkt abweichen. Er ist nicht gehalten, gewissermaßen gegen sich selbst zu kämpfen. Der bisherige Prozessgegner kann für ihn Zeuge sein.

Beweisansprüche des Gegners

Aber Vorsicht! Im Gegenzug kann der Gegner des Mandanten dessen Regressanspruch gegen seinen Anwalt pfänden und sich überweisen lassen mit der Behauptung, er (der Gegner) habe den Prozess wegen eines Anwaltfehlers, also zu Unrecht verloren, der Mandant ihn danach zu Unrecht gewonnen.

II. Fehlerquellen

Es würde den Rahmen dieses Buches sprengen, auf die Gesamtheit der vielfältigen Pflichten einzugehen, die der Anwalt zu beachten hat.

Fristversäumnisse

Häufige und typische Fehlerquellen sind: Fast die Hälfte der Fälle, die eine Haftpflichtprozess auslösen, beruhen auf Fristversäumnisse (ca. 30 % davon sind versäumte Prozessfristen und ca. 20 % versäumte Verjährungsfristen). Häufig lassen Anwälte eine materiell-rechtliche Frist (z.B. Berufungs- und Berufungsbegründungsfristen) verstreichen oder sind über die entsprechenden rechtlichen Einschränkungen nicht informiert oder können sie nicht richtig anwenden. Auch haben einige Anwälte nicht die notwendigen Kenntnisse, soweit es um die Unterbrechung und Hemmung von Verjährungsfristen geht. Hier kann der Mandant allerdings von seinem Anwalt verlangen, dass er sich zu diesem Thema in der dafür zur Verfügung stehenden Rechtsliteratur einliest und sich die notwendigen Informationen beschafft.

Weitere typische Fehlerquellen liegen in der Sachverhaltsermittlung, Rechtsprüfung, fehlerhafter Prozessführung (z.B. unsubstantiierter oder verspäteter Vortrag), ungünstigen Vergleichen oder Verträgen.

Auch ein Verstoß gegen die Beratungs- und Belehrungspflichten des Anwalts kann eine Haftung nach sich ziehen. Im Arbeitsgerichtprozess besteht kein Anspruch der obsiegenden Partei auf Kostenerstattung im Urteilsverfahren des ersten Rechtszuges. Der Anwalt muss seinem Auftraggeber daher vor Übernahme des Mandats über diese Rechtslage belehren und beraten. Tut er dies nicht, so ist er seiner Partei in Höhe seiner Vergütung verpflichtet, wenn seine Partei in Kenntnis dieses Umstandes den Anwalt nicht beauftragt hätte

Der Anwalt kann sich bei fehlerhafter oder unterbliebener Belehrung nicht damit entlasten, dass der Mandant rechtskundig sei und deswegen keiner Belehrung bedurft habe. Desgleichen kann der Anwalt nicht einwenden, es habe einer umfassenden Belehrung nicht bedurft, weil im Anschluss der Beratung noch ein Notar tätig geworden sei, der etwaige Fehler habe erkennen müssen.

Tipp

Eine generelle Belehrungspflicht zu den Kosten der anwaltlichen Tätigkeit besteht nicht, da fast jeder Mandant weiß, dass der Anwalt für seine Bemühungen Gebühren berechnet. Jedoch muss der Anwalt gegenüber einem geschäftsunerfahrenen oder unbedarften Mandanten auf das drohende Kostenrisiko entsprechend hinweisen.

Hoher Streitwert

Ein außergewöhnlich hoher Streitwert und sich daraus ergeben hohe Gebühren begründen sehr wohl eine besondere Verpflichtung des Anwalts, auf Befragen dem Mandanten seine Vorstellungen von der Höhe des Gegenstandswerts und damit auch der Gebühren mindestens der Größenordnung nach mitzuteilen. Daher kann grundsätzlich eine Auskunft nicht genügen, die zwar die insgesamt in Betracht kommenden Gebühren im Ergebnis nicht zu niedrig angibt, aber so ungenau ist, dass der Mandant die Höhe der zu erwartenden Gebühren nicht annähernd sicher überblicken kann. Der BGH hatte in diesem Fall auf eine fehlerhafte Beratung des Anwalts abgestellt, der nicht nur über das Mitverschulden bei der Schadensentstehung nicht belehrt und beraten hatte, sondern auch gegen die regelmäßig bestehende Pflicht verstoßen habe, den Mandanten zur Schadensminderung zu veranlassen, damit diesen nicht Schadensersatzansprüche abgeschnitten werden. Verletzt ein Anwalt eine solche Pflicht, so muss er seinem Mandanten auch den daraus resultierenden Schaden ersetzen. Regelmäßig wird dies dem Mandanten aber nicht gelingen, da ihm die nötigen Beweise nicht zur Verfügung stehen.

In der letzten Zeit häufen sich auch die Fälle, in denen falsche Rechtsmittel eingelegt werden. Insbesondere die Verwendung von Telefaxgeräten berge häufig Fehlerquellen.

Ebenfalls als typischen Haftungsfall gilt die mangelhafte Überwachung der Büromitarbeiter (siehe S. 247).

Auch die Zahl der Mandanten, die mit den Gebührenabrechnungen ihrer Anwälte nicht zufrieden sind, ist ungewöhnlich groß. Und die Zahl der Mandanten, die denken, ihr Anwalt würde sie dabei zu ihren Lasten betrügen, wird ständig größer. Jedoch führen nur wenige solcher Klagen zum Erfolg. Das hat größtenteils mit der Beweislast zu tun (siehe unten).

III. Verschulden

Je nach Feststellung der objektiven Pflichtverletzung durch den Anwalt wird die Bejahung des Verschuldens in fast allen Fällen nur noch als Formfrage angesehen.

Vorsatz

Für ein schuldhaftes anwaltliches Verhalten kommen die Schuldformen von Vorsatz und Fahrlässigkeit in Betracht. Eine vorsätzliche Pflichtverletzung wird in der Praxis der Anwaltshaftung nur selten in Erwägung gezogen.

Fahrlässigkeit

Die meisten anwaltlichen Pflichtverstöße beruhen auf der fahrlässigen Nichtbeachtung von Pflichten gegenüber dem Mandanten. Fahrlässig handelt, wer bei der Ausübung seines Berufes nicht mit der erforderlichen Sorgfalt handelt. Die erforderliche Sorgfalt ist diejenige, die ein gut durchschnittlich ausgebildeter und einsichtsfähiger Repräsentant seines Berufsstandes an möglicher und zumutbarer Sorgfalt aufwenden kann.

In besonderen Fällen kann auch die Erkrankung des Anwalts eine Fahrlässigkeit ausschließen. Hier wird allerdings stets zu fragen sein, ob den Anwalt nicht deswegen der Vorwurf der Fahrlässigkeit trifft, weil er für den Fall der Krankheit keine Vorsorge getroffen hat, so dass man ihm dann noch immer ein Organisationsverschulden anlasten könne.

IV. Schaden

Die Verletzung von Pflichten kann nur dann zu einer Haftung des Anwalts beim Mandanten führen, wenn diesem dadurch ein Schaden zugefügt worden ist. Die Pflichtverletzung muss also einen Schaden verursacht haben. Den einer Partei durch Anwaltsversehen entstandenen Schaden im Einzelfall nach schadensersatzrechtlichen Grundlagen zu substantiieren, fällt oft sehr schwer.

1. Schadensermittlung

Objektive Vermögensverschlechterung

Bei der Prüfung der anwaltlichen Haftung ist somit zu fragen, welchen Verlauf die Dinge bei pflichtgemäßem Verhalten genommen hätten und wie die Vermögenslage des Betroffenen sein würde, wenn der Pflichtverstoß nicht begangen, sondern pflichtgemäß gehandelt worden wäre. Das Vermögen des Mandanten muss sich durch die Pflichtverletzung objektiv verschlechtert haben, eine Gefährdung reicht nicht aus.

Als Schaden kommen in Betracht: Eigentumsverlust, Nutzungsausfall, Verdienstausfall, usw. Ein Mandant erleidet danach einen Vermögensschaden, wenn er einen Prozess verliert, den er bei sachgemäßer anwaltlicher Vertretung gewonnen hätte.

Ersatz nutzloser Aufwendungen

Nicht selten versucht der Mandant, den infolge des anwaltlichen Fehlers drohenden Schaden durch anderweitige Maßnahmen, insbesondere durch Prozesse gegen Dritte, abzuwenden oder zu verringern. Soweit ein derartiger Versuch sachgerecht und sinnvoll erscheint, sind die nutzlos aufgewendeten Kosten ebenfalls vom Anwalt zu ersetzen.

Der Gegenstandswert eines Mandanten bietet allenfalls Anhaltspunkte für das potentielle Schadensrisiko. Schon die üblichen Zinsen, Verfahrenskosten und Inflation können dazu führen, dass der Schaden den Gegenstandswert weit übersteigt.

Tipp

Der Schaden des Mandanten kann auch darin bestehen, dass infolge eines Anwaltsfehlers eine Klage abgewiesen worden ist und deswegen nicht gegen den Prozessgegner vollstreckt werden kann. So wendet der in Anspruch genommene Anwalt häufig ein, der Prozessgegner sei ohnehin vermögenslos und unpfändbar gewesen, so dass eine Zwangsvollstreckung keinen Erfolg gehabt hätte und ein Schaden daher nicht gegeben sei. Dieser Einwand ist erheblich, denn der Mandant darf nicht besser gestellt werden als im Falle eines pflichtgemäßen Verhaltens des Anwalts. Allerdings darf nicht unberücksichtigt bleiben, dass aus einem Titel, wenn er ordnungsgemäß aus einem positiven Urteil ergangen wäre, während einer Dauer von 30 Jahren vollstreckt werden kann und dieser Umstand gegebenenfalls bei der Schadensschätzung zu würdigen ist. Möglich ist hierbei eine Klage auf Feststellung der Schadensersatzverpflichtung des Anwalts.

2. Schadensberechnung

Naturalrestitution

Nach der Schadensermittlung kommt die Schadensberechnung. Die maßgeblichen Vorschriften für die Art und den Umfang des Schadensersatzes sind die §§ 249 ff BGB. Ausgangspunkt bei der Bestimmung ist die sog. Naturalrestitution. Das bedeutet, die Beseitigung des Schadens hat durch Wiederherstellung des Zustands zu erfolgen, der bestünde, wenn der zum Ersatz verpflichtende Umstand nicht eingetreten wäre. Nach der heute noch herrschenden Differenzhypothese ist der ersatzfähige Schaden die als nachteilig zu bewertende Differenz zwischen der realen und der hypothetischen Vermögenslage des Geschädigten. Der Rechtsanwalt hat den Mandanten so zu stellen, wie er bei pflichtgemäßen Verhalten stünde. Ein Rechtsanwalt muss seinem Mandanten somit etwa das Schmerzensgeld zahlen, das dieser wegen anwaltlicher Fehler vor Gericht nicht durchsetzen konnte.

Zeitpunkt des Vermögensschadens

Wichtig ist zudem der Zeitpunkt, auf den sich der Vermögensvergleich beziehen soll. In aller Regel ist auf den Zeitpunkt der Erfüllung des Ersatzanspruchs, d.h. der Schadensbehebung abzustellen. Durch diesen Berechnungszeitpunkt ist dem Mandanten aber grundsätzlich nicht die Geltendmachung weiterer, erst später realisierter Schadensposten abgeschnitten, sofern nicht ein wirksamer Verzicht hierauf vorliegt oder aber die (grundsätzlich mit dem Schädigungszeitpunkt beginnende) Verjährung des Ersatzanspruchs eingetreten und geltend gemacht ist. In der Regel geht der Schadensersatzanspruch des geschädigten Mandanten aber auf Zahlung eines Geldbetrages.

3. Schadensausgleich

Vorteilsausgleich

In einigen Regressfällen kommt auch ein sog. Vorteilsausgleich in Betracht, der sich schadensmindernd oder sogar -ausschließend auswirken kann. Dieses ist der Fall, wenn der Mandant durch das schädigende Ereignis nicht nur einen Schaden erleidet, sondern auch zugleich einen unmittelbaren Vermögensvorteil erlangt. Hierunter versteht man sowohl die Ersparnis von Aufwendungen als auch die positive Mehrung des Vermögens des Mandanten. Nicht ersatzfähig sind solche Aufwendungen, die dem Mandanten bereits vor dem anwaltlichen Fehlverhalten entstanden sind.

Mitverschulden des Mandanten

Beruht der Schaden nicht allein auf der Pflichtwidrigkeit des Rechtsanwalts, sondern hat auch der Mandant diesen mit verursacht, kann der Rechtsanwalt dem Mandanten den Einwand des Mitverschuldens entgegensetzen, § 254 BGB. Dieses ist insbesondere der Fall, wenn der Mandant seiner Informationspflicht gegenüber dem Rechtsanwalt nicht oder nur unzureichend nachkommt und der Rechtsanwalt pflichtwidrig den Mangel der tatsächlichen Angaben nicht durch Befragen beseitigt.

Ob und inwieweit die Informationspflicht seitens des Mandanten schuldhaft verletzt sein kann, hängt von dessen Bildungsstand ab. Gegenüber einem unbeholfenen oder einfältigen Mandanten wird der Anwalt ein entsprechendes Mitverschulden nur dann einwenden können, wenn seinerseits alles zur sachgemäßen Befragung und Aufklärung getan hat.

Rechtliche Beurteilung nur bei Anwalt

Ein Mitverschulden des Mandanten kommt allerdings nicht in Betracht, wenn es um die rechtliche Beurteilung des Falles geht, denn diese obliegt ja dem Anwalt allein.

Auch bei einem Fristversäumnis kommt ein Mitverschulden des Mandanten in aller Regel nicht in Betracht, so dass sich auch ein rechtskundiger Mandant auf eine fehlerfreie Anwaltstätigkeit verlassen kann.

Der Mandant muss sich aber gegebenenfalls ein Mitverschulden seines Erfüllungsgehilfen zurechnen lassen, was in der Praxis allerdings vielfach problematisch ist. Erfüllungsgehilfe kann hier z.B. der Angestellte des Mandanten sein, der den Anwalt mit Informationen zu versorgen hatte. Ein anderer Anwalt kann nur dann als Erfüllungsgehilfe des Mandanten angesehen werden, wenn sich der Mandant dieses anderen Anwalts als Hilfsperson zur Erfüllung der Schadensminderungspflicht bedient hat.

Tipp

Zu diesem Problem gibt es ihm Buchhandel weiterführende Materialien, oder fragen Sie einfach bei der Bundesrechtsanwaltskammer nach. Dort wird man Ihnen weiterhelfen (Adresse im Anhang).

4. Schadensminderungspflicht

Ist für den Mandanten aufgrund eines anwaltlichen Fehlers ein Nachteil entstanden oder droht dieser, so hat der Anwalt alle notwendigen Maßnamen zu treffen, den (eintretenden) Schaden zu vermeiden oder zumindest gering zu halten, sog. Schadensminderungspflicht.

Wiedereinsetzung in den vorigen Stand

Zu diesen erforderlichen Maßnahmen zählen z.B. bei Fristversäumnis der Antrag auf Wiedereinsetzung in den vorigen Stand oder der Ersatz von aufzuwendenden Kosten, bzw. Vorschüsse darauf.

Haftet der Anwalt dem Mandanten für den durch den Verlust eines Prozesses entstandenen Schaden, besteht jedoch berechtigte Aussicht, diesen durch die Führung eines weiteren Rechtsstreits zu beseitigen oder zu vermindern, muss der Anwalt, sofern er seinen Auftraggeber nicht anderweitig schadlos stellt, diesen Rechtsstreit auf eigene Kosten und eigenes Risiko führen.

Selbstverständlich darf er dann für diese Mehrleistungen kein auch zusätzliches Honorar verlangen.

Tipp

Weist Ihr Anwalt aber seine Minderungspflicht von sich, bleibt dem Betroffenen nicht anderes übrig, als sein Recht auf Haftung durch den Anwalt gerichtlich geltend zu machen.

V. Beweislast

Es obliegt also dem Mandanten, den Anwalt treffende negative Tatsachen (etwa eine falsche Beratung) zu beweisen. Dem von einer Anwaltshaftung betroffenen Mandanten stehen in aller Regel aber nur wenige bis gar Beweismittel zur Verfügung.

Häufig genug geht es nämlich nur um das, was zwischen den Parteien, also zwischen Ihnen und Ihrem Anwalt, besprochen wurde, und dafür stehen meist keine Zeugen zur Verfügung. Es kann aber auch vorkommen, dass der Anwalt behauptet, zwischen ihm und Ihnen sei überhaupt kein Anwaltsvertrag zustande gekommen, vielmehr habe es sich nur um ein unverbindliches Gespräch als Gefälligkeit gehandelt. Genauso kann der Mandant geltend machen, von seinem Anwalt nicht umfassend beraten oder belehrt worden zu sein, worauf der Anwalt entgegnen wird, dass er nur zu einem bestimmten Aspekt befragt wurde. Dadurch würde nämlich dann der Hinweis seitens des Anwalts auf andere Rechtsprobleme entfallen.

Für die Beweislast gilt grundsätzlich, dass jeder für seine Behauptungen den Beweis erbringen muss. Macht also der geschädigte Mandant einen anwaltlichen Fehler und somit einen Schaden geltend, so muss er beides beweisen können, ansonsten wird er vor Gericht keinen Erfolg haben. Insofern steht häufig nur Aussage gegen Aussage, was zu nichts führt.

Nur wenn das Verhalten des Anwalts als völlig unsinnig zu werten sein dürfte, wird der Mandant Recht erhalten. Dieses dürfte etwa der Fall sein, wenn in der konkreten Angelegenheit überhaupt keine Prozesschance bestand und der Anwalt trotzdem geklagt hat, ohne den Mandanten darauf hinzuweisen.

Tipp

Deshalb sollte hier unbedingt, wie vorher schon angesprochen, möglichst viel durch den Anwalt schriftlich festgehalten und dem Mandanten auf Wunsch in Kopie übergeben werden.

Die Beweislage in anderen freien Berufen (Ärzte oder Architekten) ist meist noch schwieriger. Bei Anwälten ist es demgegenüber leichter, weil die Richter Juristen sind und mehr oder weniger mühelos selbst beurteilen können, ob ein Fehler gemacht worden ist oder nicht.

Die Anforderung an die Substantiierungspflicht des wegen fehlerhafter oder nicht ausreichender Beratung und Belehrung (als Unterlassung) von einem Mandanten in Regress genommenen Anwalts bestimmen die jeweiligen Fakten des zu beurteilenden Einzelfalles. Die einfache Behauptung des Anwalts, er habe seine Partei ausreichend beraten und belehrt, oder das einfache Bestreiten, die gegenteilige Behauptung des Mandanten sei unwahr, genügt dabei sicherlich nicht. Man wird von dem mit dem Pflichtenvorwurf seines Mandanten konfrontierten Anwalts schon erwarten müssen, dass er – wenn er schon keine Schriftstücke vorweisen kann – den jeweiligen Besprechungsverlauf in allen Einzelheiten schildert und insbesondere vorträgt, welche konkreten Ratschläge und belehrenden Hinweise er seinem Mandanten gegeben und wie dieser darauf reagiert hat.

VI. Verjährung

Haftungsansprüche gegen den Anwalt können verjähren.

§§

Dreijahresfrist

Der Anwalt muss den Mandanten während und bei aufrechterhaltendem Mandat über den Beginn der Verjährungsfrist des gegen ihn bestehenden Schadensersatzanspruches aufklären. Bei schuldhafter Unterlassung dieser Hinweispflicht mit der Folge, dass der Schadensersatz nach drei Jahren gemäß § 51b BRAO verjährt, gewährt die Rechtsprechung einen von ihr konstruierten »Sekundäranspruch«. Dieser Sekundäranspruch verlängert die Verjährungsfrist des § 51b BRAO um bis zu weitere drei Jahre. Die Schadensersatzansprüche beginnen mit dem den Schaden verursachenden Ereignis, jedenfalls aber mit Mandatsende, und verjähren spätestens drei Jahre nach dem Ende des Mandats. Die Frist beginnt aber nur, wenn der Anwalt den

Mandanten über seine eventuell vorliegende Pflichtverletzung und die sich für den Mandanten daraus ergebenden Haftungsansprüche informiert hat.

§§

Haftungsbeschränkung durch Individualabrede

Die Verjährungsfristen können allerdings auch entgegen der gesetzlichen Vorschriften durch Individualabrede verkürzt werden. So kann der Fristbeginn vertraglich festgesetzt oder die Verjährungsfrist für den Primäranspruch gegenüber der Frist von drei Jahren verkürzt werden. Eine beliebige Verkürzung kommt aber nicht in Betracht, vielmehr muss diese dann an dem Grundsatz von Treu und Glauben gemäß § 242 BGB gemessen werden. Die Verkürzung der Verjährungsfrist bzgl. des Sekundäranspruchs dürfte in jedem Fall unzulässig sein.

VII. Haftungsmöglichkeiten

Eine Haftung ist nicht nur gegenüber dem Mandanten möglich, sondern auch gegenüber Dritten, d.h. gegenüber Personen, mit denen kein Mandatsverhältnis besteht. Zum einen kann der Anwalt aufgrund eines Auftragsverhältnisses direkt einem anderen als seinem Mandanten zur Auskunft verpflichtet sein. Zum anderen kann es sein, dass die Beratung des Mandanten einem Dritten einen Vorteil verschaffen soll, bzw. ihm zugute komme soll.

Im Gegensatz dazu kann die Verantwortlichkeit auch bei mehreren Anwälten liegen. Innerhalb einer Sozietät sind alle Rechtsanwälte gesamtschuldnerisch für den Schaden verantwortlich, wogegen in einer Bürogemeinschaft nur der tätig gewordene Anwalt haftet. Ist das Mandatsverhältnis zwischen einem Prozessbevollmächtigten und dem Verkehrsanwalt, bzw. dem Haupt- und dem Unterbevollmächtigten aufgespaltet, so haftet jeder nur für seine eigenen Pflichtverletzungen

Nachfolgende Haftungsarten sind zu unterscheiden:

1. Persönliche Haftung

In aller Regel ist der Rechtsanwalt für sein Verschulden persönlich und alleine haftbar.

2. Beteiligung mehrerer Rechtsanwälte

Die Verletzung anwaltlicher Pflichten kann zu besonderen Haftungsfragen führen, wenn mehrere Anwälte für den Mandanten tätig geworden sind.

a) Haftung der Sozietät

Gesamtschuldner

Gemäß § 51 a BRAO haften die in einer Sozietät verbundenen Anwälte als Gesamtschuldner. Dem liegt zugrunde, dass der Mandant auf den Ruf der Sozietät vertraut und ihr deshalb als Gesamtheit das Mandat überträgt.

Gemeinsame Kanzlei

Eine Sozietät ist ein organisierter Zusammenschluss von Rechtsanwälten zur gemeinsamen Berufsausübung. Kriterium hierfür ist eine gemeinsame Kanzlei und grundsätzlich die gemeinschaftliche Entgegennahme der Aufträge und Entgelte. Das Mandatsverhältnis besteht hier zu ihren sämtlichen Mitgliedern, so dass Vertragspartner des Mandanten alle Sozien als Gesamtheit sind.

Keineswegs aber muss der Mandant die Prozessvollmacht auf alle Sozien ausgestellt haben.

Das Mandat erstreckt sich auch nicht automatisch auf alle Sozien, wenn die Sozietät erst nach Mandatsübertragung gegründet wird. Auf der anderen Seite endet aber die Haftung auch nicht für einen ausgeschiedenen Sozius, der dies dem Mandanten nicht mitteilt und duldet, dass sein Name auf dem Briefkopf weitergeführt wird.

Kommt ein neuer Sozius in die Sozietät hinein, gilt er auch als Mandatsträger mit der Folge, dass er ebenfalls haftbar gemacht werden kann.

b) Haftung der Partnerschaft

Eintragung beim Amtsgericht

Bei einer Partnerschaftsgesellschaft handelt es sich um eine Personengesellschaft für natürliche Personen, die kein Handelsgewerbe ausüben. Sie muss beim Amtsgericht in ein dort geführtes Partnerschaftsregister eingetragen sein.

Nach einer Änderungen des PartGG haften, anders als bei Sozietäten, nicht mehr sämtliche Partner als Gesamtschuldner neben der Partnerschaft, wenn nur ein Partner mit der Bearbeitung eines Auftrages befasst war, sondern nur dieser, § 8 Abs. 2 PartGG.

c) Haftung der Bürogemeinschaft

Unter einer Bürogemeinschaft versteht man einen Zusammenschluss mehrerer Rechtsanwälte zur Führung eines gemeinsamen Büros aus Rationalisierungsgründen.

Gemeinsame Drucksachen (Visitenkarten, Briefköpfe) darf eine Bürogemeinschaft nicht führen. Tut sie es doch, so sind die Mitlieder einer Bürogemeinschaft im Zweifel als Sozietät anzusehen.

d) Haftung von Prozess- und Verkehranwalt

Eigene, selbstständige Aufgabenbereiche

Was Prozess- und Verkehrsanwalt sind, wurde eingangs bereits erörtert. Der Prozessanwalt und der Verkehrsanwalt haben jeweils einen eigenen, selbstständigen Aufgabenbereich. Beide stehen in einem selbstständigen Vertragsverhältnis zum Mandanten, wobei se verpflichtet sind, im Wege einer Zwecksgemeinschaft die Interessen des Mandanten umfassend zu wahren und dazu in der erforderlichen Weise zusammenzuarbeiten. Der Verkehrsanwalt ist dabei vorwiegend für die Übermittlung der notwendigen Informationen und Weisungen des Mandanten zuständig, wogegen der Prozessanwalt für die eigentliche Prozessführung (Vortrag des Sachverhalts und rechtliche Beurteilung des Falls) zuständig ist. Grundsätzlich ist daher jeder für seinen Arbeitsbereich dem Mandanten gegenüber verantwortlich und tritt bei einem Anwaltsfehler in Haftung. Etwas anderes gilt nur, wenn der Verkehrsanwalt den Prozessanwalt zum bloßen »Stempelanwalt« degradiert ist.

Gesamtschuldnerische Haftung

Gleichwohl kann auch eine gesamtschuldnerische Haftung in Betracht kommen, nämlich wenn beide Anwälte mehrere Ursachen für einen und denselben Fehler gesetzt haben, quasi als gemeinschaftliches Zusammenwirken.

e) Hauptbevollmächtigter und Unterbevollmächtigter

Unterbevollmächtigter Anwalt haftet

Ein Anwalt, der ein Mandat eigenverantwortlich ausführt, kann bestimmte Aufgaben und Pflichten einem Unterbevollmächtigten übertragen, etwa bei Terminswahrnehmung eines Anwalts bei einem auswärtigen Gerichtstermin. Grundsätzlich gilt auch hier, dass jeder für seinen Aufgabenbereich selbst verantwortlich ist und somit auch für die Pflichtverletzungen in seine Tätigkeitsbereich einzustehen hat. Der unterbevollmächtigte Anwalt ist somit nicht Erfüllungsgehilfe des Hauptbevollmächtigten, sondern selbstständiger Vertragspartner des Mandanten. Wegen der bestehenden Zweckgemeinschaft kann auch hier (wie bei Prozess- und Verkehrsanwalt) eine Gesamtschuldnerschaft bestehen.

f) Nacheinander tätige Rechtsanwälte

Für den Mandanten können auch nacheinander Anwälte tätig werden, ohne dass eine Arbeitsteilung stattfindet. In Betracht kommt dieser Umstand immer dann, wenn der Mandant dem bisherigen Anwalt gekündigt hat, um seine streitige Angelegenheit einem Anwalt zu übergeben, den er im Hinblick auf die Wahrnehmung seiner Interessen für erfolgreicher hält.

Aber auch, wenn es in eine nächst höhere Instanz geht (etwa vom LG zu OLG) und somit ein anderer Anwalt bestellt werden muss (nämlich weil der erste Anwalt dort nicht zugelassen ist), kommt eine nacheinander tätige Beauftragung in Betracht.

Für nacheinander tätige Anwälte gilt, dass sie ihren eigenen Aufgabenbereich haben und für Fehler innerhalb derselben allein einzustehen haben. Mit der Übernahme des Mandats gehen auf den zweiten Anwalt sämtliche Anwaltspflichten über, d.h. den vormals tätigen Anwalt trifft für die Zeit nach dem Mandatswechsel regelmäßig keine Verantwortung mehr.

Anders kann die Beurteilung nur sein, wenn binnen weniger Tage nach dem Mandatswechsel ein Ablauf materieller oder prozessualer Fristen droht. Insofern kann noch eine nachvertragliche Verpflichtung des ersten Anwalts bestehen.

3. Haftung für Hilfspersonen

Besonderheit bei arbeitsgerichtlichen Fällen

Damit das begonnene Mandat fehlerfrei zu Ende geführt werden kann, bedarf es einer Büroorganisation, die einen reibungslosen Ablauf gewährleistet, so dass Akten nicht verlegt und materielle und prozessuale Fristen nicht versäumt werden. Die Rechtsprechung lässt zu, dass Anwälte den Arbeitsanfall in ihrer Kanzlei sinnvoll delegieren und einfache mechanische Tätigkeiten nicht selbst wahrnehmen. Die Delegationsmöglichkeiten richten sich selbstverständlich nach der Qualifikation der Angestellten. Sie gehen – Arbeitsgerichtssachen und nicht alltägliche Fälle ausgenommen – bei gut geschultem und zuverlässigem Personal bis zur Berechnung von einfachen, in der jeweiligen Praxis häufig vorkommenden Rechtsmittel- und Rechtsmittelbegründungsfristen. Besondere Sorgfalt ist bei Schriftsatzübermittlungen durch Telefon und Telefax geboten.

Bedient sich der Anwalt zur Erfüllung seiner Pflichten gegenüber dem Mandanten nichtanwaltlicher Hilfspersonen, ist seine Haftung für deren Fehler uneingeschränkt zu bejahen

4. Haftung gegenüber Dritten

Ein Anwalt kann auch außerhalb eines Mandatsverhältnisses Dritten gegenüber haftpflichtig werden, wenn diese mit ihm Kontakt aufgenommen haben. Schon eine unentgeltlich erteilte Auskunft kann solche Folgen haben, wenn erkennbar war, dass sie für den auftraggebenden Mandanten von erheblicher Bedeutung war.

Der Anwalt kann jedoch auch dann haften, wenn eine von seinem Mandanten beabsichtigte Regelung Dritte begünstigen sollte und diesen Zweck verfehlte.

5. Mitverschulden des Mandanten

Unter gewissen Umständen muss sich der Mandant bei fehlerhafter Anwaltstätigkeit ein Verschulden anrechnen lassen, wenn ihn eine Pflicht traf, für die Vermeidung des Fehlers mitverantwortlich zu sein.

Hier wurde an verschiedenen Stellen darauf bereits eingegangen.

VIII. Haftungsausschluss

Die Verpflichtung des Rechtsanwalts zum Schadensersatz kann ausgeschlossen, beschränkt oder verjährt sein.

§§ Eine summenmäßige Haftungsbeschränkung durch AGB auf das Vierfache der Mindestversicherungssumme von 250.000,- EUR gestattet § 51a Abs. 1 BRAO. Darüber hinaus kann durch vorformulierte Vertragsbedingungen (Mandatsbedingungen) die Ersatzpflicht auf den vierfachen Betrag der Mindestversicherungssumme, also auf 1.000.000,- EUR beschränkt werden, wenn insoweit auch Versicherungsschutz besteht und die Haftung auf einfache Fahrlässigkeit beschränkt wird.

IX. Aufrechnung mit Gebührenansprüchen

Der in Regress genommene Anwalt kann im Haftungsprozess die Aufrechnung mit Gegenansprüchen erklären, was in der Praxis aber häufig übersehen wird.

Definition der Aufrechnung

Eine Aufrechnung liegt vor, wenn zwei Personen einander Leistungen schulden, die ihrem Gegenstande nach gleichartig sind, so dass jeder Teil seine Forderung gegen die Forderung des anderen Teils aufrechnen kann, sobald er die ihm gebührende Leistung fordern und die ihm obliegende Leistung bewirken kann; mit andern Worten: Aufrechnung ist die wechselseitige Tilgung zweier sich gegenüberstehender Forderungen durch ein einseitiges Rechtsgeschäft.

Da der Geschädigte so zu stellen ist, als sei eine fehlerfrei anwaltliche Tätigkeit erfolgt, muss hier auch das Entgelt für die anwaltliche Tätigkeit berücksichtigt werden. Wenn etwa ein Schaden wegen fehlerhafter Beratung eingetreten ist, kann der Anwalt gleichwohl die Beratungsgebühr geltend machen und zur Aufrechnung stellen, d.h. von der von ihm zu zahlenden Haftungssumme abziehen.

Geht durch einen Anwaltsfehler ein Zivilprozess verloren, bleibt zu berücksichtigen, dass die Gegenseite des Mandanten die Prozesskosten zu erstatten gehabt hätte, wenn die Gegenseite eben diesen Prozess verloren hätte. Der somit begründete weitergehende Schadensersatzanspruch des Mandanten würde die zur Aufrechnung gestellte Gebührenrechnung des Anwalts wegen der allgemeinen Arglisteinrede dann zu Fall bringen. Wenn nun seinerseits der Anwalt (des Mandanten) geltend macht, der Gegner sei vermögenslos und die hypothetischen Kostenerstattungsansprüche deswegen ohnehin nicht durchsetzbar gewesen, so lebt sein Gebührenanspruch zur Aufrechnung wieder auf.

Die Aufrechnungsmöglichkeit ist bei vorsätzlichem Pflichtenverstoß ausgeschlossen.

X. Versicherung

Eine offizielle Statistik über Haftungsfälle existiert weder bei der Bundesrechtsanwaltskammer noch bei den Versicherern. Es kann allerdings davon ausgegangen werden, dass nur etwa der geringste Teil vor Gericht ausgetragen werden. Zirka 98 % der Haftungsfälle werden einvernehmlich mit dem Haftpflichtversicherer geregelt.

Ansteigende Haftungen

Allerdings melden seit mindestens 10 Jahren – bei steigender Tendenz – im Durchschnitt etwa 25 % aller zugelassenen deutschen Rechtsanwälte ihren Haftpflichtversicherern einen Schadensfall.

Nun bedeuten Schadensfallmeldungen allerdings nicht, dass tatsächlich in jedem einzelnen Fall gezahlt werden muss. Die Anwälte sind nur verpflichtet, mögliche Fälle umgehend ihrer Versicherung mitzuteilen. Der hohe Anstieg auf 25 % besagt auch nicht, dass die Gerichte in diesem Umfang härter geworden sind oder die Anwälte schlampiger. Er kann seine Ursache auch darin haben, dass selbstbewusste Bürger im aufrechten Gang gegenüber ihren Anwälten zunehmend kritischer geworden sind.

Wiedereinsetzung in den vorigen Stand

Ist die Frist unverschuldet versäumt, ist die Wiedereinsetzung in den vorigen Stand der richtige Rechtsbehelf. Im Zivil- und Verwaltungsrecht wird dem Mandanten das Verschulden des Anwalts zugerechnet. Im Strafverfahren fehlt eine solche Regelung. In der täglichen Praxis der Haftpflichtversicherer sind es weniger die schwierigen Rechtsfälle mit hohen Streitwerten, die zahlenmäßig ins Gewicht fallen. Die Vermutung liegt nahe, dass sich viele Anwälte bei hohen Streitwerten besonders Mühe geben. Dagegen überwiegen verschuldete Fristversäumnisse, die eine Haftung zur Folge haben.

§§

Der Rechtsanwalt muss gegen Berufshaftpflicht ständig in einer Weise versichert sein, die nach Art und Umfang den durch rechtsanwaltliche Tätigkeit entstehenden Risiken angemessen ist. Das Gesetz verlangt von jedem Rechtsanwalt den Abschluss einer Berufshaftpflichtversicherung mit einer Mindestversicherungssumme in Höhe von 250.000,- EUR, § 51 BRAO.

Der Schutz des Mandanten durch die bestehende Versicherung ist also zeitlich durchgehend gestaltet. Ohne Versicherungsnachweis wird kein Anwalt zugelassen.

Die Versicherung umfasst aber nur Schäden, die bei der beruflichen Tätigkeit des Anwalts verursacht werden, nicht Schäden aus privater Gefälligkeit.

Personen- und Sachschäden

Grundsätzlich vom Versicherungsschutz nicht umfasst sind Personen- und Sachschäden. Personenschäden sind alle Schäden, die an eine Körperverletzung anschließen und sich aus einer Körperverletzung ergeben. Sachschäden sind alle Schäden, die sich an eine Sachbeschädigung oder den Verlust oder die Entziehung einer Sache anschließen.

Dagegen vom Versicherungsschutz umfasst sind Vermögensschäden und teilweise Sachschäden. Unter bestimmten Umständen sind auch die Folgen von Fehlern bei der Auszahlung von Geldern an den Mandanten erfasst.

Soweit der Anwalt erkennt, dass bestimmte Schäden von der Vermögensschadenhaftpflichtversicherung nicht gedeckt sind, wird er sehen müssen, wie es ihm gelingt, diese Schäden anderweitig zu versichern und / oder durch organisatorische Maßnahmen sicherzustellen, dass derartige Schäden nicht verursacht werden.

Wer zudem auf dem Briefbogen eines Anwaltsbüros auftaucht, muss sich darüber im Klaren sein, dass er persönlich und ggf. ohne Versicherungsschutz dem Mandanten für Schäden einstehen muss. Ist der betroffene Anwalt (der nicht der Anwalt des Mandanten ist) dazu nicht in der Lage, droht im der Entzug der Zulassung wegen Vermögensverfall trotz seiner persönlichen Integrität. Dieses ist der Fall bei Bürogemeinschaften.

Hinweispflicht des nicht-versicherten Anwalts

Ist es dem Rechtsanwalt nicht möglich, einen entsprechenden Versicherungsschutz zu erhalten, so hat er alle zumutbaren Schritte zu unternehmen, um den Mandanten zu unterrichten, der wegen des fehlenden Versicherungsschutzes Schaden erleiden könnte.

Wenn dann der Versicherungsfall eingetreten ist, muss der Anwalt zunächst für eine sofortige, unverzügliche und vollständige Schadensmeldung an den Versicherer sorgen. Meldet er den Schaden nicht unverzüglich und vollständig, sondern möglicherweise noch mit geschönter Erinnerung, so kann er den Versicherungsschutz gefährden.

H. Die Konsequenzen für den Anwalt

Gibt es zwischen Mandanten und Rechtsanwalt Probleme, so sollte der Mandant zuerst einmal das Gespräch mit dem Rechtsanwalt suchen und die Probleme darstellen. Es kann auch sein, dass dem Rechtsanwalt diese Problematik schriftlich dargelegt werden muss, insbesondere wenn es dem Rechtsanwalt nicht möglich ist, binnen einer angemessenen Frist von einer Woche ein Gesprächstermin zu vereinbaren.

Nur wenn das alles nichts hilft, insbesondere für den Mandanten ein Schaden entstanden ist, den der Anwalt nicht begleichen will, müssen diesbezügliche Maßnahmen gegen den Anwalt ergriffen werden. Dabei kommen verschiedene Möglichkeiten in Betracht.

I. Allgemeines

Die Rechtsanwälte eines jeden Oberlandesgerichtsbezirks bilden eine Rechtsanwaltskammer (RAK). Die Rechtsanwaltskammern sind Körperschaften des öffentlichen Rechts, die einer Rechtsaufsicht durch die Justizverwaltung unterliegen.

Organisation und Verwaltung

Die Aufgaben der Rechtsanwaltskammern umfassen die Organisation und Verwaltung ihrer Mitglieder, die Überwachung berufsrechtlicher Vorschriften, die Ernennung von Fachanwälten und die Fortbildung der Anwaltschaft. Die Rechtsanwaltskammern helfen insbesondere auch bei Uneinigkeit über die Anwaltsgebühren durch Rat oder Schiedsgutachten. Jeder Rechtsanwalt wird mit seiner Zulassung automatisch Mitglied seiner regionalen Rechtsanwaltskammer.

Die Rechtsanwaltskammern der jeweiligen Länder sind zusammengeschlossen in der Bundesrechtsanwaltskammer

(BRAK) mit Sitz in Berlin. Die BRAK ist ebenfalls eine Körperschaft des öffentlichen Rechts. Sie vertritt als Dachorganisation 27 regionale Rechtsanwaltskammern und die Rechtsanwaltskammer beim BGH. Sie nimmt die berufliche Vertretung von derzeit etwa 110.000 Rechtsanwälten (Stand: Januar 2001) in der BRD wahr.

Vorstand als Behörde

Der Vorstand der Rechtsanwaltskammer ist als Behörde anzusprechen. Wer sich beschwerdeführend an den Vorstand einer Anwaltskammer wendet, setzt also ein behördliches Verfahren zur Erreichung eines bestimmten Zieles in Gang.

Als Berufsgerichtsbarkeit der Rechtsanwälte ist eine Anwaltsgerichtsbarkeit (bis 1994: Ehrengerichtsbarkeit) geschaffen worden. Die Anwaltsgerichte sind staatliche Gerichte, und zwar solche für besondere Sachgebiete.

Die disziplinarische Verfolgung von Verstößen gegen Berufspflichten erfolgt entweder im Wege der Standesaufsicht durch den Vorstand der örtlich zuständigen Rechtsanwaltskammer oder durch die Berufsgerichtsbarkeit. Die Maßnahmen können entweder präventiv und repressiv sein. Die Anwaltsgerichtsbarkeit kann nur repressiv vorgehen. Der Unterschied zwischen den beiden Gerichtsbarkeiten liegt in der Schwere der Sanktionen. Der Vorstand der Rechtsanwaltskammer kann im standesaufsichtlichen Verfahren nur leichte Sanktionen verhängen, also entweder eine Belehrung oder eine Rüge. Schwerere Sanktionen sind dem anwaltsgerichtsgerichtlichen Verfahren vorbehalten.

Kammern als Sachverständige

Jedoch erklären sich die Kammern fast immer für unzuständig. Dieses resultiert daher, weil sie ihrer eigenen Auffassung nach gefordert sein könnten, in einem streitigen Mandantenverhältnis als Sachverständige Stellung zu nehmen. Dieses wäre aber bei vorzeitiger Einschaltung der Kammern nicht mehr möglich.

II. Standesaufsichtliches Verfahren

Die Aufgaben der Rechtsanwaltskammer sind in der Bundesrechtsanwaltsordnung (BRAO) eng umgrenzt. Sie hat sich ihrem gesetzlichen Auftrag entsprechend unter anderem mit der Beobachtung anwaltlichen Berufsrechts zu befassen. Die Kammer hat vornehmlich die Aufgabe, daran mitzuwirken, dass der Rechtsanwalt seine öffentlich-rechtliche Aufgabe als ein unabhängiges Organ der Rechtspflege erfüllt.

Keine Überprüfung von Rechtsfällen

Hierher gehört aber nicht die Überprüfung von Rechtsfällen, bzw. erlittenen Unrechts. Die Kammer kann solche Entscheidungen nicht rückgängig machen, sie kann sich auch nicht dafür verwenden, dass gegebenenfalls Schadensersatz zu leisten ist. Die Kammer kann auch nicht behilflich sein, wenn es darum geht, Schadensersatzansprüche zu prüfen und hierbei Rechtsrat zu erteilen. Die Erteilung von Rechtsrat und gegebenenfalls die gerichtliche Vertretung ist ausschließlich Sache der Rechtsanwaltschaft. In einem solchem Fall muss sich der Betroffene einen anderen Anwalt mit der Durchsetzung seiner Interessen gegen seinen vorherigen Anwalt beauftragen. Dafür sind die ordentlichen Gerichte auf eine entsprechende Zivilklage im Haftpflichtprozess hin zuständig.

Wahrung öffentlicher Interessen

Die berufsrechtliche Aufsicht der Rechtsanwaltskammer über ihre Mitglieder dient nämlich nicht der Wahrung individueller Belange, sondern ausschließlich dem öffentlichen Interesse, so dass Dritte keinen Anspruch gegen die Rechtsanwaltskammer auf eine Aufsichtsmaßnahme haben.

Beschwerde als Voraussetzung

Jeder Maßnahme gegen den Rechtsanwalt muss eine Beschwere vorausgehen. Allerdings sollte man sich als Betroffener nicht der Illusion hingeben, ein einfaches Schreiben an die Anwaltskammer würde wieder für »Recht« sorgen. Erfahrungsgemäß führt nur ein kleiner Teil der vorgebrachten Beschwerden dazu, dass vom Vorstand der

Rechtsanwaltskammer Maßnahmen gegen die betroffenen Rechtsanwältinnen und Rechtsanwälte ergriffen werden können.

Belehrung oder Rüge

Die Rechtsanwaltskammern sind nur für Beschwerden von Mandanten zuständig und können dem Anwalt in berechtigten Fällen nur eine Belehrung oder eine Rüge aussprechen. Der Kammervorstand der Rechtsanwaltskammer berät und belehrt die Kammermitglieder in Fragen der Berufspflicht. Hier unterscheidet man zwischen Rat und neutraler Belehrung einerseits und missbilligender Belehrung andererseits. Ersteres stellt neutrale Aufsichtsmittel dar. Letzteres weist eine problematische Abgrenzung zur Rüge dar.

Eine Rüge ist eine Missbilligung, die der Kammervorstand, bzw. eine von ihm gebildete Abteilung aussprechen kann, wenn die Schuld des Anwalts gering ist und die Einleitung eines anwaltsgerichtlichen Verfahrens nicht erforderlich erscheint.

Häufig kann die Kammer aus dem ihr zugesandten Schriftmaterial gar nicht erkennen, welcher Vorwurf im Rahmen der Kammeraufsicht von Bedeutung sein könnte. In diesem Fall bittet die Kammer den Betroffenen um Präzision seiner Angaben, welche berufsrechtlichen Gesichtspunkte überhaupt erhoben werden.

Manche Beschwerden sind einfach nur unbegründet, weil ihnen falsche Angaben zugrunde liegen und es somit zu Missverständnissen gekommen ist. Andere Beschwerden haben aus der Sicht des Laien berechtigte Vorwürfe zum Gegenstand, aber der enge gesetzliche Rahmen berechtigt die Rechtsanwaltskammer nicht, disziplinarische Maßnahmen zu ergreifen.

Genaue Angaben in Beschwerde erforderlich

Die Beschwerde an die Kammer sollte die Mitteilung enthalten, was passiert ist, weshalb der Mandant der Auffassung ist, sein Anwalt habe gegen die anwaltlichen Berufspflichten verstoßen oder bei welchem Problem er eine Vermittlung wünscht. Nicht zu vergessen ist der eigene Name und die eigene Anschrift, ebenso die des Rechtsanwalts. Die Anlage von kopierten Unterlagen kann nötig sein.

Keine anonyme Behandlung

Selbstverständlich wird die Beschwerde nicht anonym behandelt, sondern der betroffene Rechtsanwalt wird zu der Sache um Stellungnahme gebeten, eine Kopie davon erhält der Mandant zur Kenntnisnahme. Dieser Vorgang kann dann einige Wochen dauern. Rechtsanwälte reagieren oft sehr zögerlich auf solche Schreiben der Rechtsanwaltskammer. Erst wenn der Anwalt seinerseits Stellung genommen hat, findet eine Prüfung der Beschwerde statt. Aufgrund meist fehlender Beweise und schriftlicher Vereinbarungen stehen sich dann die Aussagen gegenüber, so dass die Anwaltskammer die Beschwerde als unbegründet zurückweist.

Keine Fristunterbrechung

Insofern sei darauf hingewiesen, dass durch die Eingabe bei der Rechtsanwaltskammer weder eine Frist verlängert, noch laufende Fristen gehemmt, noch eine Verjährung unterbrochen wird.

Tipp

Schlichtungsstellen für Gebührenrechnungen

Die Rechtsanwaltskammern sehen sich mit zahlreichen Beschwerden über Anwalts-Gebührenrechnungen konfrontiert, etwa weil sie sich »über den Tisch gezogen fühlen«, und haben deswegen sog. Schlichtungsstellen für Gebührenrechnungen eingerichtet, an die sich Mandanten und Anwälte wenden können, um eine einvernehmliche Lösung zu erreichen. Eine solche Schlichtungsstelle gibt es bei jeder deutschen Rechtsanwaltskammer. Es wird gebeten, gebührenrechtlichen Anfragen möglichst rechtzeitig an den Vorstand der Rechtsanwaltskammer zu richten, da die Gebührenabteilungen in der Regel nur monatlich tagen und deshalb eine angemessene Bearbeitungszeit berücksichtigt werden muss.

III. Anwaltsgerichtliches Verfahren

Will der Mandant den Rechtsanwalt bestrafen, so muss er ein anwaltsgerichtliches Verfahren gegen ihn anstreben. Notwendig sind dann eine Beschwerde über den Rechtsanwalt bei der zuständigen Rechtsanwaltskammer, eine dementsprechende Anzeige bei der Staatsanwaltschaft des Landgerichts und schließlich die Feststellung der Schuld des Anwalts durch ein gerichtliches Verfahren. Ein anwaltschaftliches Verfahren kann nur durch die Staatsanwaltschaft eingeleitet werden, weder die Rechtsanwaltskammer noch der Anwalt selbst können ein solches Verfahren einleiten. Die Entscheidung über die Einleitung dieses Verfahrens steht im Ermessen der Staatsanwaltschaft. Sie kann die Verstöße entweder im standesaufsichtlichen oder im anwaltschaftlichen Verfahren ahnden lassen. Aber auch von der zuständigen Rechtsanwaltskammer kann bei der Staatsanwaltschaft ein solches anwaltschaftliches Verfahren eingeleitet werden, nämlich immer dann, wenn die Kammer von einem Verhalten Kenntnis erlangt, das den Verdacht einer schuldhaften Verletzung von Anwaltspflichten begründet.

Schuldhafte Pflichtverletzung

Die Pflichtverletzung des Rechtsanwalts muss schuldhaft gewesen sein, also durch Vorsatz oder leichte Fahrlässigkeit.

In der Anwaltsgerichtsbarkeit gibt es drei Instanzen, nämlich Anwaltsgericht, Anwaltsgerichtshof und Anwaltssenat beim Bundesgerichtshof.

Weder die Rechtsanwaltskammer noch der Rechtsanwalt selber können von sich aus ein solches Verfahren einleiten. Zuständig sind dann die Anwaltsgerichte.

§§

Maßnahmenkatalog

Die dort möglichen Maßnahmen zählt § 114 BRAO auf, nämlich Warnung, Verweis oder Geldbuße bis zu 25.000,- EUR. Darüber hinaus ist gemäß §§ 150 ff BRAO die Verhängung eines vorläufigen Berufs- und Vertretungsverbots möglich. Das Verbot, für eine bestimmte Zeit (ein Jahr bis fünf Jahre) auf einem bestimmten Rechtsgebiet tätig zu werden, wird unter Umständen dann ausgesprochen, wenn der Anwalt gerade auf diesem Gebiet eine schwere Pflichtverletzung begangen hat. So kann beispielsweise die Tätigkeit als Strafverteidiger verboten werden, wenn der Anwalt einen Zeugen zu einer falschen Aussage für seinen Mandanten veranlasst hat.

Als letzte Sanktion kommt ein vorläufiges Berufs- oder Vertretungsverbot oder der Ausschluss aus der Anwaltschaft in Betracht. Dadurch soll der Berufsstand und die Allgemeinheit vor einem Anwalt geschützt werden, der schwere Standesverstöße begangen hat und bei dem auch künftig solche Pflichtwidrigkeiten zu befürchten sind. Für vorläufige Maßnahmen besteht deshalb ein Bedürfnis, weil die anwaltsgerichtlichen Verfahren erst nach Beendigung eines strafgerichtlichen Verfahrens durchgeführt werden können.

Die Verfolgung einer Pflichtverletzung verjährt nach fünf Jahren.

Verjährung

IV. Strafrechtliches Verfahren

Der Anwalt kann bei Ausübung seiner beruflichen Tätigkeit schnell in die strafrechtliche Gefahrenzone gelangen. Ein Strafbarkeitsrisiko kann aber auch durch oder bei anwaltlicher Tätigkeit anlässlich der Wahrnehmung der Obliegenheiten des Rechtsanwalts für die eigene Partei aus dem mit dieser abgeschlossenen Anwaltsvertrag entstehen.

Dieses soll nachfolgend näher anhand der wichtigsten strafbaren Handlungen und deren Konsequenzen erörtert werden.

1. Strafbare Handlungen

Insbesondere kommen im Zivilrecht hauptsächlich folgende strafbare Handlungen in Betracht:

a) Falschaussage, §§ 153 ff StGB

Bei den Delikten der falschen uneidlichen Aussage, des Meineids und der Anstiftung oder Beihilfe bei Abgabe einer falschen eidesstattlichen Versicherung ist der Anwalt in einer strafrechtlichen Risikogefährdung. Unter gewissen Umständen kann er nämlich verpflichtet sein, diese unter strafrechtlicher Sanktions- und Eidesverletzung zu verhindern.

Keineswegs darf er aber Zeugen anhalten, etwas Falsches vor Gericht auszusagen.

b) Ehrverletzende Äußerungen, § 193 StGB

Verletzung der Würde

Eine von dem Anwalt gemachte, ehrverletzende Äußerung ist immer strafbar, wenn dieser eine nachweisbar unwahre oder eine an sich durch § 193 StGB gerechtfertigte Behauptung in der Form aufstellt, die erkennen lässt, dass er nicht nur das Ziel verfolgt, in Wahrung der Interessen seines Auftraggebers zur Wahrheitsfindung beizutragen, sondern darüber hinaus ein »Mehr« beabsichtigt, die Würde eines anderen anzugreifen oder zu verletzen.

Die Strafbarkeit entfällt jedoch, wenn der Anwalt seriöse Beweismittel für seine behaupteten Ehrverletzung zur Verfügung stehen.

c) Nötigung, § 240 StGB

Der Anwalt kann wegen Nötigung gegenüber dem Mandanten strafbar machen. Nötigung begeht, wer einen anderen rechtswidrig mit Gewalt oder durch Drohung mit einem empfindlichen Übel zu einer Handlung, Duldung oder Unterlassung nötigt. Rechtswidrig ist die Tat, wenn die Anwendung der Gewalt oder die Drohung des Übels zu dem angestrebten Zweck als verwerflich anzusehen ist. Der Versuch ist strafbar.

Dieses soll das folgende Beispiel veranschaulichen.

z.B.

Unmittelbar vor der mündlichen Verhandlung legt der Anwalt dem Mandanten den Entwurf einer Gebührenvereinbarung zur Unterschrift vor, wonach der Mandant außer den Gebühren nach der BRAGO noch ein Sonderhonorar von 1.500,- EUR zahlen soll. Der Mandant ist zunächst nicht einverstanden, unterschreibt aber schließlich doch, weil der Anwalt für den Fall der Weigerung die sofortige Niederlegung des Mandats androht.

§§

Zivilrechtliche Folgen

Dieses Verhalten des Anwalts ist strafbar, da er mit der Androhung der Mandatsniederlegung »zur Unzeit« eine rechtswidrige Nötigung begangen hat mit der zivilrechtlichen Folge einer Schadensersatzpflicht (§ 280 BGB) und unerlaubter Handlung (§ 823 BGB). Darüber hinaus kann der Mandant diese Sonderhonorar-Vereinbarung wegen rechtswidriger Drohung (§ 123 BGB) anfechten.

Ein erhöhtes Anwaltshonorar kann für den Mandanten aber selbst dann verbindlich bleiben, wenn ihm die Unterschrift unter die Vereinbarung in einer heiklen Phase des Mandatsverhältnisses regelrecht »abgepresst« worden ist, so ein Entscheidung des BGH (AZ: IX ZR 153/01).

Fall

Entscheidend ist laut BGH, ob der Arbeitsaufwand des Auftrags denjenigen Umfang deutlich überschreitet, den die gesetzliche Gebührenbemessung als durchschnittlich voraussetzt. Im konkreten Fall drängte der Anwalt seinen Mandanten dazu, als Vergleichsverhandlungen in vollem Gange waren, eine freie Honorarvereinbarung über 40.000 EUR zzgl. Mehrwertsteuer zu unterzeichnen – immerhin 3,8 Mal so viel, wie er nach der BRAGO bekommen hätte. Andernfalls würde er das Mandat kündigen.

Sittenwidrigkeit

Nach Meinung des BGH liegt hier eine »Sittenwidrigkeit« nicht vor. Sittenwidrigkeit setze ein »auffälliges Missverhältnis von Leistung und Gegenleistung« voraus, das nicht ohne weiteres schon bei einer Überschreitung der gesetzlichen Gebühren gegeben sei. Denn nicht immer werde der Aufwand anwaltlicher Tätigkeit durch die Gebühren angemessen abgedeckt.

Kündigung des Mandats

Auch die Drohung mit der Kündigung des Mandats ist nach Ansicht der Richter nicht automatisch rechtswidrig. Entscheidend ist, ob der Drohende an der Erreichung des Zwecks ein berechtigtes Interesse hat und die Drohung nach dem Grundsatz von Treu und Glauben als ein angemessenes Mittel zur Erreichung dieses Zwecks anzusehen ist. Wenn die Verhandlungen, wie der Anwalt hier behauptet hat, tatsächlich außergewöhnlich schwierig waren, ist das Verlangen nach einem Sonderhonorar gerechtfertigt.

d) Untreue, § 266 StGB

Eine Treuepflicht im Sinne des Gesetzes wird angenommen, wenn die rechtsgeschäftliche Vereinbarung den Täter (Anwalt) zur Einziehung oder Durchsetzung von Forderungen verpflichtet. Zu den daraus entspringenden Pflichten des Anwalts gehört es, den Eintritt der Verjährung zu verhindern. Der Tatbestand der Untreue verlangt zudem die Zufügung eines Vermögensnachteils, (siehe hierzu S. 108).

e) Gebührenüberhebung, § 352 StGB

Wegen Gebührenüberhebung macht sich ein Anwalt strafbar, wenn er Gebühren oder Vergütungen erhebt, von denen er weiß, dass der Zahlende sie überhaupt nicht oder nur in geringerem Betrag schuldet. Allein der Versuch einer Gebührenerhebung nach § 352 StGB ist strafbar.

Der Anwalt hat sich grundsätzlich bei der Bemessung des Entgelts für seine berufliche Tätigkeit an die gesetzlichen Bestimmungen zu halten. Abgesehen von Honorarvereinbarungen steht dem Anwalt keine Vertragfreiheit zu.

f) Parteiverrat, § 356 StGB

In seiner Eigenschaft als Anwalt müssen dem Täter Angelegenheiten anvertraut sein. Zum Begriff des Anvertrauens reicht die Übertragung der Interessenwahrnehmung aus; um ein Geheimnis braucht es sich nicht zu handeln. Tritt der Anwalt in eigener Sache oder nicht beruflich auf, so greift § 356 StGB nicht ein (siehe hierzu S. 81).

2. Rechtsfolgen

Freiheitsstrafe, Geldstrafe

Je nachdem, ob ein Vergehen oder ein Verbrechen vorliegt, wird der straffällige Anwalt verurteilt. Als Strafe kommen Freiheitsstrafe, auch zur Bewährung, und Geldstrafe in Betracht. Weiterhin kann das Gericht dem Anwalt die anwaltsberufliche Tätigkeit untersagen und die Zulassung zur Anwaltschaft (für eine geraume Zeit oder dauerhaft) entziehen.

3. Strafanzeige und Strafantrag

Die Anzeige einer Straftat und der Strafantrag können bei der Staatsanwaltschaft, den Behörden und Beamten des Polizeidienstes und den Amtsgerichten mündlich oder schriftlich angebracht werden. Die mündliche Anzeige ist zu beurkunden.

Die Strafanzeige ist die Mitteilung eines Sachverhalts, der nach Meinung des Anzeigenden Anlass für eine Strafverfolgung bietet. Sie ist eine bloße Anregung des Verletzten, es möge geprüft werden, ob Anlass zur Einleitung eines Ermittlungsverfahrens bei der Staatsanwaltschaft besteht. Es ist aber auch eine vertrauliche Anzeige zulässig.

Der Strafantrag ist die ausdrückliche oder durch Auslegung zu ermittelnde Erklärung des nach dem Gesetz zum Strafantrag Befugten, dass er die Strafverfolgung wünsche. Die Tat muss genügend gekennzeichnet sein, der Täter muss aber nicht bekannt sein.

Der Strafantrag kann mit der Strafanzeige verbunden sein.

I. Adressenverzeichnis

I. Institutionen

Bund der Versicherten e.V. (BdV)
24558 Henstedt
Fon 04193 . 942 22
Fax 04193 . 942 21

Bundesarbeitsgemeinschaft Schuldnerberatung e.V.
Wilhelmstrasse 11
34117 Kassel
Fon 0561 . 771093

Bundesverband Deutscher Inkasso-Unternehmen e.V.
Brennerstr. 26
20099 Hamburg
Fon 040 . 280826-0
Fax 040 . 280826-99

Bundeszentrale Verbraucherverband e.V. (vzbv)
Markgrafenstr. 66
10969 Berlin
Fon 030 . 258 00-0
E-Mail : info@vzbv.de

Bundesministerium für Justiz (BMJ)
Referat für Presse und Öffentlichkeitsarbeit
Jerusalemer Str. 27
10117 Berlin
Fon 030 . 2025-70
Fax 030 . 2025-9525
www.bmj.bund.de

Bund Deutscher Fachanwälte
Groß-Zimmerner-Str. 36 a
64807 Dieburg

Fon 06071 . 823 781
Fax 06071 . 232 95

Bundesrechtsanwaltskammer (BRAK)
Littenstr. 9
10179 Berlin
Fon 030 . 2849 39-0
Fax 030 . 2849 39-11
www.brak.de

Bundeszentrale der Schufa e.V.
Hagenauer Strasse
65203 Wiesbaden
Postfach 1829
65008 Wiesbaden

Deutscher Anwaltverein e.V. (DAV)
Littenstrasse 11
10179 Berlin
Fon 030 . 7261 53-170
Fax 030 . 7261 53-177
www.anwaltverein.de

Geschäftsstelle der Bundesnotarkammer
Burgmauer 53
50667 Köln
Fon 0221 . 256 823

WDR Köln
Redaktion ARD Ratgeber-Recht
Appelhofplatz 1
50667 Köln
Fon 0221. 2202 289

Verbraucher-Zentrale NRW e.V. (VZ-NRW)
Mintropstraße 27
40215 Düsseldorf
Fon 0211 . 38 09-0

Fax 0211 . 3809 – 172
E-Mail : publikationen@vz-nrw.de

II. Öffentliche Rechtsberatung

Bremen
Angestelltenkammer
Bürgerstraße 1
Fon 0421 . 363 0129

Hamburg
Öffentliche Rechtsauskunfts- und Vergleichsstelle
Holstenwall 6
20355 Hamburg
Fon 040 . 3497 – 3072

Saarland
Arbeitskammer des Saarlandes
Fritz-Dobisch-Str. 6 – 8
66115 Saarbrücken
Fon 0681 . 4005-1

Lübeck
Öffentliche Rechtsauskunfts- und Vergleichsstelle der Hansestadt Lübeck
St. Annenstr. 1 – 3
23552 Lübeck
Fon 0451 . 12-25090

III. Rechtsschutz-Versicherungen (Auswahl)

AdvoCard Rechtsschutzversicherung AG
Postfach 106431, 20043 Hamburg
Heidenkampsweg 81, 20097 Hamburg
Fon 040 . 237 31-0
Fax 040 . 237 31-267

Agrippina Rechtsschutzversicherung AG
Postfach 140129, 50491 Köln
Worringer Str. 11-13, 50668 Köln
Fon 0221 . 77 15-00
Fax 0221 . 77 15-281

ALBINGIA Rechtsschutz Versicherungs-AG
Postfach 80, 20079 Hamburg
Ballindamm 39, 20095 Hamburg
Fon 040 . 30 22-0
Fax 040 . 30 22-2585

Allianz Rechtsschutz Versicherungs-AG
Postfach 44 01 24, 80790 München
Königinstr. 28, 80802 München
Fon 089 . 38 00-0
Fax 089 . 34 99 41

Allrecht Rechtsschutzversicherung Aktiengesellschaft
Postfach 300107, 40401 Düsseldorf
Münsterstr. 306, 40470 Düsseldorf
Fon 0211 . 908 99-0
Fax 0211 . 908 99-99

ARAG Rechtsschutz
Yorckstr. 21, 40476 Düsseldorf
Fon 0211 . 963-01
Fax 0211 . 963-2190

AUXILIA
Postfach 150220, 80042 München
Uhlandstr. 7, 80336 München
Fon 089 . 5 39 81-0
Fax 089 . 5 39 81-250

Badische Rechtsschutzversicherung AG
Durlacher Allee 56, 76131 Karlsruhe
Fon 0721 . 660-0
Fax 0721 . 660-1033

Bayerische Beamtenversicherung
81732 München
Thomas-Dehler-Str. 25, 81737 München
Fon 089 . 67 87-0
Fax 089 . 67 87-9151

Bruderhilfe Rechtsschutzversicherung VVaG
34108 Kassel
Kölnische Str. 108-110, 34119 Kassel
Fon 0561 . 78 81-0
Fax 0561 . 77 38 61

Concordia Rechtsschutz Versicherungs-AG
30621 Hannover
Karl-Wiechert-Allee 5, 30625 Hannover
Fon 0511 . 57 01-0
Fax 0511 . 57 01-400

D.A.S.
81728 München
Thomas-Dehler-Str. 2, 81737 München
Fon 0 89 . 62 75-01
Fax 0 89 . 62 75-1650

DA Deutsche Allgemeine Versicherung
Postfach 55 60, 65730 Eschborn
Kölner Straße 3b, 65760 Eschborn
Fon 0 61 96 . 593-0
Fax 0 61 96 . 593-100

DBV- Winterthur Rechtsschutz
65178 Wiesbaden
Gustav-Stresemann-Ring 12-16, 65189 Wiesbaden
Fon 06 11 . 363-0
Fax 06 11 . 363-4168

Debeka Versicherungs AG
Ferdinand-Sauerbruch-Str. 18, 56073 Koblenz
56058 Koblenz

Fon 02 61 . 49 80
Fax 02 61 . 41 402

Deurag Deutsche Rechtsschutz Versicherung AG
65173 Wiesbaden
Abraham-Lincoln-Str. 3, 65189 Wiesbaden
Fon 06 11 . 77 10
Fax 06 11 . 77 13 00

Deutscher Herold Rechtsschutz Versicherung
53096 Bonn
Poppelsdorfer Allee 25-33, 53115 Bonn
Fon 02 28 . 268-01
Fax 02 28 . 268-3952

DEVK
Postfach 68 02 89
50705 Köln
Riehler Str. 190, 50735 Köln
Fon 02 21 . 757-0
Fax 02 21 . 757-2201

DMB Rechtsschutz-Versicherung AG
Postfach 510630, 50942 Köln
Bonner Str. 323, 50968 Köln
Fon 02 21 . 376 38-0
Fax 02 21 . 376 38-11

Gegenseitigkeit Versicherung Oldenburg
Postfach 2760, 26017 Oldenburg
Osterstr. 15, 26122 Oldenburg
Fon 04 41 . 92 36-0
Fax 04 41 . 92 36-146

Generali Rechtssschutz
80223 München
Häberlstr. 12, 80337 München
Fon 0 89 . 51 21-0
Fax 0 89 . 51 21-1015

Gerling Rechtsschutz
50597 Köln
Von-Werth-Str. 4-14, 50670 Köln
Fon 02 21 . 144-1
Fax 02 21 . 144-3319

Hamburg- Mannheimer Rechtsschutz
22287 Hamburg
Überseering 45, 22297 Hamburg
Fon 0 40 . 63 76-0
Fax 0 40 . 63 76-3302

HDI- Rechtsschutz
Postfach 51 03 63
30633 Hannover
Riethorst 2, 30659 Hannover
Fon 05 11 . 39 02-0
Fax 05 11 . 39 02-3299

HUK- Coburg Rechtsschutz
96444 Coburg
Bahnhofsplatz, 96450 Coburg
Fon 0 95 61 . 96-0
Fax 0 95 61 . 96 36 36

Itzehoer Versicherung
25521 Itzehoe
Hansestr. 10, 25524 Itzehoe
Fon 0 48 21 . 773-0
Fax 0 48 21 . 773-211

Karlsruher Rechtsschutzversicherung
76121 Karlsruhe
Hermann-Veit-Str. 6, 76135 Karlsruhe
Fon 07 21 . 353-0
Fax 07 21 . 353-4550

Landesschadenhilfe Versicherung VaG
Vogteistr. 3, 29683 Fallingbostel

Postfach 1252, 29676 Fallingbostel
Fon 0 51 62 . 404-0
Fax 0 51 62 . 404-26

Landschaftliche Brandkasse Hannover VGH
30140 Hannover
Schiffgraben 4, 30159 Hannover
Fon 05 11 . 362-0
Fax 05 11 . 362-2960

LVM Rechtsschutz
48126 Münster
Kolde-Ring 21, 48151 Münster
Fon 02 51 . 702-0
Fax 02 51 . 702-1474

Neue Rechtsschutz-Versicherungsgesellschaft Aktiengesellschaft
68148 Mannheim
Augustaanlage 25, 68165 Mannheim
Fon 06 21 . 420 46 50
Fax 06 21 . 420 41 44

ÖRAG
Postfach 110848, 40508 Düsseldorf
Hansaallee 199, 40549 Düsseldorf
Fon 02 11 . 52 95-0
Fax 02 11 . 52 95-199

R+V Rechtsschutz Versicherung
65181 Wiesbaden
Taunusstr. 1, 65193 Wiesbaden
Fon 06 11 . 533-0
Fax 06 11 . 533-6194

RECHTSSCHUTZ UNION Versicherungs-Aktiengesellschaft
80323 München
Sonnenstr. 33, 80331 München

Fon 0 89 . 548 53-01
Fax 0 89 . 548 53-630

Roland Rechtsschutz Versicherung
50664 Köln
Deutz-Kalker Str. 46, 50679 Köln
Fon 02 21 . 8277-0500
Fax 02 21 . 8277-405

Vereinte Rechtsschutz Versicherung
80790 München
Königinstraße 28, 80802 München
Fon 0 89 . 38 00-0
Fax 0 89 . 34 99 41

Württembergische Gemeinderechtsschutz Versicherung
70164 Stuttgart
Tübinger Str. 43, 70178 Stuttgart
Fon 07 11 . 1695-0
Fax 07 11 . 1695-620

V. Prozesskostenfinanzierer (Auswahl)

Acivo Prozessfianzierungs AG
www.acivo.com

D.A.S. ProFi AG
www.das-profi.de

Exactor Forderungsmanagement AG
www.exactor.de

First Pacific Risk Financing Ltd.
www.prozess-finanzierungen.de

Foris AG
www.foris.de

Juragent AG
www.juragent-ag.de

Jurecon AG
www.jurecon.de

Proxx AG
www.proxx.de

Rima AG
www.rima-ag.de

Solvantis AG
www.solvantis.de

Stichwortverzeichnis

(Die angegebenen Zahlen bezeichnen die Seiten des Buches)

Anschriften der Verbraucher-Zentralen

Bundesverband der Verbraucherzentralen und Verbraucherverbände Verbraucher-Zentrale Bundesverband e. V.
Markgrafenstraße 66
10969 Berlin
Telefon: 0 30 / 25 93 07-0
Telefax: 0 30 / 25 93 07-18

Verbraucher-Zentrale Baden-Württemberg e. V.
Paulinenstraße 47
70178 Stuttgart
Telefon: 07 11 / 66 91-10
Telefax: 07 11 / 66 91-50
e-mail: info@verbraucherzentrale.de

Verbraucher-Zentrale Bayern e. V.
Mozartstraße 9
80336 München
Telefon: 0 89 / 53 98 70
Telefax: 0 89 / 53 75 53
e-mail: info@verbraucherzentrale-bayern.de

Verbraucher-Zentrale Berlin e. V.
Bayreuther Straße 40
10787 Berlin
Telefon: 0 30 / 2 14 85-0
Telefax: 0 30 / 2 11 72-01
e-mail: mail@verbraucherzentrale-berlin.de

Verbraucher-Zentrale Brandenburg e. V.
Templiner Straße 21
Haus B und C
14473 Potsdam
Telefon: 03 31 / 2 98 71-0
Telefax: 03 31 / 2 98 71-77
e-mail: vz.brb@t-online.de

Verbraucher-Zentrale des Landes Bremen e. V.
Altenweg 4
28195 Bremen
Telefon: 04 21 / 16 07 77
Telefax: 04 21 / 1 60 77 80
e-mail: verbraucherzentrale_bremen@t-online.de

Verbraucher-Zentrale Hamburg e. V.
Kirchenallee 22
20099 Hamburg
Telefon: 0 40 / 2 48 32-0
Telefax: 0 40 / 2 48 32-290
e-mail: info@verbraucherzentralehamburg.de

Verbraucher-Zentrale Hessen e. V.
Große Friedberger Straße 13–17
60313 Frankfurt / Main
Telefon: 0 69 / 97 20 10-0
Telefax: 0 69 / 97 20 10-50
e-mail: vzh@verbraucher.de

Verbraucher-Zentrale Mecklenburg-Vorpommern e. V.
Strandstraße 98
18055 Rostock
Telefon: 03 81 / 4 93 98-0
Telefax: 03 81 / 4 93 98-30
e-mail: info@verbraucherzentrale-mv.de

Verbraucher-Zentrale Niedersachsen e. V.
Herrenstraße 14
30159 Hannover
Telefon: 05 11 / 9 11 96-01
Telefax: 05 11 / 9 11 96-10
e-mail: vzn@compuserve.com

Verbraucher-Zentrale
Nordrhein-Westfalen e. V.
Mintropstraße 27
40215 Düsseldorf
Telefon: 02 11 / 38 09-0
Telefax: 02 11 / 38 09-172
e-mail: vz.nrw@vz-nrw.de

Verbraucher-Zentrale
Rheinland-Pfalz e. V.
Ludwigstraße 6
55116 Mainz
Telefon: 0 61 31 / 28 48-0
Telefax: 0 61 31 / 28 48-66
e-mail: vz_rheinland-pfalz
@t-online.de

Verbraucher-Zentrale
des Saarlandes e. V.
Hohenzollernstraße 11
66117 Saarbrücken
Telefon: 06 81 / 5 00 89-0
Telefax: 06 81 / 5 00 89-22
e-mail: vz-saar@t-online.de

Verbraucher-Zentrale
Sachsen e. V.
Bernhardstraße 7
04315 Leipzig
Telefon: 03 41 / 6 88 80 80
Telefax: 03 41 / 6 89 28 26
e-mail: vzs@vzs.de

Verbraucher-Zentrale
Sachsen-Anhalt e. V.
Steinbockgasse 1
06108 Halle
Telefon: 03 45 / 2 98 03-0
Telefax: 03 45 / 2 98 03-26
e-mail: vz-sa@t-online.de

Verbraucher-Zentrale
Schleswig-Holstein e. V.
Bergstraße 24
24103 Kiel
Telefon: 04 31 / 5 90 99-0
Telefax: 04 31 / 5 90 99-77
e-mail: info@
verbraucherzentrale-sh.de

Verbraucher-Zentrale
Thüringen e. V.
Eugen-Richter-Straße 45
99085 Erfurt
Telefon: 03 61 / 5 55 14-0
Telefax: 03 61 / 5 55 14-40
e-mail: vz-thueringen@t-online.de